大学生生产实习教程

——材料科学与工程大专业用

陈文革　赵敬忠　周永欣　武　涛　编　著
赵　康　主　审

黄河水利出版社
·郑　州·

内容提要

生产实习是课堂教学的延伸，在实习中，学校的育人目标与管理学生的职能没有变，教师教书育人的责任和义务没有变。“学而不思则罔，思而不学则殆”，实习过程中，指导教师应结合实习内容和生产过程不失时机地引导学生去发现问题、提出问题、分析问题和解决问题，并积极带领学生在实习点的生产条件许可的范围内进行一些简单的科学研究，将科研渗透到实习中去，帮助学生寻找问题的答案或是解决问题的方法，培养学生的创新意识和创新能力。

本书针对大材料类专业的学生在当前现实条件下进行生产实习所必须了解和掌握的相关内容进行编写。内容包括绪论、实习大纲、实习内容、实习企业及行业简介、实习思考题及附录部分。

本书可作为大材料专业本科教学用书，亦可供材料科学与工程专业研究人员、企业管理者及高校教师阅读和参考。

图书在版编目(CIP)数据

大学生生产实习教程/陈文革等编著. —郑州：黄河水利出版社，2014.5

材料科学与工程大专业用

ISBN 978-7-5509-0727-0

Ⅰ.①大… Ⅱ.①陈… Ⅲ.①生产实习-高等学校-教材 Ⅳ.①G642.44

中国版本图书馆 CIP 数据核字(2014)第 034951 号

出 版 社：黄河水利出版社

地址：河南省郑州市顺河路黄委会综合楼 14 层　　邮政编码：450003

发行单位：黄河水利出版社

发行部电话：0371-66026940、66020550、66028024、66022620(传真)

E-mail：hhslcbs@126.com

承印单位：河南省瑞光印务股份有限公司

开本：787 mm×1 092 mm　1/16

印张：12.25

字数：283 千字　　印数：1—2 000

版次：2014 年 5 月第 1 版　　印次：2014 年 5 月第 1 次印刷

定价：25.00 元

前　言

生产实习是大学教学计划中一个重要的实践性教学环节，其作用是使学生了解社会，接触生产实际，增强群众观点、劳动观点和社会主义的事业心、责任感，培养学生独立工作能力，获得本专业初步的生产技术和管理知识，并为后继课程教学增强感性认识。

《高等教育法》规定：高等教育必须贯彻国家的教育方针，为社会主义现代化建设服务，与生产劳动相结合。高等教育的任务是培养具有创新精神和实践能力的高级专门人才。江泽民同志指出，高级专门人才只有具备了创新精神和实践能力，才有利于认识未知世界，探索客观真理，一个没有创新能力的民族，很难屹立于世界先进民族之林。而无论是实践能力的培养，还是创新精神的形成，校外实习均在其中扮演着至关重要的角色。但遗憾的是，一方面教学实习的研究成果很少，另一方面，在市场经济的大潮下，高校学生数量的剧增与企业越来越不愿意接收学生实习的矛盾日益突出，教育部原副部长、中国高等教育学会会长周远清同志强调指出："实践教学比理论教学更重要，而它目前却是一个薄弱环节。"周远清的讲话，将实践教学提到了其应有的高度。目前，国内流行的"课程设计简化、毕业设计软化、生产实习形式化"的现象在理工科院校有一定程度上的存在。为此，本文结合作者多年来指导生产实习的经验和体会，经过深入细致的思考，希望能够获得一个"双赢"的策略。

本书是作者在近二十年的生产实习教学中根据看到的、学生想知道的、企业关心的等各个方面经验的总结与归纳。本书由西安理工大学陈文革教授编写第1、2、4章，由西安理工大学赵敬忠教授、周永欣副教授、武涛副教授、西北民族大学沈宏芳博士编写第3章和附录，并对全书进行了校核。全书由西安理工大学的赵康教授审核，西安交通大学和河南科技大学的部分老师也提出修改意见。本书编写过程中得到了谷臣清教授、赵敬忠教授、卢正欣教授、研究生王蕾和张志军以及很多企业等的帮助，在此表示感谢。

本书针对大材料类专业如热处理、铸造、焊接、模具、锻造、材料物理、材料化学等具体专业的大中专学生、研究人员，系统地、全面地了解学生生产实习的目的及意义、时间安排、任务要求、实施措施等环节所必须掌握的内容进行全面总结，也对大材料类涉及的部分行业、企业进行简要介绍，为学生就业指明方向。由于种种原因，有些资料并不好收集，所以遗漏较多，请读者谅解。我们的想法是与读者共同学习，如有不妥，请批评指正，谢谢！

编　者

2014年1月

目　录

绪　论

0　前　言

生产实习是学校教学的重要补充部分,是区别于普通学校教育的一个显著特征,是教育教学体系中的一个不可缺少的重要组成部分和不可替代的重要环节。它是与今后的职业生活最直接联系的,学生在生产实习过程中将完成学习到就业的过渡,因此生产实习是培养技能型人才,实现培养目标的主要途径。它不仅是校内教学的延续,而且是校内教学的总结。可以说,没有生产实习,就没有完整的教育。学校要提高教育教学质量,在注重理论知识学习的前提下,首先要提高生产实习管理的质量。生产实习教育教学的成功与否,关系到学校的兴衰及学生的就业前途,也间接地影响到现代化建设。

生产实习是与课堂教学完全不同的教学方法,在教学计划中,生产实习是课堂教学的补充,生产实习区别于课堂教学。课堂教学中,教师讲授,学生领会,而生产实习则是在教师指导下由学生自己向生产向实际学习。通过现场的讲授、参观、座谈、讨论、分析、作业、考核等多种形式,一方面来巩固在书本上学到的理论知识,另一方面,可获得在书本上不易了解和不易学到的生产现场的实际知识,使学生在实践中得到提高和锻炼。

生产实习是学生将理论知识同生产实践相结合的有效途径,是增强学生的集体意识、劳动观点、工程观点和责任心、使命感的过程。通过生产实习,使学生学习和了解工业产品从原材料到成品批量生产的全过程以及生产组织管理等各个环节的知识,培养学生树立理论联系实际的工作作风,以及生产现场中将科学的理论知识加以验证、深化、巩固和充实。并培养学生进行调查、研究、分析和解决工程实际问题的能力,为后继专业课的学习、课程设计和毕业设计打下坚实的基础。通过生产实习,拓宽学生的知识面,增加感性认识,把所学知识条理化系统化,学到从书本学不到的专业知识,并获得本专业国内外科技发展现状的最新信息,激发学生向实践学习和探索的积极性,为今后的学习和将从事的技术工作打下坚实的基础。

1　生产实习在大学培养过程中的地位

科学技术的迅猛发展,以及高校教育体制改革和教学的逐步深化,正在深刻地影响着高等学校的人才培养。如何培养符合企业需要的、基础扎实、知识面宽、能力强、素质高、富有创新精神的实用人才,是广大教育工作者多年来积极探讨的一个课题。企业现在招聘应届毕业生不仅要学生有扎实的理论基础,而且还要有两年以上实际工作经验。试想一个刚刚从校门走出来的学生,怎么会有相当的工作经验?而这恰是社会向高等教育教学体制提出的一个新问题:在评价一个学生的实际水平的时候,实习与实践能力将成为一个重要标准。而这种能力学生只能从在校期间的实习中获得。过去,大学教育的理念一直定位在“精英人才”的培养,但随着社会人才结构的转变和高等教育的普及化,精英教育已经完全转变为普通劳动者的培养。这意味着教育内容已从研究层面转变为应用层面,而应用的课程就需要实践,实习是最有效的教育方式。

2 当前大学生生产实习的现状

当前的生产实习往往由教师带领学生去一个外地国有大型工厂的车间进行跟班劳动,同时按老师拟订的提纲进行调研、测绘、参观等。实习期间,请厂有关领导、工程技术人员或经验丰富的工人师傅做专题报告或讲座,以增加感性认识、了解企业生产情况、加深对所学专业知识的理解,培养学生综合运用理论知识的能力。同时,抽出一定时间到该城市或附近城市一些有代表性的工厂参观学习,以开阔学生的眼界、扩大知识面。多年来的实践证明,这种实习方法对培养高水平的专业技术人员起到了积极的作用,是行之有效的。但面对21世纪培养宽基础、高素质、综合型人才目标的要求,并考虑到目前国有企业转型过程中存在的问题,及学校经费不足的现状,现行的实习方法存在诸多不足。

(1)领导、教师、学生重视不够。

近年来,随着高校大量扩招和中小学处于入学高峰,学校资源十分紧张,加上社会环境和人们观念的变化,有关各方对实习的重视程度和合作状态非但没有加强,反而走向漠视和松散;而受"知识本位"传统观念影响,高等院校对实习投入的研究力度远远不够,已有的研究也往往着眼于对学生素质的训练与提高,着眼于实习时间的调整和实习程序的重建,对实习过程中最重要的人的因素缺乏充分的认识和探讨。

从高等院校领导角度看,一方面重知识轻实践的观念和科研等任务使实习被摆在了一个次要的位置。另一方面,当前高校的工作重心在招生、就业和科研等方面,实习作为一个工作大类的地位相对次要。

从实习指导教师角度看,利益分配的失衡使他们丧失了指导实习的热情,热情的消减和缺乏遴选与培训使实习指导教师队伍素质整体偏低,迫于学校严格的教学质量考评,实习指导教师并不真正乐意指导实习;其次是由于扩招带来的实习队伍的庞大,使学校在安排实习指导教师时无法筛选,一些教师并不具备指导素质,如教学观念明显落后,教法陈旧,师德修养欠佳,敬业精神不强等,还有一些刚从学校毕业的新上岗的教师,自身对教育教学还处于摸索阶段,根本不能给予实习以有效指导。

从实习生角度看,现行实习方法难以收到预期的效果。由于各企业都实行岗位责任制,任务到组、目标到人,工作中不允许有任何失误。为确保万无一失,车间不敢让学生动手操作,也无暇回答学生提出的问题,更不用说共同探讨了。学生只能站在一旁充当看客,往往是实习前兴趣很浓,第一天感到新鲜,接着就开始发憷,往后出现厌烦,学习积极性难以充分调动。再者,国有大型企业至今设备已严重老化,管理模式较陈旧,企业不景气,许多工人面临下岗。学生在这样的环境下实习,很少见到先进的设备、先进的技术和先进的管理,多数学生反映,实际情况与他们的想象相差较远,老师也感到压力很大。

(2)社会要求与责任脱节。

近年来,随着改革开放的深入进行,市场经济新形势给原有的生产实习模式带来了很大冲击,连续扩招造成教育资源相对紧缺,毕业生面临较大的就业压力,这些都给生产实习的效果产生了负面影响。当前某些高校专业实习处于一种无组织、无纪律、无管理、无考核、无奖罚，甚至无人过问的状态。对实习的忽略形成一种恶性循环，学生将实习看作一种表面文章。这些学生进入实习阶段后，往往是应付了事，有的找关系进某单位混几个月，有的随便找单位开一纸实习鉴定，就算完成学校实习制订的实习任务，他们并没有抱着认真的态度，因此这也让许多单位不胜其烦，进而拒绝实习生的加入。

不过，与此形成鲜明对比的是，许多企业愿意接收高职、高专及技校生的实习，原因是其实习时间长，少则 3 ~4 个月，多则半年至一年，他们完全可作为学徒工上岗操作而给企业带来效益，企业通常给他们学徒工的待遇。这些学生校内的实习时间较多，到企业后易上手。然而，本科生由于教学计划的限制，很难做到这些；再者，生产实习的费用虽说是由学校负担，但学生的吃、住、交通费用还得由学生自己负担，尤其是在外地实习，花销更大。这种经济上的压力妨碍了学生实习的积极性。生产实习通常安排在第七学期末和第八学期初，正值学生忙于找工作的时期，这必然牵扯学生的一部分精力。由于就业压力和对未来的较高预期，许多同学选择了专业不太对口的工作，这部分同学往往觉得专业的生产实习对今后的工作作用不大，因而积极性不高。

(3)制度不合理，管理不到位。

随着计划经济向市场经济的转变以及人们思想观念的变化，企业越来越不愿意接收学生实习，主要原因是：①学生到企业实习，由于理论知识不够、实践经验缺乏，一般很难直接给企业创造利润，反而会给企业带来管理和生产上的不便。②许多国有企业被兼并和调整，自己的事都难以顾及，更无暇顾及学生的实习；而合资企业、独资企业由于害怕技术和管理方法被泄露以及实习会给企业带来管理上的不便而不愿接待。③人才流动顺畅，许多专业人才供过于求，企业不再需要通过学生实习来发现和留用人才。④经费不足严重困扰着实习的正常进行。改革开放以来，物价不断上涨，但学校下发的实习经费却并未作大的调整，学生去外地实习的经费越来越显得捉襟见肘，不足的部分只好由系里自行解决，甚至让学生自己也承担一部分，这样给单位和学生本人增加了经济负担。为节省经费，只好将实习时间由原来的 4 周缩短为 2 周。高校实习经费紧张，交给企业的实习费过低，对企业来说没有多大实际意义。同时，学生越来越难以上岗实践，主要原因是：①国有企业有让学生顶岗实践的愿望，但由于其本身的困难，往往难以如愿。②合资企业、独资企业由于害怕降低生产效率和产品质量，而不愿意让学生上岗。③学校难以建立稳定的生产实习基地，联系实习企业一般凭系(部)或教师个人关系，企业很难从学生的实习中得到实惠，这种“单赢”的方式很难长久。同时，由于市场竞争激烈，原来所建的实习基地可能由于企业情况的恶化而被迫取消。④生产实习方面的教学研究少，改革成果更少。

3　今后的改革措施

(1)从制度上给予生产实习足够的重视。

为了适应高校扩招对生产实习造成的负面影响，国家应该出台相关政策缓解这一矛盾。比如对主动积极接纳大学生生产实习的企业，在用工、用人乃至税收、贷款等一系列政策上给予一定的优惠，打消企业因接纳大学生生产实习而产生的种种顾虑。

更新观念，提高认识，重新确立利益分配和角色定位，促使实习涉及的各方达到最大程度的协调与配合。高等院校应积极完善各种实习管理文件，制订科学合理的实习大纲、管理办法、质量评价体系等，并给予实习带队教师优厚待遇；激发教师参与指导实习的热情，在评职评优方面予以优先考虑。

相对稳定的实习指导教师队伍是获得高质量的生产实习的保证。目前作为一门专门学问的生产实习研究还几乎是一片空白。高等院校应以专门的基础教育研究机构牵头，以实习基地为基本合作单位，加强实习教育学、实习心理学和实习指导技能与方法的培训，实现实习指导工作的专门化和专业化。实习指导教师应由过去单一的知识技能的指导者，扩展为对实习的引领者、共进者、合作者和对生产实习工作的自觉研究者；实习带队教师除了做一名合格的后勤管理者，对实习学校而言，他应是协调与实习单位关系，争取实习单位更多融入学校生产实习教学活动的外交家；对实习生而言，他应是一名较内行的实习指导者和实习中教学活动的组织者。

(2)发挥校友的作用，加强传统实习的改革与管理。

①加强校企联系，建立稳固的生产实习基地。

第一，加强与老校友、上一辈老教师建立起来的实习点的联系，在这些实习点每年都安排认识实习、生产实习或毕业实习，巩固校企双方建立起来的深厚感情。第二，转变思想，树立教学为生产服务的观念，以较强的科研能力作后盾，尽量帮助企业解决在生产中遇到的问题，并为企业的发展出谋划策，校企之间展开良好的合作。第三，在生产实习时间的安排上与企业的生产需要大量外来人力的大忙生产时间一致，真正做到急企业之所急。

②跟班参与生产劳动是保证生产实习质量的有效途径。

在生产实习过程中，让学生以职工的身份参与到生产车间的生产中，采用分组、跟班和轮岗的形式，严格遵守厂纪厂规，不迟到，不早退，遵守劳动纪律、设备操作规程等，学生处在亲自动手操作、身临生产实际的环境中，这种实地真枪真刀的实习方式，强化了专业知识的学习，增强了实际操作能力和务实精神，有助于提高分析和解决实际问题的能力。采用跟班劳动和轮岗，让学生经历从原料到成品入库贮存的生产全过程，熟悉生产工艺过程、工艺及设备的操作，增强感性认识，深入地了解工厂的生产组织与管理，强化生产安全、质量控制等意识。同时体会到父母供自己读书的钱来之不易，只有好好学习才对得起父母。

③深化实习内容，培养学生综合能力和素质是生产实习的主体。

首先，由深刻理解专业课内容、熟悉专业课设置、带过多次生产实习、掌握学生实习规律，也了解企业生产状况和学生思想及需求的专业老师组成实习指导团队。其次，在充分调查研究的基础上确定了一批企业作为实习基地。从公司性质看，有传统的大型国有企业、新型国有企业、合资企业、外国独资企业、私营企业等；从专业范畴看，包括金属材料的冶炼、轧制、加工、各种类型的热处理、材料的腐蚀与防护、钢铁材料、有色金属材料及复合材料等；也包括一些世界有名的、表面看来与本专业没有直接联系，但是生产管理、经营业绩、企业发展都很优秀的名牌企业。再次，将生产实习分为两个阶段，第一阶段以社会调查、参观与社会实践为主，如金属材料专业可以了解钢铁是怎样炼成的，热处理的工艺流程是如何安排的。主要是培养学生的实践知识、开阔学生的眼界。第二阶段，由教师提出课题的目标和要求，学生进厂后，请企业领导及工程技术人员作报告，由教师和企业有关人员带领，进行参观、调研或座谈。教师进行答疑、指导和检查。学生完成书面综合实验报告后，在全班进行学术交流。主要是充分发挥学生的主观能动性，提高学生综合应用所学专业知识和解决实际问题的能力，为随后的毕业和走向社会奠定基础。

④加强实习过程的管理和指导是控制实习质量的重要环节。

首先，指导教师应进行充分的实习准备。对要去的实习企业有全面的了解，做到心中有数；制订详尽、周全的实习指导书，学生人手一份。其次，在实习离校前，由有经验的实习指导老师向学生们作生产实习的背景知识介绍，并结合实习的企业及其生产工艺的特点等情况作介绍，使学生对本次实习预先有一个初步的感性认识。进入企业之初，要聘请具有扎实理论基础和丰富实践经验的管理或相关的技术人员进行安全方面的教育和全厂参观，使学生们对生产用的原料的种类，产品的制造以及整个工艺流程有较为清晰的了解，为后面更进一步的实习打下了良好的基础。再次，为了提高实习效果，有必要采取沿着工艺生产线从原材料进厂到产品出厂逐个车间进行分组的方式进行实习，每一组至少由一位指导老师带队，这样利于现场介绍、提问和讨论，也有利于管理，加深了同学们对工艺生产过程、设备和流程的理解。最后，在实习期间，不定期提问和检查学生实习笔记。一般白天下车间，晚上整理笔记，采取以经常性的现场提问和不定时抽查学生笔记本等形式，了解学生掌握实习内容的程度，并把平时做笔记的情况，回答问题的主动性和正确性等纳入实习成绩考核的内容。

(3)探索新形势下的多种生产实习模式。

①校内实习为主、校外实习为辅的实习模式。

鉴于校外实习困难较多，学生不可能有太多的动手机会，而生产实习时间相对集中，生产单位在这段时间内的生产情况变化不大，很难保证学生能学习和了解到生产的全过程。因此，有必要采取校外、校内相结合的办法，以校外实习基地的参观、讲解为辅，而以校内的工程实训为主。校内工程实训应具有必备的实习设施。当前，随着高校本科教学水平评估的进行，各高校的投入都很大，初步具备了进行一些校内实训的条件。校内实习应有明确的训练内容，应围绕社会对各专业的需求特点，有针对性地进行综合训练。如：(a)与科研项目结合。科研项目的负责人均是一些理论知识丰富、实践能力强的教师，让学生参与其中，完成部分任务，可以得到很好的锻炼。(b)与职业技能鉴定考核相结合。职业技能资格证书是学生今后找工作、立足工作岗位、打开工作局面的一个十分重要的凭证，它是能实实在在给企业带来效益的东西。当然可结合考试的内容有针对性地对学生进行培训，从而达到一举两得的目的。(c)与毕业设计相结合。毕业设计往往和生产实习的时间安排接近，而许多毕业设计的题目和生产结合十分紧密，可以带着毕业设计的问题进行实习，也可以在毕业设计中训练实践能力。(d)与各种大学生素质教育基地相结合。这些基地以项目为支撑，都具有良好的专业设施，配备了专业指导教师，有一定的活动经费，每年可接纳不少学生进行活动。另外，还有大学生自己申报的《大学生科技创新基金》等。

②改变以教师为主导的实习模式为以学生为主导的实习模式。

新的实习模式鼓励学生按照生产实习的要求，结合个人特长、兴趣爱好及就业方向，由学生自己或教师协助选择合适的生产实习单位，或自己到有意向的就业单位实习，对于难以找到实习单位的学生则由教师联系实习单位，集中进行实习。对于自己选择实习单位的要根据教学大纲的要求确定生产实习内容，制订实习计划，独立完成实习任务，最后由实习单位给出实习鉴定，回校后组织一次实习答辩会，由负责教师根据实习单位鉴定、学生实习报告及学生的答辩情况评定实习成绩。这种模式能成功的关键在于要制定科学、合理的监管程序，确保学生实习的效果。

③模拟生产实习。

模拟生产实习是在学生具备一定技术理论知识的基础上，加强培养学生技能，提高实践教学质量和效益的必要手段，也是培养学生实践能力的重要教学环节，它兼有育人功能和生产创收功能。生产实习同市场相联系，使理论教学、实践教学与市场有机地结合起来，既是操作技能形成和熟练的过程，也是产品生产和创收的过程，同时培养学生参与市场竞争的意识，从而获得市场生存能力和开发能力，获得综合的生产知识与管理技能，以达到强化职业操作动手能力训练的目的。

首先，精心设计制作相关辅助教材，以满足模拟生产实习的需要。具体是选择典型企业，使用数码摄像机和数码照相机到现场拍摄工厂的外貌景观、工厂总体布局、车间内部设备布置、生产的工艺流程、生产物料的流向、现场工人的实际操作及车间的管理措施等全部现场的景象。在拍摄时，请工厂的有关领导和技术人员进行现场讲解、介绍管理经验，并进行现场录像。此外，还参考他人的经验和从其他途径特别是互联网上采集有用的素材。上课时教师根据录像资料进行讲解，使学生经过学习后能对所去企业的概况、产品的生产流程、工艺原理等有大致的了解。同时，针对某一专题，如工厂、车间、设备布局专题，质量管理专题，工艺技术管理专题、节能降耗专题、安全生产专题、现场管理专题等进行素材的整理加工和编辑制作，使之成为所需的教材。

模拟生产实习可以帮助学生加深对企业的了解，对提高学生实习效率、增长见识也是很有效的，但它毕竟不能代替实习。实景教材必须与实习有机结合，才会对实习教学起到良好的作用。同时，如何更好地获取企业的有用素材，也是制作模拟实习教材的关键，值得我们进一步深入探讨。

4 结语

生产实习是课堂教学的延伸，在实习中，学校的育人目标与管理学生的职能没有变，教师的教书育人的责任和义务没有变。“学而不思则罔，思而不学则殆”，实习过程中，指导教师应结合实习内容和生产过程不失时机地引导学生去发现问题、提出问题、分析问题和解决问题，并积极带领学生在实习点的生产条件许可的范围内进行一些简单的科学研究，将科研渗透到实习中去，帮助学生寻找问题的答案或是解决问题的方法，培养学生的创新意识和创新能力。这样，一方面生产实习就能取得事半功倍的效果，另一方面，通过学生的集思广益、合力攻关还能取得一定的研究成果和经济效益。

第1章　实习大纲

1.1　生产实习的目的和任务

(1)通过置身于工矿企业生产、管理的第一线，亲自调查了解其现实运行状况，了解现代化工矿企业的运行机制、工业生产的具体实施过程，熟悉工程技术的实施、管理方法，学习工人、技术人员的任劳任怨的主人翁态度和积极进取、勇于开拓创新的精神，从中培养劳动观念，树立建设祖国、报效人民的使命感。

(2)将学到的理论知识应用到生产实践中去，并从实践中获得生产技术和生产管理的初步知识，培养学生理论联系实际的工作作风。

(3)增强感性认识，巩固所学专业理论知识，并为后续专业课程学习打下良好的基础。

(4)培养学生的工程意识，熟悉工程设计的基本方法与过程，提高综合分析与解决实际工程技术问题的能力，为毕业后顺利走上工作岗位奠定基础。

1.2　生产实习与相关课程的联系

生产实习安排在学生已学过专业基础课、技术基础课和部分专业课时进行，是高等工科教育实施工程师基本素质培养的重要环节，和其他实践性教学环节一样，与课堂教学相辅相成，互为补充。

先修课程：《材料科学基础A》、《材料工程基础A》等。实习为后续《金属热处理工艺学》、《材料表面工程》、《无机材料物理化学》、《粉末冶金原理》等专业课程提供学习基础。

1.3　生产实习的内容和要求

(1)详细了解实习单位主要生产产品的功能、结构；重点掌握关键部件的用材、设计要求、生产制备的工艺过程及相应的工艺设计、使用设备、车间布置与工艺的实施及质量控制方法。

(2)全面了解实习单位的生产管理、运行状况，注重涉及材料工程领域的工程技术的了解、认知与学习。

(3)结合实习现场的生产零件，对二三种零件及工模具进行工艺理论分析。具体要求是：根据零件的服役条件，指出其基本性能要求和质量检验标准，选择材料，了解冷热加工工序，编制简单的材料制备、加工或处理工艺，并对工艺进行理论分析。

(4)了解车间的组织管理、生产纲领、工夹具设计、辅助材料消耗等情况。

(5)了解新材料、新工艺、新设备及新的测试方法，为毕业设计打好基础。

1.4 生产实习单位选择原则

(1)为保证专业对口，应选择本专业在生产过程中占有重要地位和作用的汽车(车辆)、机床、工具、发动机、轴承、齿轮等制造业的大中型企业。

(2)企业生产技术先进，经营管理良好，生产规模较大，产品质量稳定，在行业中有一定的影响。

(3)车间面积较大，主要设备齐全，材料、工艺多样，生产任务饱满，有利于学生承担一定任务。

(4)企业对学生实习较重视，应就地就近，交通食宿方便，相对稳定，节约开支。

1.5 实习的组织领导

(1)生产实习由校教务处及学院教学副院长组织领导，系主任和带队教师全面负责。

(2)实习地点确定后，由指导教师按实习大纲要求，结合实习单位具体情况于实习开始前制订出详细的实习实施计划、经费预算等。并将实习实施计划于出发前发给实习学生、指导教师以及工厂教育科和车间负责人。

(3)下厂前向学生进行实习动员，讲明实习的目的和任务，宣布实习纪律，进行安全教育。

(4)实习过程中，指导教师要对学生严格要求，引导学生面向实际深入学习，对违反纪律的学生及时给予批评教育。定期向实习单位领导汇报实习情况，加强联系，争取实习单位的指导和帮助。

(5)实习结束时做好考核和实习总结。

1.6 实习方式与要求

(1)在工厂教育科及车间负责人领导下，由车间工程技术人员、工人师傅和带队教师直接进行具体指导。

(2)学生到达工厂后首先由工厂教育科和技术科进行入厂教育和安全教育，参观全厂。在分配到车间和班组后再分别由车间和班组负责人做情况介绍和安全教育。

(3)实习方式主要为跟班学习、现场调查，阅读有关技术资料、听取技术报告等。

(4)实习期间须每日写好实习日记、积累必要的实践经验和文字资料。实习中注意多看、多想、多问、多记，并及时分析整理。最后综合日记选择2~3个典型零件进行深入分析，写出实习报告。

(5)实习结束时由带队指导教师进行考核、评定成绩。

1.7 考核方法

(1)学生必须完成实习的全部任务并提交实习报告方可参加考核。

(2)考核依据:评分以实习报告的质量为主,参考实习中的表现、实习答辩(交流)中的表现。

(3)评分标准:评分采用五级制。具体标准如下:

优:实习报告思路清晰、逻辑清楚、语言简练,不仅能把企业的具体工艺和先进经验总结出来,而且能提出有见解的意见和建议,有一定的实际意义。在实习中能模范地遵守纪律,搞好团结,在实习答辩(交流)过程中准备认真、讲述清楚,实习中表现较好。

良:实习报告能完整地总结出企业的具体工艺和先进经验,并能提出自己的看法和建议,实习中表现较好。在实习答辩(交流)过程中能较清楚地讲述所写的内容。

中:实习报告能较完整地总结出企业的具体工艺和典型事件,能局部地提出自己的看法和建议,实习中表现一般。

及格:实习报告基本上总结出企业的具体工艺和有关经验,在别人的帮助下,能介绍出自己所写的内容,实习中表现一般。

不及格:不能按时完成实习报告或实习报告中有较重大的错误或质量甚差,实习中有违犯纪律的现象。

1.8 生产实习纪律及注意事项

为保证生产实习安全、顺利、圆满地进行,学生在实行期间必须严格遵守工厂的各项规章制度及实习队规定的各项纪律和注意事项:

(1)严格遵守作息时间,按规定进出工厂和车间,每晚按时就寝。

(2)实习期间一般不得请事假,不得外宿,特殊情况下,须经带队教师批准,否则按旷课和严重违纪处理。

(3)实习过程中,自始至终都要牢固树立安全第一的思想,进车间不得穿拖鞋、凉鞋,女生必须戴工作帽,不得穿高跟鞋和裙子,男生不得只穿背心、短裤。在车间行走时,注意头上脚下,站在设备安全区域,以防设备和切屑伤人。

(4)车间实习时,应适当分散,不要过于集中在一两台机床旁,以免影响工人师傅正常操作或带来安全隐患。未经允许,严禁乱动机床设备和工艺装备,以杜绝发生设备、人身事故。

(5)上班期间,不得在实习工厂内到处乱窜,不得聚集到一块儿或在车间内外闲谈、嬉笑、打闹。

(6)保持居住环境清洁卫生,爱护公共财物,损坏东西要赔偿。

(7)维持学校声誉和大学生形象,处理好厂校之间、兄弟院校之间、同学之间的关系。尊重工厂领导、工人师傅和技术人员,虚心学习,礼貌待人,团结互助。

(8)实习期间,不得到江河中游泳或进行未经允许的活动。

1.9 时间分配

严格按教学计划规定的时间进行生产实习。本专业生产实习应安排在第六学期的暑假进行,为时4周,时间分配大致如下:

(1)校内讲座1天;

(2)入厂教育1天(包括全厂参观与三级安全教育);

(3)车间(工段)定点跟班学习7~8天,参观实习2~3天;

(4)专项技术报告(讲座)2~3天(穿插进行);

(5)撰写实习报告、准备实习考核答辩3天;

(6)答辩考核1天。

第2章 实习内容

2.1 热处理

热处理是将金属材料放在一定的介质内加热、保温、冷却，通过改变材料表面或内部的金相组织结构，控制其性能的一种金属热加工工艺。

金属热处理是机械制造中的重要工艺之一，与其他加工工艺相比，热处理一般不改变工件的形状和整体的化学成分，而是通过改变工件内部的显微组织，或改变工件表面的化学成分，赋予或改善工件的使用性能。热处理的特点是改善工件的内在质量，而这一般不是肉眼所能看到的。

为使金属工件具有所需要的力学性能、物理性能和化学性能，除合理选用材料和各种成形工艺外，热处理工艺往往是必不可少的。钢铁是机械工业中应用最广的材料，钢铁显微组织复杂，可以通过热处理予以控制，所以钢铁的热处理是金属热处理的主要内容。另外，铝、铜、镁、钛等及其合金也都可以通过热处理改变其力学性能、物理性能和化学性能，以获得不同的使用性能。

2.1.1 热处理的发展史

从石器时代进展到铜器时代和铁器时代的过程中，热处理的作用逐渐为人们所认识。早在公元前770年至公元前222年，中国人在生产实践中就已发现，铜铁的性能会因温度和加压变形的影响而变化。白口铸铁的柔化处理就是制造农具的重要工艺。

公元前6世纪，钢铁兵器逐渐被采用，为了提高钢的硬度，淬火工艺遂得到迅速发展。中国河北省易县燕下都出土的两把剑和一把戟，其显微组织中都有马氏体存在，说明是经过淬火的。

随着淬火技术的发展，人们逐渐发现淬冷剂对淬火质量的影响。三国蜀人蒲元曾在今陕西斜谷为诸葛亮打制3 000把刀，相传是派人到成都取水淬火的。这说明中国在古代就注意到不同水质的冷却能力了，同时也注意了油和水的冷却能力。中国出土的西汉(公元前206年～公元25年)中山靖王墓中的宝剑，芯部含碳量为0.15%～0.4%，而表面含碳量却达0.6%以上，说明已应用了渗碳工艺，但当时作为个人“手艺”的秘密，不肯外传，因而发展很慢。

1863年，英国金相学家和地质学家展示了钢铁在显微镜下的六种不同的金相组织，证明了钢在加热和冷却时，内部会发生组织改变，钢中高温时的相在急冷时转变为一种较硬的相。法国人奥斯蒙德确立的铁的同素异构理论，以及英国人奥斯汀最早制定的铁碳相图，为现代热处理工艺初步奠定了理论基础。与此同时，人们还研究了在金属热处理的加热过程中对金属的保护方法，以避免加热过程中金属的氧化和脱碳等。

1850～1880 年，对于应用各种气体（诸如氢气、煤气、一氧化碳等）进行保护加热曾有一系列专利。1889～1890 年英国人莱克获得多种金属光亮热处理的专利。

20 世纪以来，金属物理的发展和其他新技术的移植应用，使金属热处理工艺得到更大发展。1901～1925 年，在工业生产中应用转筒炉进行气体渗碳；20 世纪 30 年代，出现露点电位差计，使炉内气氛的碳势达到可控，以后又研究出用二氧化碳红外仪、氧探头等进一步控制炉内气氛碳势的方法；20 世纪 60 年代，热处理技术运用了等离子场的作用，发展了离子渗氮、渗碳工艺；激光、电子束技术的应用，使金属获得了新的表面热处理和化学热处理方法。

2.1.2 热处理工艺

金属热处理工艺大体可分为整体热处理、表面热处理和化学热处理三大类。根据加热介质、加热温度和冷却方法的不同，每一大类又可区分为若干不同的热处理工艺。同一种金属采用不同的热处理工艺，可获得不同的组织，从而具有不同的性能。钢铁是工业上应用最广的金属，而且钢铁显微组织也最为复杂，因此钢铁热处理工艺种类繁多。

钢铁整体热处理大致有退火、正火、淬火和回火四种基本工艺。

退火是将工件加热到适当温度，根据材料和工件尺寸采用不同的保温时间，然后进行缓慢冷却，目的是使金属内部组织达到或接近平衡状态，获得良好的工艺性能和使用性能，或者为进一步淬火作组织准备。

钢的退火工艺种类很多，根据加热温度可分为两大类：一类是在临界温度（A_{c1}或A_{c3}）以上的退火，又称为相变重结晶退火，包括完全退火、不完全退火、球化退火和扩散退火等；另一类是在临界温度以下的退火，包括再结晶退火及去应力退火等。

完全退火又称重结晶退火，一般简称为退火，这种退火主要用于亚共析成分的各种碳钢和合金钢的铸、锻件及热轧型材，有时也用于焊接结构。一般常作为一些轻工件的最终热处理，或作为某些工件的预先热处理。

球化退火主要用于过共析的碳钢及合金工具钢（如制造刃具、量具、模具所用的钢种）。其主要目的在于降低硬度，改善切削加工性，并为以后淬火作好准备。

去应力退火又称低温退火（或高温回火），这种退火主要用来消除铸件、锻件、焊接件、热轧件、冷拉件等的残余应力。如果这些应力不予消除，将会引起钢件在一定时间以后，或在随后的切削加工过程中产生变形或裂纹。

正火是指将钢材或钢件加热到钢的上临界点温度以上 30～50 ℃保持适当时间后，在静止的空气中冷却的热处理的工艺。正火的目的：主要是提高低碳钢的力学性能，改善切削加工性能，细化晶粒，消除组织缺陷，为后道热处理作好组织准备等。正火的效果同退火相似，只是得到的组织更细，常用于改善材料的切削性能，有时也用于一些要求不高的零件的最终热处理。

淬火指将钢件加热到A_{c3}或A_{c1}（钢的下临界点温度）以上某一温度，保持一定的时间，然后以适当的冷却速度，获得马氏体（或贝氏体）组织的热处理工艺。常见的淬火工艺有盐浴淬火、马氏体分级淬火、贝氏体等温淬火、表面淬火和局部淬火等。淬火的目的：使钢件获得所需的马氏体组织，提高工件的硬度、强度和耐磨性，为后道热处理作好组织准备等。一般是将工件加热保温后，在水、油或其他无机盐、有机水溶液等淬冷介质中快速冷却。

为了降低钢件的脆性，将淬火后的钢件在高于室温而低于650 ℃的某一适当温度进行长时间的保温，再进行冷却，这种工艺称为回火。钢回火的目的如下：

(1)降低脆性，消除或减小内应力。钢件淬火后存在很大内应力和脆性，如不及时回火往往会使钢件发生变形甚至开裂。

(2)获得工件所要求的机械性能。工件经淬火后硬度高而脆性大，为了满足各种工件的不同性能的要求，可以通过适当回火的配合来调整硬度，减小脆性，得到所需要的韧性、塑性。

(3)稳定工件尺寸。

(4)对于退火难以软化的某些合金钢，在淬火(或正火)后常采用高温回火，使钢中碳化物适当聚集，将硬度降低，以利于切削加工。

根据工件性能要求的不同，按其回火温度的不同，可将回火分为以下几种：①低温回火(150～250 ℃)；②中温回火(250～500 ℃)；③高温回火(500～650 ℃)。

低温回火所得组织为回火马氏体。其目的是在保持淬火钢的高硬度和高耐磨性的前提下，降低其淬火内应力和脆性，以免使用时崩裂或过早损坏。它主要用于各种高碳的切削刃具、量具、冷冲模具、滚动轴承以及渗碳件等，回火后硬度一般为HRC58～64。

中温回火所得组织为回火屈氏体。其目的是获得高的屈服强度、弹性极限和较高的韧性。因此，它主要用于各种弹簧和热作模具的处理，回火后硬度一般为HRC35～50。

高温回火所得组织为回火索氏体。习惯上将淬火与高温回火相结合的热处理称为调质处理，其目的是获得强度、硬度和塑性、韧性都较好的综合机械性能。因此，广泛用于汽车、拖拉机、机床等的重要结构零件，如连杆、螺栓、齿轮及轴类。回火后硬度一般为HB200～350。

退火、正火、淬火、回火是整体热处理中的“四把火”，其中淬火与回火关系密切，常常配合使用，缺一不可。

“四把火”随着加热温度和冷却方式的不同，又演变出不同的热处理工艺。为了获得一定的强度和韧性，把淬火和高温回火结合起来的工艺，称为调质。某些合金淬火形成过饱和固溶体后，将其置于室温或稍高的适当温度下保持较长时间，以提高合金的硬度、强度或电性、磁性等。这样的热处理工艺称为时效处理。

把压力加工形变与热处理有效而紧密地结合起来进行，使工件获得很好的强度、韧性配合的方法称为形变热处理；在负压气氛或真空中进行的热处理称为真空热处理，它不仅能使工件不氧化、不脱碳，保持处理后工件表面光洁，提高工件的性能，还可以通入渗剂进行化学热处理。

表面热处理是只加热工件表层，以改变其表层力学性能的金属热处理工艺。为了只加热工件表层而不使过多的热量传入工件内部，使用的热源须具有高的能量密度，即在单位面积的工件上给予较大的热能，使工件表层或局部能短时或瞬时达到高温。表面热处理的主要方法有火焰淬火和感应加热，常用的热源有氧乙炔或氧丙烷等火焰、感应电流、激光和电子束等。

化学热处理是通过改变工件表层化学成分、组织和性能的金属热处理工艺。化学热处理与表面热处理不同之处是后者改变了工件表层的化学成分。化学热处理是将工件放在含碳、氮或其他合金元素的介质（气体、液体、固体）中加热，保温较长时间，从而使工件表层渗入碳、氮、硼和铬等元素。渗入元素后，有时还要进行其他热处理工艺如淬火及回火。化学热处理的主要方法有渗碳、渗氮、渗金属。

2.1.3 一些常见热处理的概念

（1）固溶热处理：将合金加热至高温单相区恒温保持，使过剩相充分溶解到固溶体中，然后快速冷却，以得到过饱和固溶体的热处理工艺。

（2）时效：合金经固溶热处理或冷塑性形变后，在室温放置或稍高于室温保持时，其性能随时间而变化的现象。

（3）渗碳：使碳原子渗入到钢表面层的过程。也是使低碳钢的工件具有高碳钢的表面层，再经过淬火和低温回火，使工件的表面层具有高硬度和耐磨性，而工件的中心部分仍然保持着低碳钢的韧性和塑性。

（4）碳氮共渗：碳氮共渗是向钢的表层同时渗入碳和氮的过程。习惯上碳氮共渗又称为氰化，目前以中温气体碳氮共渗和低温气体碳氮共渗（即气体软氮化）应用较为广泛。中温气体碳氮共渗的主要目的是提高钢的硬度、耐磨性和疲劳强度。低温气体碳氮共渗以渗氮为主，其主要目的是提高钢的耐磨性和抗咬合性。

（5）调质处理：一般习惯将淬火与高温回火相结合的热处理称为调质处理。调质处理广泛应用于各种重要的结构零件，特别是那些在交变负荷下工作的连杆、螺栓、齿轮及轴类等。调质处理后得到回火索氏体组织，它的机械性能均比相同硬度的正火索氏体组织更优。它的硬度取决于高温回火温度，并与钢的回火稳定性和工件截面尺寸有关，一般在 HB200 ~ 350。

（6）钎焊：用钎料将两种工件黏合在一起的热处理工艺。

（7）合金：由两种或两种以上金属或金属与非金属组成，具有金属特性的物质。

（8）相：金属或合金中化学成分相同、晶格结构相同，或原子聚集状态相同，并与其他部分之间有明确界面的独立均匀组成部分。

（9）组织：用肉眼可直接观察的，或用放大镜、显微镜能观察分辨的材料内部微观形貌图像。

（10）固溶体：一个（或几个）组元的原子（化合物）溶入另一个组元的晶格中，而仍保持另一组元的晶格类型的固态金属晶体。固溶体分间隙固溶体和置换固溶体两种。

（11）固溶强化：由于溶质原子进入溶剂晶格的间隙或结点，使晶格发生畸变，使固溶体硬度和强度升高，这种现象叫固溶强化。

（12）化合物：合金组元间发生化合作用，生成一种具有金属性能的新的晶体固态结构。

（13）机械混合物：由两种晶体结构组成的合金组成物，虽然是两种晶体，却是一种组成成分，具有独立的机械性能。

（14）铁素体：碳在 α－Fe（体心立方结构的铁）中的间隙固溶体。

(15)奥氏体:碳在 $\gamma-Fe$(面心立方结构的铁)中的间隙固溶体。

(16)渗碳体:碳和铁形成的稳定化合物(Fe_3C)。

(17)珠光体:铁素体和渗碳体组成的机械混合物($Fe+Fe_3C$,含碳量为0.77%)。

(18)莱氏体:渗碳体和奥氏体组成的机械混合物(含碳量为4.3%)。

2.2 表面处理

2.2.1 材料表面工程技术的意义

各种机械设备与仪器仪表,在使用过程中或因受到气、水及某些化学介质的腐蚀,或因相互之间相对运动而产生磨损,或因温度过高而发生氧化,或因接触高温金属熔体或其他熔体而被侵蚀,这些因素都会使机件表面首先发生破坏或失效。据资料报道,各种机电产品的过早失效破坏中约有70%是由腐蚀和磨损造成的,这给国民经济造成的损失无疑是巨大的。

即使那些承受扭转或弯曲载荷因疲劳断裂而失效的零件,其断裂也往往是从受力最大的表面开始而逐渐向内部发展的。所以,材料表面是防止疲劳破坏的第一道防线。

现代工业的迅速发展,对机械工业产品提出了更高的要求,要求产品能在高参数(如高温、高压、高速)、高度自动化和恶劣的工况条件下长期稳定运转,这就必然对机件表面的耐磨、耐蚀等性能的要求日益苛刻。

在某些情况下,若选用贵重金属或合金制造整体设备及零件,有时也可满足表面性能要求,但从经济上看往往是行不通的,因为降低材料成本也是机械工业对材料科学工作者提出的任务之一,更何况在许多情况下也无法找到一种能够同时满足整体和表面要求的材料。因此,研究和发展机械产品的表面保护和表面强化技术,对于提高零件的使用寿命和可靠性,改善机械设备的性能、质量,增强产品的竞争能力,推动高技术和新技术的发展,节约材料、节约能源等都具有重要意义。

表面工程技术日益得到重视的主要原因可归纳如下:

(1)社会生产、生活的需要。

只要稍微留意一下我们的周围,就可发现表面处理的物件到处都是。可以说,几乎没有一件工业品、尤其是生活用品不是经过表面处理的。涂装是遇到的最多的例子。但是,随着人们对涂装的防护性和美观性要求的提高,有关涂料、涂装的新技术也在不断得到开发。

(2)通过表面处理大幅度提高产品质量。

产品质量是与经济效益密切联系在一起的,表面处理技术的高低有时对产品质量起重要、甚至关键作用。据说我国的许多产品之所以竞争不过国外的原因之一是表面处理效果较差,有时表面"化妆"对产品内在质量的影响并不大,但其外表面的品质、处理水平的高低会严重影响其价格。

(3)节约贵重材料。

在耐磨、防腐的许多情况下,苛刻环境仅是对表面而言,对整个构件的要求并不高。

例如，对于模具，如果选用高级模具钢可以满足要求，除极少的表面部分外，大部分材料的高性能并未发挥作用。若用普通钢材，如果仅进行表面化处理，则可得到同样效果，可大大节约材料。因为表面处理毕竟仅在深几微米到几毫米的表面薄层内进行。

（4）实现材料表面复合化，解决单一材料无法解决的问题。

在许多情况下，对机件的芯部和表面的性能要求是不一样的，例如，轴类整体承受弯扭，要求高的抗弯强度和一定的韧性，但颈部都要求高强度以抗磨；齿轮则要求表面高硬度而芯部要求高的强韧性。对大多数材料，韧性和硬度是难以兼容的，一般来说，合金具有高的强韧性，但硬度不高，而陶瓷具有高硬度，但韧性很差，因此表面工程中把陶瓷加到合金表面上的内容，占了很大的比重。目的就在于既发挥合金的强韧性，又发挥陶瓷的高硬度。众所周知的例子是切削工具刃部采用气相沉积镀以氮化铝镀层，可以成几倍地延长刀具寿命，提高加工精度，这种表面复合的效果，往往是选用单一的贵金属材料所无法达到的。

（5）良好的节能、节材效果。

在热工设备上覆以隔热涂层，可以大大减少热损失；在加热元件表面加涂远红外辐射涂层，就会使加热元件能辐射高密度红外线或少辐射可见光，使它成为加热效率非常高的热源。

为了减轻汽车自重以节约能源，目前世界上对发动机的全铝化十分关心，而铝合金的最大问题是不耐磨，因此表面耐磨强化技术的开发成为热点。目前这方面已有大量研究，并且已在赛车上实现。普通车的实用，还有待于工艺成本的降低。

由于大部分机件的损坏都发生在表面，因此以表面技术进行修复也特别受人重视，修复会使废弃机件再次服役，节材效果是显然的。

（6）促进了新兴工业的发展。

材料表面工程技术对新兴工业发展的贡献是很大的，这是因为任何工业的发展，都会对材料提出新的要求，而这些要求往往通过表面处理来实现。以航天工业为例，航天工业遇到的问题是高热流、高焓流和超高温，这对材料提出了十分苛刻的要求，一般火箭发动机的尾喷管内和燃烧室，不仅要承受2 000～3 000 ℃的高温，还要同时经受巨大的热焰流的冲击。再如，洲际导弹的头部锥体和翼的边沿，由于其具备几十倍的音速，与大气层摩擦，即所谓气流加热，将产生上亿焦耳的巨大热量，使头部的表面温度高达4 000～5 000 K以上，如此高的温度，绝大多数的金属相合金都不能承受，为解决此问题只能依靠各种形式的隔热涂层、防火涂层和烧蚀涂层。

在太阳能的利用中，必须利用涂层来吸收太阳光谱中所有波段的能量。用电子束蒸镀的金属陶瓷层 Rd－A1203 作为太阳能吸热器，使对太阳能的吸收率可达95%。此外，像火力发电中的锅炉“四管”的防高温、防冲蚀强化，风机叶片的强化，水力发电的水轮叶片的防冲蚀和汽蚀，都要用到表面工程技术问题。

电子工业也是当今世界发展最快的新兴工业，用沉积法得到的表面膜作为电子功能原件已大量用作绝缘膜、电阻器、电容器、电感器、传感器、记忆元件、超导元件，微波声学器件（声波导、消合器、卷积器谐波器、延迟线等）、薄膜晶体管、集成电路基片等。

表面新技术之所以受到重视，不仅在于其经济意义，还在于其重要的学术价值。这是因为，材料物理性能、化学性能及其变化都从表面开始；随着器件的微型化，表面相的占比增大，会出现许多新的特性。表面新技术的开发和完善，又会提出许多新的学术研究课题。这些研究有力地促进了材料科学、冶金学、机械学、机械制造工艺学以及物理学、化学等基础学科的发展。

2.2.2 材料表面工程技术的发展与分类

2.2.2.1 材料表面工程技术的发展概况

材料表面工程技术是一门由多种学科发展而来的组合技术，其发展过程相当复杂。

传统的表面工程技术，诸如表面热处理、表面渗碳及油漆技术，其历史已有几百年，甚至上千年。例如，古时的所谓宝刀，利而不脆，其实是表面热处理的结果。1974 年兵马俑出土的宝剑表面是用铬盐氧化工艺处理的。无机涂层工艺也是表面技术中的一个重要组成部分，远在 3 000 多年前的商代就出现了青釉，这是用石灰石和黏土制成的无机涂层；到了周朝把这一种工艺进一步改进，出现了琉璃，即多种彩色的釉；发展到唐朝成了世界闻名的“唐三彩”。不过应该指出的是，这些传统技术只是在近半个世纪中才得到突飞猛进的发展，目前在整个表面工程技术领域中还占据着十分重要的地位，当然，工艺上较过去已有了质的提高。

就高分子涂装技术来说，20 世纪 50 年代以前几乎全部是油性涂料和天然树脂涂料，而 50 年代之后，合成树脂涂料迅速发展，到目前合成树脂已占了涂料的大部分，而且生产出适用各种环境下对材料进行保护的品种。近 20 年来，为了减少挥发溶剂对环境的污染，并节约溶剂，水系涂料得到迅速的开发，如水系电泳涂料已在汽车行业中被广泛采用。粉体涂料在 20 世纪 60 年代问世，80 年代之后，产量大幅度增加。涂装工艺也得到了很大发展，由古老的刷涂、空气喷涂，发展为静电喷涂、流化床涂装、电泳涂装及静电粉末涂装。由于涂料和涂装技术的进步，加之该处理工艺的经济性，至今涂料工程占整个表面工程的约 50%。

传统的表面淬火，已由火焰加热改为高频加热，近些年应用激光束、电子束的淬火技术，已逐渐在扩大应用。古老的渗碳工艺，也由于计算机的发展，实现了自动控制，使处理的质量得到了改善。近年来把真空电离的原理用于渗碳，称为离子渗碳，使渗碳的速度和质量得到大幅度提高。

电镀技术也是一门古老的表面工程技术。在相当长的一段历史时期内，电镀仅限于镀覆纯金属，如镀 Zn、Cr、Ni 等，目前已能成功地镀覆多种合金，甚至把陶瓷和金刚石粉末同时镀在要求抗磨的表面上。20 多年前发明的电刷镀，在修复和局部保护方面，有独特的用处。无公害电镀、功能电镀都是电镀技术的重要进展。

化学镀的历史源自银镜镀，但是现在所说的化学镀与银镜镀的原理有很大区别。

作为塑料电镀预处理的工艺——塑料表面金属化工艺，近些年已作为镀覆工艺进行开发、研究和应用。它不能取代电镀工艺，而是在无法电镀的情况下镀覆的一个有效手段。不过，直到目前，成功开发的镀层工艺还不太多。

在这个时期，热喷涂技术由早期制备一般的装饰性和防护性涂层发展到制备各种功能性涂层；由产品的维修发展到大批量的产品制造；由单一涂层发展到包括产品失效分析、表面预处理、喷涂材料和设备的选择、涂层系统设计和涂层后加工等在内的热喷涂系统工程。热喷涂技术的发展是从使用条件最苛刻、要求最严格的宇航工业开始,然后迅速向各民用工业部门扩展开来的。目前,热喷涂技术已成为金属表面科学领域中一个十分活跃的独立学科。自1956年开始,每3年举行一次世界热喷涂学术交流大会,到1998年已举行了15届。

浸渗金属属于化学热处理的范畴,但近一二十年来渗入材料的种类正在迅速增多,工艺不断改变,控制技术也有了较大的提高,因此也被划归表面工程新技术之列。

以上列举了一些较为古老技术的进步,这些进步是材料表面工程技术的重要内容。但是,作为现代表面科学技术的重要组成部分的,主要是近期内出现的表面处理新技术。

近30年来,有许多新的科学技术渗透到表面处理技术领域,使金属的表面处理技术得到迅速的开发,由此开发出来的表面处理技术成为目前材料表面新技术的主流。例如:激光是20世纪60年代出现的重大科学技术成就之一;70年代制造出大功率的激光器以后,便开始用激光加热进行表面淬火。用激光和电子束加热,由于能量集中、加热层薄和靠自激冷却,因而淬火变形小,且不用淬火介质,有利于环境保护,便于实现自动化。激光、电子束用于表面加热后,就使表面强化技术超出了热处理范畴,可以通过熔化—结晶过程、熔融合金化—结晶过程、熔化—晶态过程,大幅度改变硬化层的结构与性能。

材料的表面气相沉积也是近年来发展最快的一些表面处理新工艺,是提高材料使用性能和延长使用寿命的有效途径。气相沉积法中化学气相沉积是利用镀层材料的挥发性化合物气体分解或化合反应后沉积成膜;物理气相沉积则是利用真空蒸发、溅射、离子体等方法沉积成膜。这些薄膜强化新技术用材广泛、适用面宽,已广泛用于机械制造、冶金工业以及宇航、核能等领域。20世纪70年代发展起来的离子注入新技术,利用注入离子可得到过饱和固溶体、非晶态和某些化合物层,能改变材料摩擦系数,增加表面硬度,提高耐磨性及抗蚀性,延长了零件的使用寿命。

综上所述,材料表面工程技术的进步,一是表现在传统工艺技术的革新,二是表现在新工艺的出现。不论哪种情况,主要都由于相关学科的发展对此边缘学科的促进作用。当然,表面工程技术的进步也促进了许多学科的发展和工业的进步。目前,表面工程技术已经成为材料科学技术的一个重要的非常活跃的领域。

最后还应指出,从总体上讲表面工程技术有实践要比理论超前的问题。也就是说,有不少工程技术已在工业上成功地应用,但是从理论上还并没有得到完全认识。最典型的例子是热喷涂。热喷涂的最早发明是根据玩具手枪的铅弹粘到墙上得到启发的。后来虽然设备不断更新,但其基本依据仅是提高温度和速度,至于受热粒子的物理、化学变化等,研究还是很不系统和深入的。像激光、离子注入这些新技术的理论基础是比较强的,因为激光物理和离子产生、加速的理论是比较成熟的,但是用激光和离子束来照射材料表面所产生的各种现象,从理论上给予正确解释或预言某些现象还是比较困难的。

2.2.2.2 材料表面工程技术的分类

材料表面工程是新兴学科,或者说是一门多学科的边缘学科。该学科中应该包括哪些内容、怎么分类,国内外都有公认的说法。实际上,无论如何分类,都很难达到完美的程度。

1. 按工艺特点进行分类

材料表面工程技术按工艺特点大致分为以下几类：电镀、化学镀、热渗镀、热喷涂焊、化学转化膜、涂装、表面彩包、气相沉积、“二束”改性以及表面热处理、形变强化。有些又可分为一些更细的工艺项目，显然还会有一些表面技术没能列入，诸如电火花强化和溶胶－凝胶成膜，这些新技术范围较窄，但可在上述分类中找到大致位置，如电火花强化可归入表面热处理，溶胶－凝胶成膜可归入化学转化膜。

2. 按学科特点进行分类

按学科特点将表面工程技术大致划分为以下三个方面：

(1)表面合金化技术。包括喷焊、堆焊、离子注入、激光溶覆、热渗镀等。

(2)表面覆层与覆膜技术。包括热喷涂、电镀、化学转化处理、化学镀、气相沉积、涂装、堆焊、金属染色、热浸镀等。

(3)表面组织转化技术。包括激光、电子束热处理技术以及喷丸、辊压等表面加工硬化技术。

必须指出，以上分类比较简单，且内容独立，但是不少工艺技术往往包括其中的两项甚至三项，例如，堆焊和热浸镀，从表层看是镀层，但在界面上却是合金化问题，激光扫描预涂层，在较小的能量密度下是相变硬化，在较大的能量密度下是溶覆问题，而在更大的能量密度下是合金化。

此外，还有一种分类法，即将其分为：①原子沉积物；②粒状沉积物；③整体涂层；④表面改性。该分类法突出学术性，不太适合于工程领域。

3. 按表面改性的目的或性质分类

按此可把表面工程技术分为表面耐磨和减磨技术、表面耐油抗氧化技术、表面强化(提高疲劳强度)技术、表面装饰技术、功能表面技术及表面修复技术。这种分类方法便于应用，有利于选择。中国机械工程学会表面工程分会也是按这种分类方法成立了委员会。

2.3 粉末冶金

2.3.1 粉末冶金的历史及特点

粉末冶金的方法其实由来已久。人类早期采用机械粉碎法制得金、银、铜和青铜的粉末，用作陶器等的装饰涂料。

18 世纪下半叶和 19 世纪上半叶，俄、英、西班牙等国曾以工厂规模制取海绵铂粒，经过热压、锻和模压、烧结等工艺制造钱币和贵重器物。

1890 年，美国的库利吉发明用粉末冶金方法制造灯泡用钨丝，奠定了现代粉末冶金的基础。

到 1910 年左右，人们已经用粉末冶金法制造了钨钼制品、硬质合金、青铜含油轴承、多孔过滤器、集电刷等，逐步形成了整套粉末冶金技术。

20 世纪 30 年代，旋涡研磨铁粉和碳还原铁粉问世后，用粉末冶金法制造铁基机械零件获得了很快的发展。第二次世界大战后，粉末冶金技术发展迅速，新的生产工艺和技术装备、新的材料和制品不断出现，开拓出一些能制造特殊材料的领域，成为现代工业中的重要组成部分。

我国粉末冶金制品行业于20世纪50年代中期起步，后随着汽车工业的发展，加上自身具有的节材性，日益受到重视。1991～2004年，我国粉末冶金零件产量在14年内增长了7.3倍，目前已进入高速发展期。预计今后5年轿车用粉末冶金质量单车平均达到3.5 kg以上。

近些年来，由于一些新技术的兴起，如机械合金化、粉末注射成形、温压成形、喷射成形、微波烧结、放电等离子烧结、自蔓延高温合成、烧结硬化等，粉末冶金材料和技术得到了各国的普遍重视，其应用也越来越广泛。目前，粉末冶金技术正向着高致密化、高性能化、集成化和低成本等方向发展。

粉末冶金是制取金属或用金属粉末（或金属粉末与非金属粉末的混合物）作为原料，经过成形和烧结，制造金属材料、复合以及各种类型制品的工艺技术。粉末冶金法与生产陶瓷有相似的地方，因此一系列粉末冶金新技术也可用于陶瓷材料的制备。由于粉末冶金技术的优点，它已成为解决新材料问题的钥匙，在新材料的发展中起着举足轻重的作用。

粉末冶金的优点如下：

（1）粉末冶金技术可以最大限度地减少合金成分偏聚，消除粗大、不均匀的铸造组织。在制备高性能稀土永磁材料、稀土储氢材料、稀土发光材料、稀土催化剂、高温超导材料、新型金属材料（如Al－Li合金、耐热Al合金、超合金、粉末耐蚀不锈钢、粉末高速钢、金属间化合物高温结构材料等）具有重要的作用。

（2）可以制备非晶、微晶、准晶、纳米晶和超饱和固溶体等一系列高性能非平衡材料，这些材料具有优异的电学、磁学、光学和力学性能。

（3）可以容易地实现多种类型的复合，充分发挥各组元材料各自的特性，是一种低成本生产高性能金属基和陶瓷复合材料的工艺技术。

（4）可以生产普通熔炼法无法生产的具有特殊结构和性能的材料和制品，如新型多孔生物材料、多孔分离膜材料、高性能结构陶瓷和功能陶瓷材料等。

（5）可以实现近净形成形和自动化批量生产，从而可以有效地降低生产的资源和能源消耗。

（6）可以充分利用矿石、尾矿、炼钢污泥、轧钢铁鳞、回收废旧金属作原料，是一种可有效进行材料再生和综合利用的新技术。

2.3.2 粉末冶金在国民经济中的应用

2.3.2.1 粉末的应用

采用粉末冶金技术研究和生产出的形形色色的金属、非金属和化合物粉末，除用作粉末冶金材料和制品的原料外，相当大数量的是直接作为重要的军工和民用工业原料，广泛用于机械、电子、化工、航空、航天乃至农业、医药、食品等部门或行业，这其中包括化工中的添加剂、催化剂，机械、航空中的热喷涂粉末、钎焊料，电子行业中的浆料，精密加工和光学仪器制造中的磨料等，其中大部分为精细、高技术产品。

在各种金属粉末中产量最多的铁粉，其中不少牌号用于电焊条工业，或用作金属焊接和切割，有的用于复印机作为调色剂载体，有的用于无损探伤。十分有趣的是，在人们的日常生活中，高级铁粉已是食品工业中的重要原料，例如，用于做富铁质面包和早餐食品的大部分面粉和谷物中都含有特制的、高纯度的医药级铁粉；美国一年用于食品工业的铁粉约 80 t，人造咖啡碱的生产中也需用到上千吨铁粉；在农业上铁粉还可用于选种。铜粉有相当部分用于油漆，用于五金、建筑业的装饰、涂覆等。铝粉在西方各国都有很大的产量，其中高纯、极细铝粉被用作固体火箭高能燃料的添加剂。据称，美国航天飞机每发射一次需消耗 76 t 高纯、极细铝粉。大量铝粉还用作银色漆。铁粉、铝粉、镁粉是照明弹、燃烧弹和焰火业的重要原料。钽粉是制造高级电容器的无可替代的关键原材料，已发展了完整的系列产品。至于碳化硼、立方氮化硼等超硬粉末，在精密机械制造业中是一类十分有用的高级磨料。

20 世纪 70 年代以来发展起来的非晶、准晶和微晶粉末及超微和纳米粉末，具有一系列的独特性能，为研制高技术新材料开辟了新领域，此类粉末本身的应用前景眼下是难以估量的。

2.3.2.2 粉末冶金在汽车工业中的应用

粉末冶金在汽车零件上的应用，最初是从利用其多孔性的含油轴承开始的。机械结构零件也是从有效的利用含油性的零件等，逐渐扩大到了无切削方式的形状复杂的小零件，并且，由于大型压机与高压缩性铁粉的发展，扩大到了高强度与大型零件。

汽车工业历来是粉末冶金的最大市场。据估计，所生产的粉末冶金结构零件和产品的 50% 左右被用于轿车、卡车、拖车、农业机械和工业车辆。

粉末冶金在汽车上的典型应用有离合器压力板，动力转向泵压力板，重型卡车转向泵的前压力板，升降拖车脚架的伞齿轮和小齿轮，汽车活顶的蜗杆和小齿轮，轿车制动系中用的压力调节阀、前缓冲保护器，自动转向柱的锁销零件，手闸中的小齿轮，自润滑轴承，过滤器，液压传动的活塞和阀销，自动变速器的各种零件，卡车、拖拉机和军用车辆的湿式与干式离合器，及赛车与警车的闸衬面。

1. 气门导管

现在气门导管都是采用灰铸铁铸造，照例导管被强烈磨损，采用铬及铬－镍合金化的粉末冶金材料，由于其抗拉强度比灰铸铁高，与铬镍铜灰铸铁的强度相同，且其吸油能力大，从而具有好的减磨性能与较高的耐磨性能。

零件是在特制压模中于压力 7 t 下压制的。压制的制品在 $T=1\ 100\sim1\ 150$ ℃下于氢气中烧结 1 h，烧结后进行油中淬火，这时孔隙度降为 14% ～16%，粉末冶金制品的显微组织中有弥散珠光体。

2. 减震器零件

这些零件长期由青铜、锌合金及灰铸铁制造。现在用混合料中含有铜、石墨、硫的铁基粉末来制造，润滑剂采用 1% 的硬脂酸锌。零件在自动压机上于单位压力 7.3 t/cm^2 下压制，在贯通式马弗炉中，于 1 130 ~1 150 ℃下在吸热性煤气保护性还原介质中烧结，保温 1.0 ~1.5 h。为制得尺寸较精确的零件要整形，为防止腐蚀，包装前零件要浸以 $20^{\#}$ 机械油。

2.3.2.3　**粉末冶金在电气、仪表工业中的应用**

粉末冶金材料在电气技术中的应用非常广泛，主要为两大方面：电触头元件和磁性元件。

电触头是高、低压开关中执行机构的关键元件。粉末冶金钨基和碳化钨触头因为具有高硬度、抗高温电弧熔蚀、抗高温熔焊、高导电性和高导热性而得到广泛应用。粉末冶金 W-Cu 触头在电路中应用，比紫铜开关容量提高 2.6 倍，寿命提高 5~17 倍。大型电站和高压、超高压输电线路高压开关用触头和高真空开关用触头，只有粉末冶金钨基合金能够胜任。银的一氧化物触头在交流接触器和强力启动器中应用，电寿命比纯银提高 5~12倍，每年可节银十几吨。

磁性材料分为软磁材料和硬磁材料。快速凝固非晶态软磁合金的矫顽力小，最大导磁率大，磁损耗低，可用于变压器、磁头、磁性薄膜等方面，能大大提高电子传感器的性能和计算机新型存储器的容量。据报道，美国在变压器和马达方面年需硅钢片总量 14 万 t，由于硅钢磁损耗大，每年在变压器和马达上耗电多达 18 亿美元，如以非晶态合金代替普通 Fe-Si 合金，可节约几亿美元，哪怕是在关键场合部分代替，其效益也是巨大的。在硬磁材料方面，继钐钴永磁材料之后，20 世纪 80 年代出现了一种更高磁性能的永磁材料，这就是钕铁硼磁体，钕铁硼材料不用贵重元素钴和稀土钐，但磁能积比钐钴合金高得多，已达 393 kJ/m^3。采用钕铁硼永磁体制成的电机体积小，重量轻，输出功率大，效率高，因此引起了各国的高度重视。预计在进入 2020 年前，钕铁硼材料的产量将以年增长率 25% 的速度不断增长。

2.3.2.4　**粉末冶金在发展工模具、刀具材料领域的作用**

工模具、刀具在机械加工、矿山、石油钻探等工业中是必不可少的，因此在国民经济中极为重要，被誉为“工业的牙齿”。国内外使用的工模具、刀具材料主要有高速钢、粉末高速钢、钢结硬质合金、硬质合金、涂层硬质合金、刀具陶瓷、金属陶瓷、金刚石超硬复合材料等。其中除高速钢外，其他均是用粉末冶金技术制造的，可见粉末冶金材料在该领域占有绝对统治地位。

在工具材料发展中，继高速钢之后出现的硬质合金是很重要的一种粉末冶金切削工具。它具有硬度高、耐磨性好、机械强度高、耐腐蚀等显著优点，曾引起了金属切削加工工业的技术革命。第二次世界大战后，硬质合金产品系列和材料性能，更是取得了突破性进展，有力地推动了工业、交通各产业部门的技术进步。由于硬质合金在工业发展过程中所起的特殊作用，长久以来，得到了工业发达国家的普遍重视，目前世界硬质合金的年产量为25 000~26 000 t，我国已超过 7 000 t，产量跃居世界第二。

必须指出，我国硬质合金行业的综合技术水平与国际先进水平仍有很大差距，特别是在涂层硬质合金、机夹刀具、刀具材料深度加工等方面，还比较落后，不少产品还需进口，急需增加投入，增加产品技术含量，以求产品规格、品种和产品质量能有一个新飞跃，才能满足工业发展的需求。随着现代科学技术的发展，各种难加工材料的应用也愈来愈广泛，这对工具材料又提出了更高的要求。因此，采用粉末冶金方法研制出一些更高性能的硬质材料，如各种特种陶瓷工具材料、立方氮化硼刀具材料、金刚石孕镶材料、金刚石涂层超硬材料等。这些材料的出现大大推进了整个工具材料的发展。粉末刀具材料,从高强、高韧性的粉末高速钢,中强、中韧、高硬、高耐磨的硬质合金到低强、低韧,但硬度、耐磨性更高的特种陶瓷、超硬材料,已经形成了庞大的家族,它们互为补充,互相促进,不断满足形形色色的、常常是极为苛刻的材料加工的要求。目前粉末刀具材料已发展成为一大类高技术材料。总的来说,我国与世界工业发达国家相比,各方面都存在不少差距,特别是在开发新的陶瓷刀具材料方面比较薄弱,还有技术空白,制约着我国精密机械行业技术的进步,我们必须大力加强粉末刀具材料的研究开发,进一步加强我国刀具行业的基础,提高技术水平,以满足我国国民经济迅速发展的需要。

2.3.2.5　粉末冶金在航空航天工业中的作用

航空航天工业对材料性能的要求是很严格的。除要求材料具有尽可能高的强度外,通常还要求材料具有尽可能高的综合性能。在一些极限工作条件下,对材料性能的要求就更苛刻了,如火箭推进器的燃烧室材料、喷管材料,一方面器内燃烧温度达 2 000 ℃以上;另一方面,由于器壁外要用液氢或液氧冷却,因此要求材料能承受由于温差所造成的极大热应力。由于对材料性能提出了很高的要求,因此材料显微组织的控制和成分的准确控制就显得极为重要。粉末冶金技术在此方面具有很大的优势。

航空工业中所用的粉末冶金材料,一类为特殊功能材料,如摩擦、减磨、密封、过滤等,主要用于飞机发动机的辅机、仪表和机载设备;另一类为高温、高强结构材料,主要用于飞机发动机主机上的重要结构件。

最典型的例子是采用粉末冶金方法制造的发动机涡轮盘,传统工艺制造的高温合金,由于强化元素不断增多,产生严重偏析,热加工性能恶化,使之成本大为提高,而采用预合金粉与热等静压等技术开发出来的粉末冶金高温合金,晶粒细小,组织均匀,还顺利地实现了氧化物弥散强化,从而大大提高了各项性能。而且由于组织均匀,减小性能分散度,因而提高了材料最低设计应力,减轻了结构质量,如美制 F100 发动机改用粉末冶金涡轮盘后减重 58.5 kg,使发动机的推重比明显提高;高效能涡扇发动机 PWZo37 采用 HIP 加超塑性等温锻的 MERL76 粉末冶金盘,减少燃油消耗 30%,节约 100 万美元/(架·a)。至今采用粉末冶金涡轮盘进入飞行航线的发动机型号达 14 个以上,包括军用、民用运输机、直升机、歼击机、轰炸机。国际上所有最新型的军用、民用发动机几乎都采用或计划采用粉末冶金涡轮盘,作为提高其战术性能的关键措施之一。目前,粉末冶金涡轮盘的发展又进入一个新阶段,即向着双合金双性能方向发展,而粉末冶金的"拼盘"技术能奇迹般地实现盘心和盘缘结构达到最佳状态,充分发挥材料潜力。近十年来,快速凝固粉末冶金铝合金已成为航空材料和粉末冶金技术中的一个新兴的热门课题,通过快速凝固工艺,可提高合金元素在铝中的固溶度,减少偏析,细化晶粒,提高强度和抗疲劳能力等力学性能,例如 7090 高强 P/M 铝合金已用于制造波音 757－200 飞机的主起落架梁撑杆;Al－5Fe－4Ce 高温粉末冶金铝合金已在某些军用机的辅助动力装置中应用。

总之,粉末冶金技术由于将新材料、新工艺和新的零件结构溶为一体,能在价格可接受的条件下制造高性能零件,因此在航空工业中占有重要地位。

2.3.2.6　粉末冶金在核工业中的作用

核工业发展与粉末冶金工艺有着密切的联系。由于核工业的某些特殊要求,有的只有用粉末冶金工艺才能满足,有的则是采用粉末冶金工艺具有更大的优越性,因此粉末冶金工艺对核工业有其独特的贡献。

首先,核工业采用的可裂变材料 U235 在天然铀中的浓度只有 0.71%,要得到核反应堆和制造原子弹要求的浓缩度,必须将 U235 和 U238 分离开来,目前工业生产中大量采用的是气体扩散法,这种方法的关键在于制造扩散分离膜,用镍或氧化铝粉末通过粉末冶金工艺制造的扩散膜能满足其特殊要求。我国自 1966 年起研究成功一系列微孔分离膜,为我国独立自主发展核工业作出了贡献。

其次,核反应堆的燃料芯块有金属铀(或钚、钍)、氧化铀、碳化铀、氮化铀或弥散体型的元件,除金属铀元件外,其他几种元件芯块均需用粉末冶金工艺加工生产。用粉末冶金法制造的氧化铀陶瓷燃料芯块,不但较易满足形状的要求,达到需要的孔隙度和裂变材料密度,而且可以减少加工工作量,对节约核燃料和保护人体健康具有重要意义。

再次,核反应堆要实现链式反应必须有足够强度的中子源来点火,一般多是将铍粉与镭或钋、锑粉通过粉末冶金工艺生产得到中子源。测量反应堆中中子通量的中子探测材料,采用一般合金化方法很难成功,而应用粉末冶金法可以制出满足要求的材料。

另外,作为核反应堆慢化剂或反射层材料的金属铍或氧化铁,作控制材料用的碳化硼,核燃料元件的包壳材料以及核废物的固化处理,目前大多采用粉末冶金工艺。

通过上述的不同侧面可以看出,粉末冶金在核工业中的作用是不容忽视的。

2.3.2.7 粉末冶金在其他军事工业中的应用

粉末冶金技术对生产多种军用材料作出了巨大的贡献,并且在国防建设中有着巨大的潜力和竞争力。用高密度钨合金制成动力穿甲弹是粉末冶金用于军械方面的一个重要例子,采用高密度的钨合金 W-Ni-Fe 等系列合金(比重 17 g/cm^3 至 18.5 g/cm^3),通过粉末冶金加工、真空退火和旋转锻造方法制得穿甲弹芯,有更好的穿甲性能,能更好地使用其动能,完成攻击任务。另外,钨基合金材料也被应用到脆性炸弹装置上。目前,军事部门的兴趣也集中在把粉末冶金钢预成形件锻成近净形的武器部件和高性能的齿轮,用粉末冶金材料制造的这些零件,其密度高,同时强度、韧性和机械加工性能好,完全能满足军事工业对材料性能和质量的要求。10 年前,人们就用 AISI4640 粉末冶金预件锻造 0.5 cm 口径的 M85 机枪加速器。另外,大量武器零件更适宜用粉末冶金方法制造,特别是近年来迅猛发展起来的粉末注射成形技术(PIM),在大批量制造形状复杂的中小型零件方面具有很大的优势,有的已用于航空、枪械零件的制造,PIM 技术的发展将大大拓宽粉末冶金在军工高技术领域的应用。

2.3.3 粉末冶金的基本工序

(1)原料粉末的制备。现有的制粉方法大体可分为两类:机械法和物理化学法。机械法可分为机械粉碎及雾化法;物理化学法又分为电化腐蚀法、还原法、化合法、还原-化合法、气相沉积法、液相沉积法以及电解法。其中应用最为广泛的是还原法、雾化法和电解法。

(2)粉末成形为所需形状的坯块。成形的目的是制得一定形状和尺寸的压坯,并使其具有一定的密度和强度。成形的方法基本上分为加压成形和无压成形。加压成形中应用最多的是模压成形。

(3)坯块的烧结。烧结是粉末冶金工艺中的关键性工序。成形后的压坯通过烧结使其得到所要求的最终物理机械性能。烧结又分为单元系烧结和多元系烧结。对于单元系和多元系的固相烧结,烧结温度比所用的金属及合金的熔点低;对于多元系的液相烧结,烧结温度一般比其中难熔成分的熔点低,而高于易熔成分的熔点。除普通烧结外,还有松装烧结、熔浸法、热压法等特殊的烧结工艺。

(4)产品的后序处理。烧结后的处理,可以根据产品要求的不同,采取多种方式,如精整、浸油、机加工、热处理及电镀。此外,近年来一些新工艺如轧制、锻造也应用于粉末冶金材料烧结后的加工,取得了较理想的效果。

2.3.4 实例

2.3.4.1 粉末高速钢及其成形

高速工具钢由于具有优良的力学性能和耐磨性,广泛用来制作切削工具、成形工具和耐磨零件等。但是,用传统的铸锻方法生产的高速钢会产生偏析,从而形成化学成分不均匀、且晶粒粗大不均匀的显微组织,降低了高速钢的韧度,影响了其使用性能。粉末高速钢由于其生产方法上的特点,可以使其具有细的晶粒结构,不存在碳化物聚集,将偏析降到了最低程度,因而延长了工具的使用寿命。

典型的粉末高速钢生产方法有三种:无偏析工艺(ASP 工艺)、坩埚颗粒冶金法(CPM 工艺)和全致密工艺。目前也有通过液相烧结来制取粉末高速钢的研究。

无偏析工艺是将高速钢首先在惰性气体中雾化成粉末,然后将粉末振实、装入包套进行冷等静压,再于高压、高温下将冷等静压后的坯料热等静压至完全致密。固结后,按常规的塑性成形方法将钢坯加工成所要求的尺寸。

无偏析工艺的主要优点:可以提高合金中合金元素的含量、碳化物分布均匀性,不产生合金缺陷,从而使粉末高速钢在提高耐磨性的同时不会降低其韧度,并具有较高的屈服强度。这种方法生产的粉末高速钢,按其合金成分不同,可分别用于制造冷加工用的工具、对高温硬度有要求的切削工具、切削大多数不锈钢和高温合金的刀具、高速切削的场合以及切削极难加工的工具材料等。

坩埚颗粒冶金法是将高压气雾化的预合金颗粒装入包套后进行热等静压,使之完全致密化。然后用常规的塑性成形方法将钢坯加工成所要求尺寸的坯料和棒料。这种工艺能将合金工具钢中的合金偏析减至极小。此外,还可以生产合金元素含量较高的工具钢。例如,CPMT15 合金是标准工具钢材料中最耐磨、最耐热的合金牌号之一,然而它的使用一直受到常规生产方法的限制,很难生产。只有使用坩埚颗粒冶金法之后才使得这种工具钢的生产成了可能。在 CPMT15 粉末高速钢中,大多数碳化物的尺寸都小于 3 μm,而常规方法生产的高速钢,有的碳化物尺寸可达到 34 μm,平均尺寸为 6 μm。表 2-1 为 CPM 工具钢的化学成分。其中,CPM10V 钢在高达 480 ℃的温度下仍具有极好的耐磨性和韧度,可用作粉末冶金压制模具和许多其他的工具、模具,往往可以取代昂贵的硬质合金工具。T15 粉末高速钢是航空工业中用来加工普通方法难以加工的高温合金和钛合金的主要切削工具钢。

表 2-1　CPM 工具钢的化学成分

合金	组成(%)							
	w_{C}	w_{Cr}	w_{V}	w_{W}	w_{Mn}	w_{Mo}	w_{Co}	w_{Fe}
CPM10V	2.40	5.30	9.8	0.3	0.5	1.3	—	其余
Rex76	1.50	3.75	3.0	10.0	—	5.25	9.0	其余
Rex42	1.10	3.75	1.10	1.5	—	9.5	8.0	其余
Rex25	1.80	4.0	5.0	12.5	—	6.5	—	其余
Rex20	1.30	3.75	2.0	6.25	—	10.5	—	其余
T15	1.55	4.0	5.0	12.25	—	—	5.0	其余

全致密工艺是用水雾化粉末进行冷等静压或模压成形,然后真空烧结到完全致密化。这种工艺可以大量生产尺寸精密、形状复杂的零部件。

全致密工艺的优点:这种方法可以制造出相对密度接近 100% 的零部件,避免因含少量孔隙(即使是 1% ~2%)造成材料的淬硬性、伸长率、冲击韧度极大地降低。此外,这种工艺生产的零部件无需机械加工,从而可以减少材料的切屑,节约原材料。

粉末冶金高速钢的用途:制作铣刀铣削耐热高合金钢、奥氏体不锈钢,制作铰刀、丝锥和钻头等孔加工刃具,制作拉刀拉削渗碳钢、高温合金等难切削材料。粉末冶金高速钢还可用于制作齿轮滚刀,冲裁模具的冲头和凹模,冷镦、成形、压制和挤压模,以及滚丝模。此外,还可以用作冲孔工具材料等。

2.3.4.2　硬质合金及其成形

硬质合金由硬质基体和黏结金属两部分组成。硬质基体保证合金具有高的硬度和耐磨性,采用难熔金属化合物,主要是碳化钨(WC)和碳化钛(TiC),其次是碳化钽(TaC)、碳化铌(NbC)和碳化钒(VC)。黏结金属赋予合金一定的强度和韧度,采用铁族金属及其合金,以钴(Co)为主。

硬质合金的品种很多,其制造工艺也有所不同,但基本工序大同小异,硬质合金的生产工艺流程如图 2-1 所示。

硬质合金是一种优良的工具材料,主要用于切削工具、金属成形工具、矿山工具、表面耐磨材料以及高刚性结构部件。硬质合金的种类、性能及用途见表 2-2。

2.3.4.3　粉末冶金多孔材料及其成形

采用粉末冶金方法制成的、孔隙度通常大于 15% 的金属材料。其内部孔隙弯曲配置,纵横交错,孔隙度和孔径大小可以控制和再生。具有优良、稳定的渗透性能,过滤精度高,具有足够的强度和塑性,有耐高温、抗热震等一系列优良性能。它可在高温或低温下工作,寿命长,制造简单。而普通滤纸、滤布的强度低,过滤速度慢,不能在高温下使用,并且难以再生,易变形,难保证过滤精度。塑料多孔材料虽由球形颗粒制造,过滤性能好,但强度低,使用温度一般不超过 100 ℃。陶瓷或玻璃多孔材料的塑性、可加工性和耐急冷急热性能差,因而应用有限。各种纺织用金属材料丝网孔易变形,影响过滤精度。粉末冶金多孔材料正好弥补了上述材料的不足,得到了较快的发展。

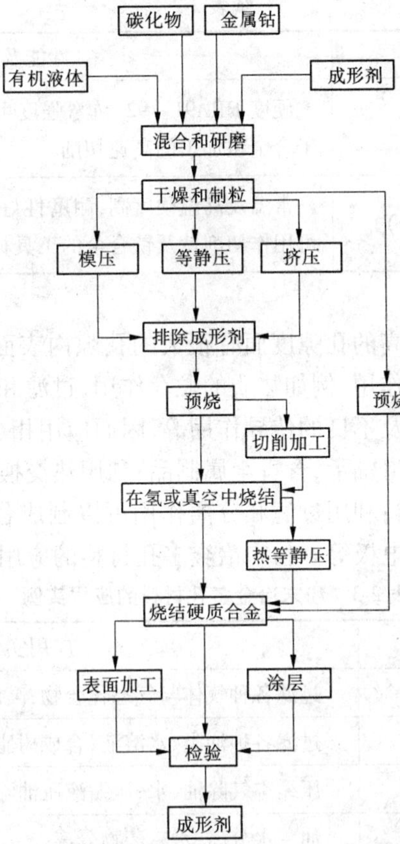

图 2-1　硬质合金的生产工艺流程

表 2-2　硬质合金的种类、性能及用途

种类		性能及用途
含钨硬质合金	WC－Co 系	可用于加工铸铁等脆性材料或作为耐磨零部件和工具使用
	WC－TiC－Co 系	可用于加工产生连续切屑的韧性材料
	WC－TiC－TaC(NbC)－Co 系	
	WC－TaC(NbC)－Co 系	
钢结硬质合金		以钢为黏结剂,碳化钛为硬质相。主要用作冷冲模、切削工具和耐热模具等
涂层硬质合金		在硬质合金基体上沉积碳化钛,表面硬度高。适合于高速连续切削,工件表面质量好
细晶粒硬质合金		高强度、高韧度和高耐磨性。用于加工高强度钢、耐热合金和不锈钢的切断刀、小直径的端铣刀、小铰刀、麻花钻头、微型钻头以及打印针和精密模具

续表 2-2

种类	性能及用途
TiC 基硬质合金	硬度 HRA91 ~ 92、抗弯强度可达 1 930 ~ 1 650 MPa。可用于合金粗加工的高速切削
碳化铬基硬质合金(CrC – Ni)	常温及高温硬度高,耐磨性好,抗氧化性及耐腐蚀性能高。可用作切削钛及钛合金的工具材料

粉末冶金多孔材料因其高的孔隙度而有很大的孔隙内表面,这决定了它具有许多特殊的物理性能及化学性能和作用,例如物质的贮存作用,过滤和分离作用,热交换作用,吸附、催化作用,电极化作用以及不良的传导作用等,因而应用相当广泛。例如,利用其物质贮存作用可以制成含油自润滑轴承、含香金属制品;利用热交换作用可以制成宇航用发汗材料、氧 – 乙炔用防爆止火器;利用过滤和分离作用可以制成各种过滤器;利用其电极化作用可制成燃料电池的多孔电极等。粉末冶金多孔材料的应用实例见表 2-3。

表 2-3　粉末冶金多孔材料的应用实例

机能与特性	用途	应用实例
过滤	气 – 固分离	过滤各种气体与气态化合物;高温烟气除尘
	液 – 固分离	过滤各种油类、水溶液;合成树脂熔融物;熔融金属
	气 – 液分离	压缩空气除油、水;压缩液压油除气泡
	液 – 液分离	油 – 水分离;水 – 药物分离
分离浓缩	气体分离	混合气体分离;气体同位素分离
	液体分离	渗透膜
贯通孔透过特性	送入气体	物料输送板;流化床;气体分布器;气体发散材料;气体喷射器
	逸出气体	呼吸塞;透气性金属膜
	透过液体	雾化器;海水淡化支撑器;液体取样分析器
吸收冲击	消音材料	压缩空气消音、吸音材料;声阻
	缓冲材料	缓冲器(防止高能流体脉冲)
	弹性压缩材料	封印材料;减震器
大比表面积	化学反应	催化剂;催化剂载体;各种电极
	热传导材料	热交换器;火焰阻止器
毛细管现象	输送或供给液体	加湿器;燃烧嘴;灯芯;发汗冷却材料
控制流动	控制流动、流速	分流;分散板
	控制气流层	控制喷射气体边界层,使紊流层流化

制造粉末冶金多孔材料的工艺流程如图 2-2 所示。

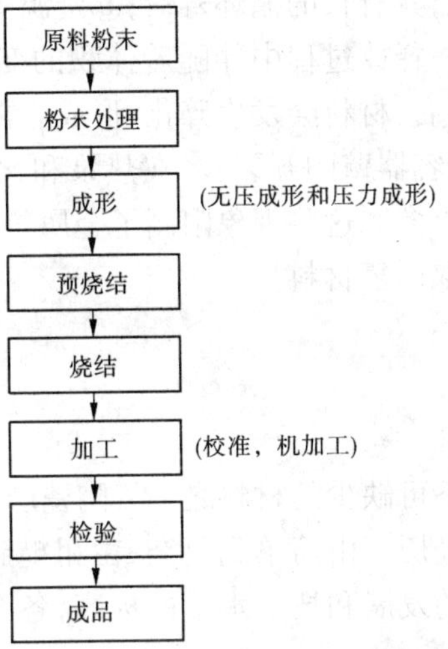

图 2-2　制造粉末冶金多孔材料的工艺流程

粉末冶金多孔材料使用的原料有各种纯金属、合金、难熔化合物等的球形和非球形粉末,以及金属纤维。常用的有铁、铜、青铜、黄铜、镍、钨、钛、不锈钢、镍－铜、碳化钨等粉末,以及不锈钢、镍－铬合金等纤维。制造粉末冶金过滤器大多用球形粉末或近球形粉末。

粉末冶金多孔材料可采用多种方法成形,如模压成形、等静压成形、松装烧结成形和注浆成形等。

2.3.4.4　粉末冶金储氢材料及其成形

氢为理想的清洁能源,作为二次能源的开发利用备受人们的关注。但如何简便、安全地储存和运输是利用氢能的主要问题之一,利用金属氢化物来储氢具有很强的吸引力。目前研究的储氢材料有:①以镧－镍为代表的稀土系材料;②以钛－铁为代表的钛系材料;③以镁－镍为代表的镁系材料。其中,镧－镍为代表的储氢材料是主要研究方向。某些金属氢化物的储氢能力和能量密度见表 2-4。

表 2-4　某些金属氢化物的储氢能力和能量密度

储存介质	储氢能力		能量密度		
	按质量(%)	按容量(g/cm^3)	按质量(4.18 J/g)	按容积(4.18 J/g)	释氢条件
镁镍氢化物 Mg_2NiH_4	3.16	0.081	1 071	2 745	250 ~ 300 ℃
钛铁氢化物 $TiFeH_{1.96}$	1.75	0.096	593	3 254	100 ℃以下
镧镍氢化物 $LaNi_5H_6$	1.37	0.089	464	3 017	100 ℃以下
液态氢	100	0.070	33 900	2 373	常温
气态氢	100	0.008	33 900	271	常温

储氢合金特性:①大的储氢比容;②合适的应力特性;③容易激活;④氢气能快速被吸

收和释放；⑤良好的抗毒化性能，具有长的循环寿命；⑥资源丰富而价廉。

由于储氢材料在氢的吸收—释放过程中伴随着体积的变化，所以会出现如下一些现象：①经过几次吸收—释放循环后，材料会发生碎化，形成非常细的粉末，增加了气体的流动阻力；②氢化物的膨胀易引起容器壁的开裂；③在热泵和化学压缩机的应用中，金属氢化物的吸附速率以及能量的输出多。这些现象限制了金属氢化物在工业上的应用。

一般用真空烧结方法来制取储氢材料。

2.4 陶瓷材料

陶瓷是人类生活和生产中不可缺少的材料之一。陶瓷产品的应用范围遍及国民经济的各个领域。它的生产和发展经历了由简单到复杂、由粗糙到精细、从无釉到施釉、从低温到高温的过程。随着生产力的发展和技术水平的提高，各个历史阶段赋予陶瓷的含义和范围也不断发生变化。

日用陶瓷、建筑陶瓷、化工陶瓷、电瓷等传统的陶瓷产品是用黏土类及其他天然矿物原料经过粉碎加工、成形、烧成等工艺过程而得到的。由于它使用的原料主要是硅酸盐矿物，所以归属于硅酸盐类材料。生产的发展和科学技术的进步要求充分利用陶瓷材料的物理与化学性质，因而制成了许多新型的品种，使得陶瓷从古老的工艺与艺术领域进入到现代科学技术的行列中。这些陶瓷新品种，如氧化物陶瓷、非氧化物陶瓷、金属陶瓷、功能陶瓷等常称为特种陶瓷。它们的生产过程基本上还是原料处理—成形—烧成这种传统的方式，但采用的原料已扩大到化工原料和合成原料，组成范围也超出硅酸盐材料的范畴。

陶瓷一词系陶器与瓷器两大类产品的总称。陶器通常有一定吸水率，断面粗糙无光，不透明，敲击之声音粗哑，有的无釉，有的施釉。瓷器的坯体致密，吸水率很低，有一定的半透明性，通常都施有釉层（某些特种瓷并不施釉，甚至颜色不白，但烧结程度仍相当高）。介于陶器与瓷器之间的一类产品，坯体较致密，吸水率也小，颜色深浅不一，缺乏半透明性。这类产品国外通称为炻器，也有称为半瓷的。我国科技文献中提到的炻器、原始瓷器和船瓷均属于这一类。

随着生产与科学技术的发展，陶瓷产品的种类也日益增多。按组成可分为硅酸盐陶瓷、氧化物陶瓷、非氧化物陶瓷。按性能可分为普通陶瓷，如日用陶瓷、建筑陶瓷、化工陶瓷等；特种陶瓷，如结构陶瓷、功能陶瓷。按用途可分为日用瓷、艺术瓷、建筑瓷、化工瓷等。

2.4.1 原料

陶瓷工业中使用的原料品种繁多，主要是天然矿物原料，有黏土、长石、石英、滑石及硅灰石等。

2.4.1.1 黏土类原料

黏土是含水铝硅酸盐多种微细矿物的混合物。它为陶瓷制品成形提供必需的可塑性和悬浮性，并在烧成中起重要作用。在配料中的用量常达到40%以上。

黏土的主要化学成分为 SiO_2 和 Al_2O_3，还有少量碱金属氧化物（K_2O、Na_2O）、碱土金属氧化物（CaO、MgO）、着色氧化物（Fe_2O_3、TiO_2）和灼减量（机械结合水、化合水、有机物、碳酸盐、硫酸盐等）。

黏土按其主要黏土矿物的不同可分为高岭石类、蒙脱石类和伊利石类三大类别。

黏土－水混合物所具有的可塑性，使陶瓷坯体得以成形，在成形后保持其形状，并且在干燥和烧成过程中能保持其形状和强度，这种能力是独特的。另外，黏土在某一范围内熔融，使坯体在一定温度下，靠其表面张力的拉紧作用而变得密实、坚硬，又不失去其外形。同时，黏土中含有较高的 Al_2O_3，它和 SiO_2 在高温下生成莫来石晶体（$3Al_2O_3 \cdot 2SiO_2$），使陶瓷具有良好的耐热急变性和机械强度等。

2.4.1.2　长石类原料

长石主要有四种基本类型：钾长石（$K_2O \cdot Al_2O_3 \cdot SiO_2$）、钠长石（$Na_2O \cdot Al_2O_3 \cdot 6SiO_2$）、钙长石（$CaO \cdot Al_2O_3 \cdot 2SiO_2$）和钡长石（$BaO \cdot Al_2O_3 \cdot 2SiO_2$）。

长石是陶瓷坯料的熔剂原料，熔融的长石，形成黏稠的玻璃体，在高温下熔解部分高岭土分解物和石英颗粒，促使成瓷反应进行，降低陶瓷产品的烧成温度；同时促进莫来石晶体的发育生长，赋予坯体机械强度和化学稳定性；高温下长石熔体具有的黏度，起了高温热塑作用和胶结作用，防止了高温变形；长石熔体冷却后，构成了瓷的玻璃基质，增加了透明度，用作釉料的组分，可提高釉面光泽和使用性能，所以也是良好的釉用原料。此外，长石作为瘠性原料，可提高坯体的干燥速度，减小坯体的干燥收缩和变形等。

2.4.1.3　石英类原料

在陶瓷坯体中，石英起“骨架”作用。石英作为釉料使用，有利于使釉面形成半透明的玻璃体，提高白度。石英是非可塑性原料，可减小坯体的干燥收缩和缩短干燥时间，防止坯体变形。在陶瓷产品烧成过程中，二氧化硅的体积膨胀可以起着补偿坯体收缩的作用。

2.4.2　坯料制备

陶瓷坯料的制备过程如图 2-3 所示。

2.4.2.1　原料处理

预烧即对原料进行的预先烧制，其作用在于帮助碎化原料，如石英硬度高，不易粉碎，需利用晶格重构时产生的体积突变，将其粉碎。即将石英加热至相变温度以上保温，然后急冷使其产生较大的相变内应力，导致原料变脆散裂成小块。

精选是指对原料进行分离、提纯，除去原料中的各种杂质（尤是含铁杂质），使之在化学组成、矿物组成、颗粒尺寸方面更符合原料的质量要求，通常用分级（水选、风选、筛选等）、磁选、超声波选等方法去除原料中的粗粒杂质（如砂砾、硫铁矿、草根、树皮等）。

2.4.2.2　混合制备

1. 细粉碎

国内普通陶瓷生产采用万孔筛（250 目、61 μm）来控制坯料粒度。

球磨机是一种装有一定研磨体的旋转体，筒体旋转时带动研磨体旋转，一方面通过研磨体之间和与筒体之间的摩擦起到研磨作用，另一方面利用研磨体下落时的撞击作用可达到粉碎目的。

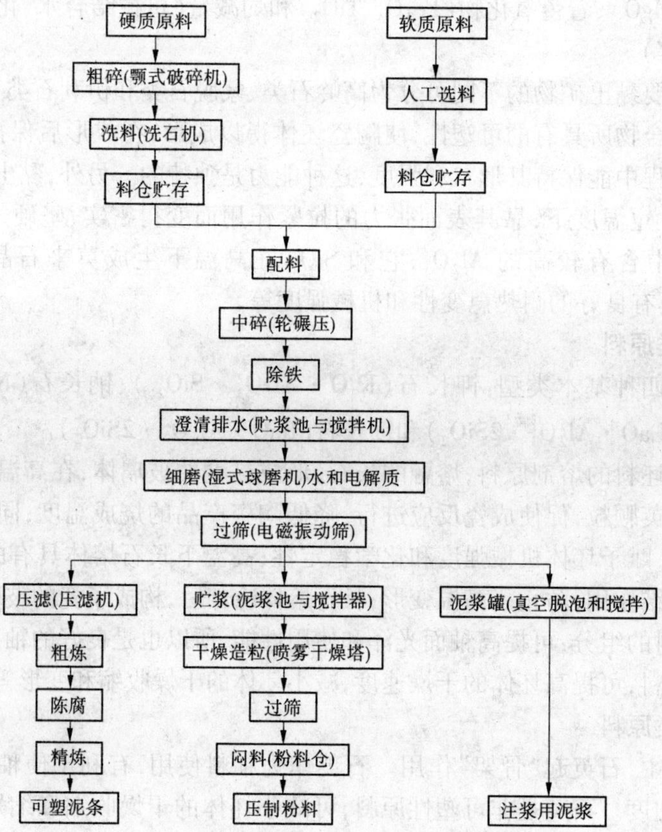

图 2-3　陶瓷坯料的制备过程

2. 泥浆的脱水

采用湿法粉碎得到的泥浆，含水量约 60%，不能直接用于成形，需脱水。脱水的目的就是去除湿法粉碎后坯料含有的多余水分。机械脱水可得到含水量为 20% ~25% 的坯料，热风脱水可得到含水量在 8% 以下的坯料。

机械脱水可采用压滤机，也称挤泥机。压滤时，水通过泥层和滤布滤出。

热风脱水（喷雾干燥）指泥浆经一定的雾化装置分散成雾状细滴，在干燥塔内经热交换，将雾滴中的水分蒸发，得到含水量小于 8% 具有一定粒度的球形粉料过程。可见喷雾干燥还兼有造粒的功能，故在陶瓷生产中应用很广。

3. 造粒

造粒是将细碎后的陶瓷粉料制备成具有一定粒度（假颗粒）的坯料，使其适于干压或半干压成形工艺。较早的方法是在瓷粉中加入适量的黏结剂，经预压、破碎、过筛后获得粒度在一定范围内的颗粒。喷雾干燥则是现在普遍采用的一种造粒方法。

4. 陈腐

陈腐俗称困料，指将泥坯放在阴暗而湿度大的室内（20 ~30 ℃）贮存一段时间，改善其性能的措施。坯泥经陈化后，水分因扩散而分布得更加均匀；且在水和电解质的作用下，黏土颗粒充分水化和离子交换，非可塑性矿物发生水解，变为黏土物质；在细菌的作用下，有机物发酵或腐烂，变成腐殖酸类物质，一些氧化还原反应产生的气体扩散，促使泥料松散均匀，提高可塑性，减少在加工时由挤泥机中压出泥段时产生的层裂，因而降低坯件在成形及干燥时的破损率。

5. 练泥及真空处理

练泥是指捏练泥料以改善其质量的方法。从压滤机上得到的泥饼，外硬内软，泥料中的各组分混合也不均匀，必须经过练泥。练泥可分为两个步骤，第一步是用捏练机或简单的卧式双滚轴练泥机（不抽真空）先将泥料进行捏练，第二步放到真空练泥机中再排除空气。也有用一种既将泥料捏练均匀又将空气排除的真空练泥机，通过螺旋杆搅拌挤制泥料并真空脱气。经真空脱气处理后，可提高制品强度15%～20%。

2.4.3 陶瓷的成形

陶瓷产品的成形是将泥坯料加工成所要求的形状和尺寸的均质坯体。陶瓷产品的品种很多，形状相差悬殊，不同种类的陶瓷产品其坯料性能和制备工艺也不相同，因此应根据制品形状和要求选择最佳的成形方法。普通陶瓷制品的成形方法按坯料的性能可分为以下三类：

(1)注浆成形。将含水量30%～45%的坯体浆料在石膏模中浇注成形。用石蜡调成的瘠性料浆则需加热加压注浆成形。

(2)可塑成形。将含水量16%～25%的塑性坯泥料，通过各种成形机械进行挤制、湿压、滚压或轧模等方法使之成为具有一定规格的坯体。

(3)压制成形。将含水量6%～8%的粉状坯料，在较高的压力下于金属模具中压制成形。

在实际生产中一般是根据制品的形状、大小、厚薄、坯料性能、产量和质量要求、设备及技术能力、用途、经济效果等因素确定选用何种成形方法。

2.4.4 坯体干燥

干燥是从含水物料中排出其所含水分的工艺过程，如建筑陶瓷的成形粉料是泥浆经喷雾干燥塔脱去多余水分而得到的，其含水率约6%；可塑成形所用泥饼含水率约22%；注浆成形的卫生陶瓷坯体含水率约16%，这些成形好的生坯均需经过干燥才能进行施釉或入窑烧成。

干燥的目的在于提高生坯的强度，便于检查、修坯、搬运、施釉和烧成。

陶瓷坯体的几种干燥方法如下：

(1)热气干燥。以热气向生坯进行对流传热，使坯体排出水分，同时把蒸发出的水带走，这是很普遍的方法。

(2)电热干燥。在生坯端面施以工频交变电压，在坯内产生电流而发热，属于内热式干燥。这种干燥方法，适于含水率高的大型生坯原地干燥，设备简单。效率高。

(3)高频干燥。以高频或相应频率的电磁波辐射使生坯内水分子产生弛张式极化，转化为干燥的热能。高频干燥电耗较高，仅用于含水率不高的小型生坯干燥。

(4)微波干燥。以微波辐射使生坯内水分子运动加剧，转化为热能干燥生坯。此法干燥效率高，但微波对人体有害，要用金属板防护屏蔽。

(5)近红外与远红外干燥。以红外辐射使生坯内水分子的键长和键角振动，偶极矩反复改变，转化为热能。这种方法干燥效率很高，经济效果好，正在推广应用。

2.4.5 陶瓷的烧成

烧成是通过高温处理，使坯体发生一系列物理化学变化，形成预期的矿物组成和显微结构，从而达到固定外形并获得所要求性能的工序。

2.4.5.1 烧成工艺

普通陶瓷的生产流程有一次烧成和二次烧成之分。

一次烧成又称本烧，是指经成形、干燥或施釉后的生坯，在烧成窑内一次烧成陶瓷产品的工艺路线。

二次烧成是指经过成形、干燥的生坯先在素烧窑内进行素烧——第一次烧成，然后经检选、施釉等工序后再进入釉烧窑内进行釉烧——第二次烧成，这是经过二次烧成的工艺路线。

2.4.5.2 烧成设备

1. 烧成设备的分类

根据所用燃料不同可分为烧固体燃料的，如煤烧窑；烧液体燃料的，如重油烧窑及轻柴油烧窑；烧气体燃料的，如煤气、天然气、液化气烧窑；以电为能源的，如电炉、微波炉、高频感应炉、等离子炉等。

根据制品与火焰是否接触可分为明焰窑、隔焰窑和半隔焰窑三种。明焰窑内火焰与制品直接接触，传热面积大，热效率高，且可方便调节烧成气氛。但明焰烧成时，对于上釉制品和表面质量要求高的制品就必须采用净化煤气或轻柴油作燃料，以免污染制品；隔焰窑的火焰沿火道流动，借助隔焰板以辐射方式加热窑道内制品，由于火焰不接触制品，故不会造成制品污染，烧成质量较好，对燃料要求也较高，但制品在充满空气的氧化气氛中烧成，气氛很难调节。若将隔焰板上开孔，火道内部分气体进入窑内与制品接触，从而便于调节窑内气氛，这种窑就是半隔焰窑。

根据烧成过程的连续与否可分为间歇式窑、连续式窑。

2. 倒焰窑

倒焰窑是间歇式窑的一种，是根据火焰在窑内自窑顶向窑底流动而命名的。按窑体结构形式分有圆窑和方窑两种。其特点：结构简单，易于建造，投资少；窑的容积可大可小，适合烧成多种制品；在生产中灵活性大，可按不同产品的工艺要求更换烧成制度，适合于多品种、多规格及规模不大的工厂生产或作试验用；窑内温差小，同一配方同种产品倒焰窑烧出的制品质量往往优于隧道窑。

梭式窑又称为车底窑、往复窑、抽屉窑。它是一种窑底活动而窑墙窑顶固定不动的倒焰窑，烧成的制品经冷却至适当温度后随窑车被拉出来。

3. 隧道窑

隧道窑是陶瓷窑炉中较先进的窑型；种类较多，应用广泛。坯体装在铺有耐火材料的窑车上，在与高温气流逆向运行的过程中，经预热、烧成、冷却三带，完成一系列物理化学变化推出窑外。

2.4.6 釉料及制备

生料釉的制备与坯料类似,可直接配料磨成釉浆。研磨时应先将瘠性的硬质原料磨至一定细度后,再加软质黏土。为防止沉淀可在投料研磨时加入3% ~5%的黏土。

熔块釉的制备包括熔制熔块和制备釉浆两部分。熔制熔块的目的主要是降低釉料的毒性和可溶性,同时也可使釉料的熔融温度降低。熔块的熔制视产量大小及生产条件而定,可在坩埚炉、池炉或回转炉中进行。

基本施釉方法有浸釉、浇釉和喷釉三种。

(1)浸釉。将坯体浸入釉浆,利用坯体的吸水性或热坯对釉的黏附而使釉料附着在坯体上。

(2)浇釉。将釉浆浇于坯体上形成釉层。

(3)喷釉。利用压缩空气将釉浆通过喷枪喷成雾状,使之黏附于坯体上。

2.5 材料成形技术

2.5.1 铸造

铸造是人类掌握比较早的一种金属热加工工艺,已有约6 000年的历史。中国在公元前1700 ~公元前1000年已进入青铜铸件的全盛期,工艺上已达到相当高的水平。铸造是指将固态金属熔化为液态倒入特定形状的铸型,待其凝固成形的加工方式。被铸金属有铜、铁、铝、锡、铅等,普通铸型的材料是原砂(原砂包括石英砂、镁砂、锆砂、铬铁矿砂、镁橄榄石砂、兰晶石砂、石墨砂、铁砂等)、黏土、水玻璃、树脂及其他辅助材料。特种铸造的铸型包括熔模铸造、消失模铸造、金属型铸造、陶瓷型铸造等。

中国商朝的重875 kg的司母戊方鼎、战国时期的曾侯乙尊盘、西汉的透光镜都是古代铸造的代表产品。早期的铸件大多是农业生产、宗教、生活等方面的工具或用具,艺术色彩浓厚。那时的铸造工艺是与制陶工艺并行发展的,受陶器的影响很大。

中国在公元前513年,铸出了世界上最早见于文字记载的铸铁件——晋国铸型鼎,重约270 kg。欧洲在公元8世纪前后也开始生产铸铁件。铸铁件的出现,扩大了铸件的应用范围。例如在15 ~17世纪,德、法等国先后敷设了不少向居民供饮用水的铸铁管道。18世纪的工业革命以后,蒸汽机、纺织机和铁路等工业兴起,铸件进入为大工业服务的新时期,铸造技术开始有了大的发展。

进入20世纪,铸造的发展速度很快,其重要因素之一是产品技术的进步,要求铸件各种机械物理性能更好,同时仍具有良好的机械加工性能;另一个原因是机械工业本身和其他工业如化工、仪表等的发展,给铸造业创造了有利的物质条件。如检测手段的发展,保证了铸件质量的提高和稳定,并给铸造理论的发展提供了条件;电子显微镜等的发明,帮助人们深入到金属的微观世界,探查金属结晶的奥秘,研究金属凝固的理论,指导铸造生产。

按照《铸造术语》(GB/T 5611—1998)，铸造是指熔炼金属，制造铸型，并将熔融金属浇入铸型，凝固后获得具有一定形状、尺寸和性能金属零件毛坯的成形方法。铸造毛坯因近乎成形，而达到免机械加工或少量加工的目的，降低了成本并在一定程度上减少了制作时间。铸造是现代装置制造工业的基础工艺之一。

铸造种类很多，按造型方法习惯上分为普通砂型铸造和特种铸造。

(1)普通砂型铸造，又称砂铸、翻砂，包括湿砂型、干砂型和化学硬化砂型3类。砂型铸造的方法又可分为：湿型砂机器造型方法，自硬树脂砂造型制芯，水玻璃砂造型制芯，干型和表干型、实型铸造，负压造型，手工造型。砂芯的制造方法是根据砂芯尺寸、形状、生产批量及具体生产条件进行选择的。

(2)特种铸造，按造型材料又可分为以天然矿产砂石为主要造型材料的特种铸造(如熔模铸造、泥型铸造、壳型铸造、负压铸造、实型铸造、陶瓷型铸造、消失模铸造等)和以金属为主要造型材料的特种铸造(如金属型铸造、压力铸造、连续铸造、低压铸造、离心铸造等)两类。

按照成形工艺可分为：①重力浇铸：砂铸，硬模铸造。依靠重力将熔融金属液浇入型腔。②压力铸造：低压浇铸，高压铸造。依靠额外增加的压力将熔融金属液瞬间压入铸造型腔。

铸造工艺通常包括：①铸型(使液态金属成为固态铸件的容器)准备，铸型按所用材料可分为砂型、金属型、陶瓷型、泥型、石墨型等，按使用次数可分为一次性型、半永久型和永久型，铸型准备的优劣是影响铸件质量的主要因素；②铸造金属的熔化与浇注，铸造金属(铸造合金)主要有各类铸铁、铸钢和铸造有色金属及合金；③铸件处理和检验，铸件处理包括清除型芯和铸件表面异物、切除浇冒口、铲磨毛刺和披缝等凸出物以及热处理、整形、防锈处理和粗加工等。

金属熔炼不仅仅是单纯的熔化，还包括冶炼过程，使浇进铸型的金属，在温度、化学成分和纯净度方面都符合预期要求。为此，在熔炼过程中要进行以控制质量为目的的各种检查测试，液态金属在达到各项规定指标后方能允许浇注。有时，为了达到更高要求，金属液在出炉后还要经炉外处理，如脱硫、真空脱气、炉外精炼、孕育或变质处理等。熔炼金属常用的设备有冲天炉、电弧炉、感应电炉、电阻炉、反射炉等。

2.5.1.1 铸铁的熔炼

熔炼设备有冲天炉、电弧炉、工频炉等，其中以冲天炉的应用最为广泛。常见的冲天炉熔炼设备组成包括炉底、炉缸、炉身和前炉四部分，如图2-4所示。冲天炉的燃料为焦炭；金属炉料有铸造生铁锭、回炉料、废钢、铁合金；熔剂为石灰石和氟石。在冲天炉熔炼过程中，高炉炉气不断上升，炉料不断下降；底焦燃烧；金属炉料被预热、熔化和过热；冶金反应使铁水发生变化。

2.5.1.2 铸钢的熔炼

熔炼是铸钢生产中的重要环节，钢液的质量直接关系到铸钢件的质量。

冶炼设备有电弧炉、平炉和感应电炉等。电弧炉用得最多，平炉仅用于重型铸钢件，感应电炉主要用于合金钢、小型铸件的生产。

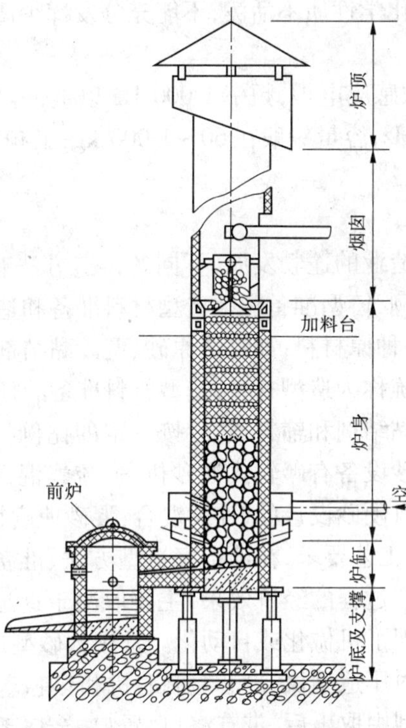

图 2-4　冲天炉熔炼设备

1. 电弧炉炼钢

利用电极与金属炉料间电弧产生的热量来熔炼金属，如图 2-5 所示。炉子容量为 1 ~ 15 t。钢液质量较高，熔炼速度快，一般为 2 ~ 3 h 一炉，温度容易控制。炼钢的金属材料主要是废钢、生铁和铁合金等。其他材料有造渣材料、氧化剂、还原剂和增碳剂等。

2. 感应电炉炼钢

感应电炉在精密铸造和高合金钢铸造中应用最普遍。感应电炉炉体的构造如图 2-6 所示。利用感应线圈中交流电的感应作用，使坩埚内的金属炉料及钢液产生感应电流发出热量使炉料熔化。

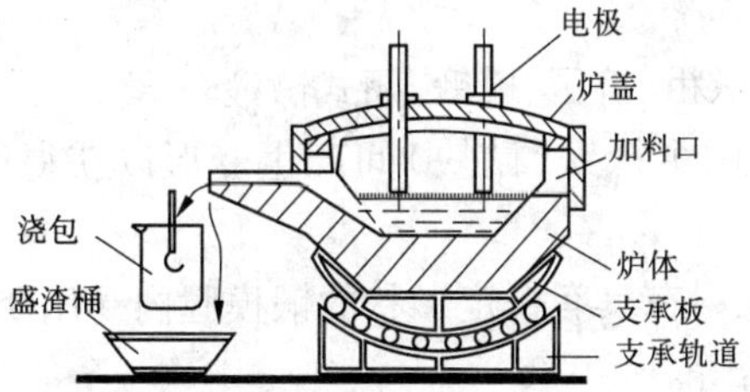

图 2-5　三相电弧炉示意图

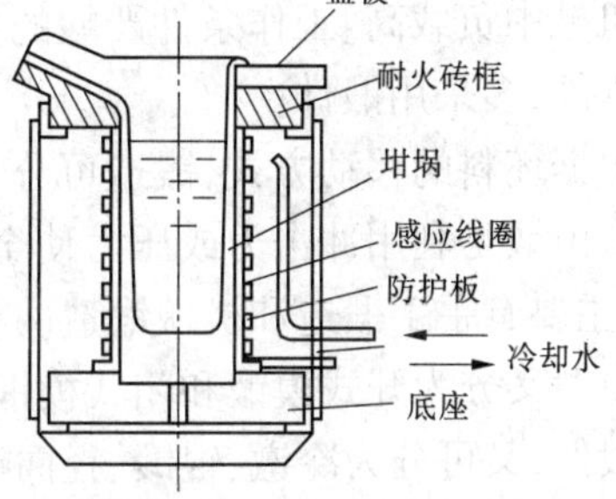

图 2-6　感应电炉炉体的构造

优点：加热速度较快，热量散失少，热效率较高，氧化熔炼损耗较小，吸收气体较少。

缺点：炉渣温度较低，化学性质不活泼，不能充分发挥炉渣在冶炼过程中的作用，基本上是炉料的重熔过程。

感应电炉的类型：高频感应电炉，频率 1 000 Hz 以上，容量一般在 100 kg 以下；中频感应电炉，频率 500 ~ 300 Hz，容量一般在 60 ~ 1 000 kg；工频感应电炉，工业频率 50 Hz，容量一般在 100 ~ 10 000 kg。

2.5.1.3 工艺流程

随着科技的进步与铸造业的蓬勃发展，不同的铸造方法有不同的铸型准备内容。以应用最广泛的砂型铸造为例，铸型准备包括造型材料准备和造型、造芯两大项工作。砂型铸造中用来造型、造芯的各种原材料，如铸造原砂、型砂黏结剂和其他辅料，以及由它们配制成的型砂、芯砂、涂料等统称为造型材料，造型材料准备的任务是按照铸件的要求、金属的性质，选择合适的原砂、黏结剂和辅料，然后按一定的比例把它们混合成具有一定性能的型砂和芯砂。常用的混砂设备有碾轮式混砂机、逆流式混砂机和连续式混砂机。连续式混砂机是专为混合化学自硬砂设计的，连续混合，混砂速度快。

造型、造芯是根据铸造工艺要求，在确定好造型方法、准备好造型材料的基础上进行的。铸件的精度和全部生产过程的经济效果，主要取决于这道工序。在很多现代化的铸造车间里，造型、造芯都实现了机械化或自动化。常用的砂型造型造芯设备有高、中、低压造型机、气冲造型机、无箱射压造型机、冷芯盒制芯机和热芯盒制芯机、覆膜砂制芯机等。

铸件自浇注冷却的铸型中取出后，带有浇口、冒口、金属毛刺、披缝，砂型铸造的铸件还黏附着砂子，因此必须经过清理工序。进行这种工作的设备有磨光机、抛丸机、浇冒口切割机等。砂型铸件落砂清理是劳动条件较差的一道工序，所以在选择造型方法时，应尽量考虑到为落砂清理创造方便条件。有些铸件因特殊要求，还要经铸件后处理，如热处理、整形、防锈处理、粗加工等。

2.5.2 锻造

锻造是利用锻压机械对金属坯料施加压力，使其产生塑性变形以获得具有一定机械性能、一定形状和尺寸的锻件的加工方法，如图 2-7 所示。锻造是锻压（锻造与冲压）的两大组成部分之一。通过锻造能消除金属在冶炼过程中产生的铸态疏松等缺陷，优化微观组织结构，同时由于保存了完整的金属流线，锻件的机械性能一般优于同样材料的铸件。相关机械中负载高、工作条件严峻的重要零件，除形状较简单的可用轧制的板材、型材或焊接件外，多采用锻件。

根据坯料的移动方式，锻造可分为自由锻、镦粗、挤压、模锻、闭式镦锻。

自由锻是利用冲击力或压力使金属在上下两个抵铁（砧块）间产生变形以获得所需锻件，主要有手工锻造和机械锻造两种。

模锻又分为开式模锻和闭式模锻，使金属坯料在具有一定形状的锻模膛内受压变形而获得锻件，又可分为冷镦、辊锻、径向锻造和挤压等。

闭式模锻和闭式镦锻由于没有飞边，材料的利用率就高，用一道工序或几道工序就可能完成复杂锻件的精加工。由于没有飞边，锻件的受力面积减少，所需要的荷载也减少。但是，应注意不能使坯料完全受到限制，为此要严格控制坯料的体积，控制锻模的相对位置和对锻件进行测量，努力减少锻模的磨损。

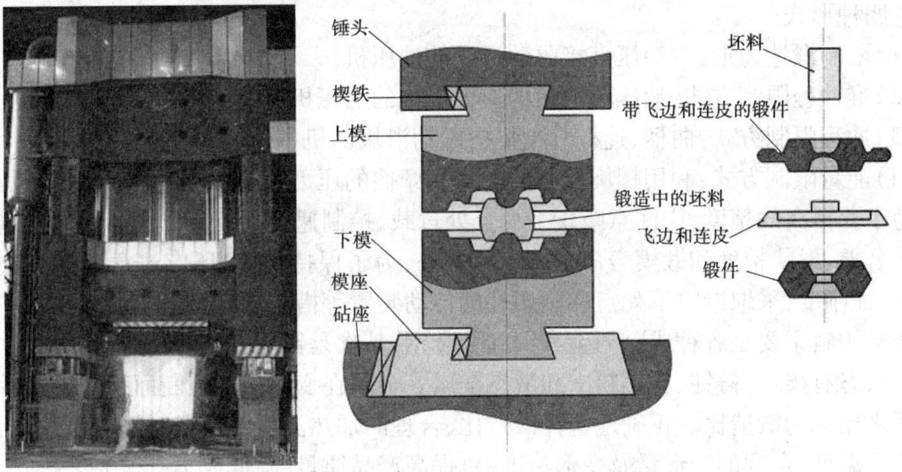

图 2-7　锻造过程图

按变形温度，锻造又可分为热锻（锻造温度高于坯料金属的再结晶温度）、温锻（锻造温度低于坯料金属的再结晶温度）和冷锻（常温）。钢的再结晶温度约为 460 ℃，但普遍采用 800 ℃作为划分线，高于 800 ℃的是热锻；在 300～800 ℃的称为温锻或半热锻。

根据锻模的运动方式，锻造又可分为摆辗、摆旋锻、辊锻、楔横轧、辗环和斜轧等方式。摆辗、摆旋锻和辗环也可用精锻加工。为了提高材料的利用率，辊锻和横轧可用作细长材料的前道工序加工。与自由锻一样的旋转锻造也是局部成形的，它的优点是与锻件尺寸相比，锻造力较小情况下也可实现成形。包括自由锻在内的这种锻造方式，加工时材料从模具面附近向自由表面扩展，因此很难保证精度，所以将锻模的运动方向和旋锻工序用计算机控制，就可用较低的锻造力获得形状复杂、精度高的产品，例如生产品种多、尺寸大的汽轮机叶片等锻件。表 2-5 为常用锻造方法的比较。

表 2-5　常用锻造方法的比较

加工方法	适用范围	生产率	锻件精度	模具寿命	模具特点	劳动条件	机械化与自动化	单件生产成本	批量生产成本
自由锻	小中大型锻件，单件小批量生产	低	低	—	—	差	难	低	高
胎模锻	小中型锻件，中小批量生产	较高	中	较低	模具简单，不固定在设备上，取换方便	差	较难	中	较低
锤上模锻	中小型锻件，大批量生产，适合锻造各类型模锻件	高	中	中	锻模固定在锤头和砧座上，模膛复杂，造价高	差	较易	高	低

锻造设备的模具运动与自由度是不一致的，根据下死点变形限制特点，锻造设备可分为下述四种形式：

(1)限制锻造力形式：油压直接驱动滑块的油压机。

(2)准冲程限制方式：油压驱动曲柄连杆机构的油压机。

(3)冲程限制方式：曲柄、连杆和楔机构驱动滑块的机械式压力机。

(4)能量限制方式：利用螺旋机构的螺旋和摩擦的压力机。

为了获得高的精度，应注意防止下死点处过载，控制速度和模具位置。因为这些都会对锻件公差、形状精度和锻模寿命有影响。另外，为了保持精度，还应注意调整滑块导轨间隙、保证刚度，采取调整下死点和利用补助传动装置等措施。

锻造用料主要是各种成分的碳素钢和合金钢，其次是铝、镁、铜、钛等及其合金。材料的原始状态有棒料、铸锭、金属粉末和液态金属。金属在变形前的横断面积与变形后的横断面积之比称为锻造比。正确地选择锻造比、合理的加热温度及保温时间、合理的始锻温度和终锻温度、合理的变形量及变形速度，对提高产品质量、降低成本有很大关系。

一般的中小型锻件都用圆形或方形棒料作为坯料。棒料的晶粒组织和机械性能均匀、良好，形状和尺寸准确，表面质量好，便于组织批量生产。只要合理控制加热温度和变形条件，不需要大的锻造变形就能锻出性能优良的锻件。

铸锭仅用于大型锻件。铸锭是铸态组织，有较大的柱状晶粒和疏松的中心。因此，必须通过大的塑性变形，将柱状晶粒破碎为细晶粒，将疏松压实，才能获得优良的金属组织和机械性能。

经压制和烧结成的粉末冶金预制坯，在热态下经无飞边模锻可制成粉末锻件。粉末锻件接近于一般模锻件的密度，具有良好的机械性能，并且精度高，可减少后续的切削加工。粉末锻件内部组织均匀，没有偏析，可用于制造小型齿轮等工件。但粉末锻件的价格远高于一般棒材的价格，在生产中的应用受到一定限制。

对浇注在模膛的液态金属施加静压力，使其在压力作用下凝固、结晶、流动、塑性变形和成形，就可获得所需形状和性能的模锻件。液态金属模锻是介于压铸和模锻间的成形方法，特别适用于一般模锻难于成形的复杂薄壁件。

不同的锻造方法有不同的流程，其中以热模锻的工艺流程最长，一般顺序为：锻坯下料；锻坯加热；辊锻备坯；模锻成形；切边；冲孔；矫正；中间检验，检验锻件的尺寸和表面缺陷；锻件热处理，用以消除锻造应力，改善金属切削性能；清理，主要是去除表面氧化皮；矫正；检查，一般锻件要经过外观和硬度检查，重要锻件还要经过化学成分分析、机械性能、残余应力等检验和无损探伤。

锻件与铸件相比有什么特点？

金属经过锻造加工后能改善其组织结构和力学性能。铸造组织经过锻造方法热加工变形后由于金属的变形和再结晶，使原来的粗大枝晶和柱状晶粒变为晶粒较细、大小均匀的等轴再结晶组织，使钢锭内原有的偏析、疏松、气孔、夹渣等压实和焊合，其组织变得更加紧密，提高了金属的塑性和力学性能。

铸件的力学性能低于同材质的锻件力学性能。此外，锻造加工能保证金属纤维组织的连续性，使锻件的纤维组织与锻件外形保持一致，金属流线完整，可保证零件具有良好的力学性能与长的使用寿命。采用精密模锻、冷挤压、温挤压等工艺生产的锻件，都是铸件所无法比拟的。

锻件是金属被施加压力，通过塑性变形来塑造要求的形状或合适的压缩力的物件。这种力量典型的通过使用铁锤或压力来实现。铸件加工过程建造了精致的颗粒结构，并改进了金属的物理属性。在零部件的现实使用中，一个正确的设计能使颗粒流在主压力的方向。铸件是用各种铸造方法获得的金属成形物件，即把冶炼好的液态金属，用浇注、压射、吸入或其他浇铸方法注入预先准备好的铸型中，冷却后经落砂、清理和后处理等，所得到的具有一定形状、尺寸和性能的物件。

锻造需注意的地方如下：

(1)锻造加工过程包括将材料切割成所需尺寸、加热、锻造、热处理、清理和检验。在小型人工锻造中，所有这些操作都由数名锻工上手和下手在狭小场所内进行。他们都暴露于相同的有害环境和职业性危害中；在大型锻造车间，危害随工作岗位的不同而各异。

(2)工作条件。尽管工作条件因锻造形式不同而各异，但具有某些共同特点：中等强度的体力劳动，干热的小气候环境，产生噪声和振动，空气受烟雾污染。

(3)工人们同时暴露于高温空气和热辐射下，导致热量在体内积累，加上代谢的热量，会造成散热失调和病理变化。8 h 劳动的排汗量将随小气体环境、体力消耗以及热适应性程度的不同而异，一般在 1.5 ~ 5 L，甚至更高。在较小锻造车间或离热源较远处，贝哈二氏热应激指数通常为 55 ~ 95；但在大型锻造车间，靠近加热炉或落锤机的工作点可能高达 150 ~ 190，易引起缺盐和热痉挛。在寒冷季节，暴露于小气候环境的变化可能在一定程度上促进其适应性，但迅速而过于频繁的变化，可能构成对健康的危害。

大气污染：工作场所的空气中可能含有烟尘、一氧化碳、二氧化碳、二氧化硫，或者还含有丙烯醛，其浓度取决于加热炉燃料的种类和所含杂质，以及燃烧效率、气流和通风状况。

噪声和振动：型锻锤必然会产生低频率噪声和振动，但也可能有一定的高频成分，其声压级在 95 ~ 115 dB。工作人员暴露于锻造振动中，可能造成器质性和功能性失调，会降低工作能力和影响安全。

2.5.3 焊接

焊接是两种或两种以上同种或异种材料通过原子或分子之间的结合和扩散连接成一体的工艺过程。促使原子和分子之间产生结合和扩散的方法是加热或加压或同时加热又加压。图 2-8 是焊接过程示意图。

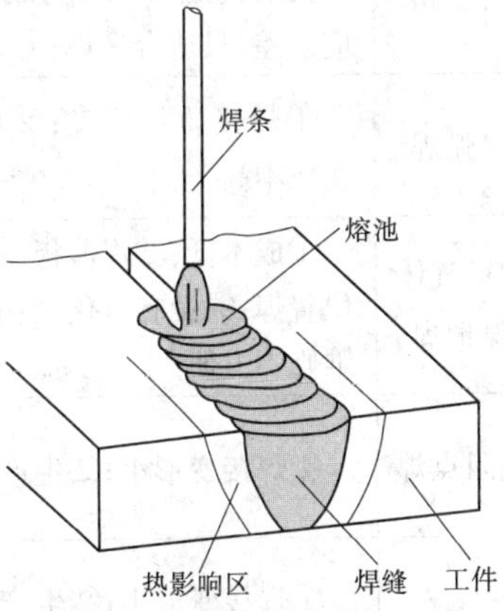

图 2-8　焊接过程示意图

金属的焊接，按其工艺过程的特点分为熔焊、压焊和钎焊三大类。

熔焊是在焊接过程中将工件接口加热至熔化状态，不加压力完成焊接的方法。熔焊时，热源将待焊两工件接口处迅速加热熔化，形成熔池。熔池随热源向前移动，冷却后形成连续焊缝而将两工件连接成为一体。在熔焊过程中，如果大气与高温的熔池直接接触，大气中的氧就会氧化金属和各种合金元素。大气中的氮、水蒸气等进入熔池，还会在随后冷却过程中在焊缝中形成气孔、夹渣、裂纹等缺陷，恶化焊缝的质量和性能。

为了提高焊接质量，人们研究出了各种保护方法。例如，气体保护电弧焊就是用氩、二氧化碳等气体隔绝大气，以保护焊接时的电弧和熔池率；又如钢材焊接时，在焊条药皮中加入对氧亲和力大的钛铁粉进行脱氧，就可以保护焊条中有益元素锰、硅等免于氧化而进入熔池，冷却后获得优质焊缝。

压焊是在加压条件下，使两工件在固态下实现原子间结合，又称固态焊接。常用的压焊工艺是电阻对焊，当电流通过两工件的连接端时，该处因电阻很大而温度上升，当加热至塑性状态时，在轴向压力作用下连接成为一体。

各种压焊方法的共同特点是在焊接过程中施加压力而不加填充材料。多数压焊方法如扩散焊、高频焊、冷压焊等都没有熔化过程，因而没有像熔焊那样的有益合金元素烧损和有害元素侵入焊缝的问题，从而简化了焊接过程，也改善了焊接安全卫生条件。同时，由于加热温度比熔焊低、加热时间短，因而热影响区小。许多难以用熔化焊焊接的材料，往往可以用压焊焊成与母材同等强度的优质接头。

钎焊是使用比工件熔点低的金属材料作钎料，将工件和钎料加热到高于钎料熔点、低于工件熔点的温度，利用液态钎料润湿工件，填充接口间隙并与工件实现原子间的相互扩散，从而实现焊接的方法。常用焊接方法的比较如表2-6所示。

表2-6 常用焊接方法的比较

焊接方法	特点	应用
焊条电弧焊	①焊接质量好；②焊接变形小；③生产率高；④设备简单；⑤适应性强，可焊接各种位置和短、曲焊缝	①单件小批量生产；②全位置焊接；③短、曲焊缝；④板厚>1 mm
气焊	①熔池温度控制；②焊接质量较差；③生产率低；④焊接变化大；⑤不需要电源，可野外作业；⑥设备简单	①铸铁补焊；②管子焊接；③薄板1~3 mm；④野外作业
埋弧自动焊	①对焊工操作技术要求低；②焊接质量稳定，成形美观；③生产率高，成本低；④劳动强度高；⑤适应性差，只适合平焊；⑥设备较复杂	①成打生产；②能焊长直缝和环缝；③中厚板平焊
氩弧焊	①焊接质量优良；②电弧稳定；③可全位置焊；④成本高	①铝及钛合金，不锈钢等合金钢；②打底焊；③管子焊接；④薄板
CO_2 气体保护焊	①成本低；②焊薄板变形大；③生产率高；④可全位置焊；⑤没有氧化性；⑥成形较差；⑦设备使用和维修不方便	①单件小批量或成批生产；②非合金钢和强度级别低的低合金结构钢；③薄板或中板
电阻点焊	①焊接变形小；②生产率高；③设备复杂，成本高	①大批量生产；②可焊异种金属；③可点焊、对焊和缝焊
钎焊	①焊接变形小；②生产率高；③接头强度低；④可焊接异种金属；⑤可焊复杂的特殊结构	①电子工业；②仪器仪表及精密机械部件；③异种金属；④复杂的难焊的特殊结构

焊接时形成的连接两个被连接体的接缝称为焊缝。焊缝的两侧在焊接时会受到焊接热作用,而发生组织和性能变化,这一区域被称为热影响区。焊接时因工件材料、焊接材料、焊接电流等不同,焊后在焊缝和热影响区可能产生过热、脆化、淬硬或软化现象,也使焊件性能下降,恶化焊接性。这就需要调整焊接条件,焊前对焊件接口处预热、焊时保温和焊后热处理可以改善焊件的焊接质量。

另外,焊接是一个局部的迅速加热和冷却过程,焊接区由于受到四周工件本体的拘束而不能自由膨胀和收缩,冷却后在焊件中便产生焊接应力和变形。重要产品焊后都需要消除焊接应力,矫正焊接变形。

现代焊接技术已能焊出无内外缺陷的、机械性能等于甚至高于被连接体的焊缝。被连接体在空间的相互位置称为焊接接头,接头处的强度除受焊缝质量影响外,还与其几何形状、尺寸、受力情况和工作条件等有关。接头的基本形式有对接、搭接、丁字接(正交接)和角接等。

对接接头焊缝的横截面形状,取决于被连接体在焊接前的厚度和两接边的坡口形式。焊接较厚的钢板时,为了焊透而在接边处开出各种形状的坡口,以便较容易地送入焊条或焊丝。坡口形式有单面施焊的坡口和两面施焊的坡口。选择坡口形式时,除保证焊透外还应考虑施焊方便,填充金属量少,焊接变形小和坡口加工费用低等因素。

厚度不同的两块钢板对接时,为避免截面急剧变化引起严重的应力集中,常把较厚的板边逐渐削薄,达到两接边处等厚。对接接头的静强度和疲劳强度比其他接头高。在交变、冲击载荷下或在低温高压容器中工作的连接,常优先采用对接接头的焊接。

搭接接头的焊前准备工作简单,装配方便,焊接变形和残余应力较小,因而在工地安装接头和不重要的结构上时常采用。一般来说,搭接接头不适于在交变载荷、腐蚀介质、高温或低温等条件下工作。

采用丁字接接头和角接接头通常是由于结构上的需要。丁字接接头上未焊透的角焊缝工作特点与搭接接头的角焊缝相似。当焊缝与外力方向垂直时便成为正面角焊缝,这时焊缝表面形状会引起不同程度的应力集中;焊透的角焊缝受力情况与对接接头相似。

角接接头承载能力低,一般不单独使用,只有在焊透时,或在内外均有角焊缝时才有所改善,多用于封闭形结构的拐角处。

焊接产品比铆接件、铸件和锻件重量轻,对于交通运输工具来说可以减轻自重,节约能量。焊接的密封性好,适于制造各类容器。发展联合加工工艺,使焊接与锻造、铸造相结合,可以制成大型、经济合理的铸焊结构和锻焊结构,经济效益很高。采用焊接工艺能有效利用材料,焊接结构可以在不同部位采用不同性能的材料,充分发挥各种材料的特长,达到经济、优质。焊接已成为现代工业中一种不可缺少而且日益重要的加工工艺方法。

在近代的金属加工中,焊接比铸造、锻压工艺发展晚,但发展速度很快。焊接结构的重量约占钢材产量的45%,铝和铝合金焊接结构的比重也不断增加。

未来的焊接工艺,一方面要研制新的焊接方法、焊接设备和焊接材料,以进一步提高焊接质量和安全可靠性,如改进现有电弧、等离子弧、电子束、激光等焊接能源;运用电子技术和控制技术,改善电弧的工艺性能,研制可靠轻巧的电弧跟踪方法。另一方面要提高焊接机械化和自动化水平,如焊机实现程序控制、数字控制;研制从准备工序、焊接到质量监控全部过程自动化的专用焊机；在自动焊接生产线上，推广、扩大数控的焊接机械手和焊接机器人，可以提高焊接生产水平，改善焊接卫生安全条件。

焊接技术是随着铜铁等金属的冶炼生产、各种热源的应用而出现的。古代的焊接方法主要是铸焊、钎焊、锻焊、铆焊。中国商朝制造的铁刃铜钺，就是铁与铜的铸焊件，其表面铜与铁的熔合线蜿蜒曲折，接合良好。

春秋战国时期曾侯乙墓中的建鼓铜座上有许多盘龙，是分段钎焊连接而成的。经分析，所用的材料与现代软钎料成分相近。战国时期制造的刀剑，刀刃为钢，刀背为熟铁，一般是经过加热锻焊而成的。据明朝宋应星所著《天工开物》一书记载，中国古代将铜和铁一起入炉加热，经锻打制造刀、斧；用黄泥或筛细的陈久壁土撒在接口上，分段锻焊大型船锚。中世纪，叙利亚大马士革也曾用锻焊制造兵器。

古代焊接技术长期停留在铸焊、锻焊、钎焊和铆焊的水平上，使用的热源都是炉火，温度低、能量不集中，无法用于大截面、长焊缝工件的焊接，只能用以制作装饰品、简单的工具、生活器具和武器。19 世纪初，英国的戴维斯发现电弧和氧乙炔焰两种能局部熔化金属的高温热源；1885 ~ 1887 年，俄国的别纳尔多斯发明碳极电弧焊钳；1900 年又出现了铝热焊。

20 世纪初，碳极电弧焊和气焊得到应用，同时还出现了薄药皮焊条电弧焊，电弧比较稳定，焊接熔池受到熔渣保护，焊接质量得到提高，使手工电弧焊进入实用阶段。电弧焊从 20 世纪 20 年代起成为一种重要的焊接方法，也成为现代焊接工艺的发展开端。在此期间，美国的诺布尔利用电弧电压控制焊条送给速度，制成自动电弧焊机，从而成为焊接机械化、自动化的开端。1930 年美国的罗宾诺夫发明使用焊丝和焊剂的埋弧焊，焊接机械化得到进一步发展。20 世纪 40 年代，为适应铝、镁合金和合金钢焊接的需要，钨极和熔化极惰性气体保护焊相继问世。

1951 年，苏联的巴顿电焊研究所创造电渣焊，成为大厚度工件的高效焊接法。1953 年，苏联的柳巴夫斯基等人发明二氧化碳气体保护焊，促进了气体保护电弧焊的应用和发展，如出现了混合气体保护焊、药芯焊丝气渣联合保护焊和自保护电弧焊等。1957 年美国的盖奇发明等离子弧焊。20 世纪 40 年代德国和法国发明的电子束焊，也在 50 年代得到实用和进一步发展。60 年代激光焊等离子、电子束和激光焊接方法的出现，标志着高能量密度熔焊的新发展，大大改善了材料的焊接性，使许多难以用其他方法焊接的材料和结构得以焊接。

其他的焊接技术还有 1887 年美国的汤普森发明的电阻焊，用于薄板的点焊和缝焊。缝焊是压焊中最早的半机械化焊接方法，随着缝焊过程的进行，工件被两滚轮推送前进。20 世纪 20 年代开始使用闪光对焊方法焊接棒材和链条。至此电阻焊进入实用阶段。1956 年，美国的琼斯发明超声波焊；苏联的丘季科夫发明摩擦焊；1959 年，美国斯坦福研究所研究成功爆炸焊；50 年代末，苏联又制成真空扩散焊设备。

2.5.4　焊接的种类及应用

2.5.4.1　焊条电弧焊

原理：用手工操作焊条进行焊接的电弧焊方法。利用焊条与焊件之间建立起来的稳定燃烧的电弧,使焊条和焊件熔化,从而获得牢固的焊接接头。属气－渣联合保护。

主要特点:操作灵活;待焊接头装配要求低;可焊金属材料广;焊接生产率低;焊缝质量依赖性强(依赖于焊工的操作技能及现场发挥)。

应用:广泛用于造船、锅炉及压力容器、机械制造、建筑结构、化工设备等制造维修行业中。适用于(上述行业中)各种金属材料、各种厚度、各种结构形状的焊接。

2.5.4.2 **埋弧焊(自动焊)**

原理:电弧在焊剂层下燃烧。利用焊丝和焊件之间燃烧的电弧产生的热量,熔化焊丝、焊剂和母材(焊件)而形成焊缝。属渣保护。

主要特点:焊接生产率高;焊缝质量好;焊接成本低;劳动条件好;难以在空间位置施焊;对焊件装配质量要求高;不适合焊接薄板(焊接电流小于100 A时,电弧稳定性不好)和短焊缝。

应用:广泛用于造船、锅炉、桥梁、起重机械及冶金机械制造业中。凡是焊缝可以保持在水平位置或倾斜角不大的焊件,均可用埋弧焊。所焊板厚需大于5 mm(防烧穿)。可焊接碳素结构钢、低合金结构钢、不锈钢、耐热钢、复合钢材等。

2.5.4.3 **二氧化碳气体保护焊(自动或半自动焊)**

原理:利用二氧化碳作为保护气体的熔化极电弧焊方法。属气保护。

主要特点:焊接生产率高;焊接成本低;焊接变形小(电弧加热集中);焊接质量高;操作简单;飞溅率大;很难用交流电源焊接;抗风能力差;不能焊接易氧化的有色金属。

应用:主要焊接低碳钢及低合金钢。适于各种厚度。广泛用于汽车制造、机车和车辆制造、化工机械、农业机械、矿山机械等部门。

2.5.4.4 MIG焊/MAG焊**(熔化极惰性气体保护焊/熔化极活性气体保护焊)**

原理:采用惰性气体作为保护气,使用焊丝作为熔化电极的一种电弧焊方法。

保护气通常是氩气或氦气或它们的混合气。MIG焊用惰性气体,MAG焊在惰性气体中加入少量活性气体,如氧气、二氧化碳等。

主要特点:焊接质量好;焊接生产率高;无脱氧去氢反应(易形成焊接缺陷,对焊接材料表面清理要求特别严格);抗风能力差;焊接设备复杂。

应用:几乎能焊所有的金属材料,主要用于有色金属及其合金、不锈钢及某些合金钢的焊接。所焊材料最薄厚度约为1 mm,大厚度基本不受限制。

2.5.4.5 TIG焊**(钨极惰性气体保护焊)**

原理:在惰性气体保护下,利用钨极与焊件间产生的电弧热熔化母材和填充焊丝(也可不加填充焊丝),形成焊缝的焊接方法。

主要特点:适应能力强(电弧稳定,不会产生飞溅);焊接生产率低(钨极承载电流能力较差(防钨极熔化和蒸发,防焊缝夹钨));生产成本较高。

应用:几乎可焊所有金属材料,常用于不锈钢,高温合金,铝、镁、钛及其合金,难熔活泼金属(锆、钽、钼、铌等)和异种金属的焊接。焊接厚度一般在6 mm以下的焊件,或厚件的打底焊。

2.5.4.6 **等离子弧焊**

原理:借助水冷喷嘴对电弧的拘束作用,获得高能量密度的等离子弧进行焊接的方法。

主要特点(与氩弧焊比):①能量集中、温度高,对大多数金属在一定厚度范围内都能获得小孔效应,可以得到充分熔透、反面成形均匀的焊缝。②电弧挺度好,等离子弧基本是圆柱形,弧长变化对焊件上的加热面积和电流密度影响比较小。所以,等离子弧焊的弧长变化对焊缝成形的影响不明显。③焊接速度比氩弧焊快。④能够焊接更细、更薄加工件。⑤设备复杂,费用较高。

应用:特别是航空航天等军工和尖端工业技术所用的铜及铜合金、钛及钛合金、合金钢、不锈钢、钼等金属的焊接,如钛合金的导弹壳体,飞机上的一些薄壁容器等。

2.5.5 焊接技术的发展趋势

(1)提高焊接生产率是推动焊接技术发展的重要驱动力。

提高生产率的途径有二:第一是提高焊接熔敷率,例如三丝埋弧焊,其工艺参数分别为220A/33V、1 400A/40V、1 100A/45V。采用坡口断面小,背后设置挡板或衬垫,50~60 mm的钢板可一次焊透成形,焊接速度可达到0.4 m/min以上,其熔敷率与焊条电弧焊相比在100倍以上。第二个途径则是减小坡口断面及减少金属熔敷,近十年来最突出的成就是窄间隙焊接。窄间隙焊接采用气体保护焊为基础,利用单丝、双丝、三丝进行焊接,无论接头厚度如何,均可采用对接形式,例如钢板厚度为50~300 mm,间隙均可设计为13 mm左右,因此所需熔敷金属量大幅度降低,从而大大提高生产率。窄间隙焊接的主要技术关键是如何保证两侧熔透和保证电弧中心自动跟踪并处于坡口中心线上,为此,世界各国开发出多种不同的方案,因而出现了多种窄间隙焊接法。

电子束焊、等离子焊、激光焊时,可采用对接接头,且不用开坡口,因此是更理想的间窄隙焊接法,这也是它广泛受到重视的原因之一。

最新开发成功的激光电弧复合焊接方法可以提高焊接速度,如5 mm的钢板或铝板,焊接速度可达2~3 m/min,获得好的成形和质量,焊接变形小。

(2)提高准备车间的机械化,自动化水平是当前世界先进工业国家的重点发展方向。

为了提高焊接结构的生产效率和质量,仅仅从焊接工艺着手有一定的局限性,因而世界各国特别重视车间的技术改造。准备车间的主要工序包括材料运输、材料表面去油、喷砂、涂保护漆、钢板划线、切割、开坡口、部件组装及点固。以上工序在现代化的工厂中均已采用机械化、自动化。其优点不仅是提高了产品的生产率,更重要的是提高了产品的质量。

(3)焊接过程自动化、智能化是提高焊接质量稳定性,解决恶劣劳动条件的重要方向。

(4)新兴工业的发展不断推动焊接技术的前进。

焊接技术自发明至今已有百年多历史,它几乎可以满足当前工业中一切重要产品生产制造的需要。但是新兴工业的发展仍然迫使焊接技术不断前进。如微电子工业的发展促进了微型连接工艺和设备的发展;陶瓷材料和复合材料的发展促进了真空钎焊、真空扩散焊。宇航技术的发展也将促进空间焊接技术的发展。

(5)热源的研究与开发是推动焊接工艺发展的根本动力。

焊接工艺几乎运用了世界上一切可以利用的热源，其中包括火焰、电弧、电阻、超声波、摩擦、等离子、电子束、激光束、微波等，历史上每一种热源的出现，都伴有新的焊接工艺的出现。但是，至今焊接热源的开发与研究并未终止。

(6) 节能技术是普遍关注的问题。

众所周知，焊接消耗能量甚大，以焊条电弧焊为例，每台约 10 kVA，埋弧焊机每台 90 kVA，电阻焊机可高达上千千伏安，不少新技术的出现就是为了实现这一节能目标。在电阻点焊中，利用电子技术的发展，将交流点焊机改成次级整流点焊机，可以提高焊机的功率因数，减少焊机容量，1 000 kVA 的点焊机可以降低至 200 kVA，而仍能达到同样的焊接效果。近十年来，逆变焊机的出现是另外一个成功的例子，它可以减少焊机的重量，提高焊机的功率因数的控制性能，已广泛应用于生产。

2.6 硅及硅单晶直拉工艺

2.6.1 概述

2.6.1.1 硅材料的发展

直拉单晶硅工艺学与其他学科一样，随着社会的需要和生产的发展逐渐发展起来。19 世纪，人们发现某些矿物，如硫化锌、氧化铜，具有单向导电性能，并用它做成整流器件，显示出独特的优点，使半导体材料得到初步应用。后来，人们经过深入研究，制造出多种半导体材料。1918 年，切克劳斯基(J. Czochralski)发表了用直拉法从熔体中生长单晶的论文，为用直拉法生长半导体材料奠定了理论基础。从此，直拉法飞速发展，成为从熔体中获得单晶一种常用的重要方法。目前一些重要的半导体材料，如硅单晶、锗单晶、红宝石等，大部分是用直拉法生长的。直拉锗单晶首先登上大规模工业生产的舞台，它工艺简单，生产效率高，成本低，发展迅速。但是，锗单晶有不可克服的缺点：热稳定性差，电学性能较低，原料来源少，应用和生产都受到一定限制。20 世纪 60 年代，人们发展了半导体材料硅单晶，它一登上半导体材料舞台，就显示了独特优点：硬度大，电学热稳定性好，能在较高和较低温度下稳定工作，原料来源丰富。地球上硅元素占地壳总质量的 25.8%，是地球上锗元素的 4 万倍，真是取之不尽、用之不竭。

2.6.1.2 硅元素的分布及存在形式

我们脚下的泥土、石头和沙子，我们使用的砖、瓦、水泥、玻璃和陶瓷等，这些在日常生活中经常遇到的物质，都是硅的化合物。

硅作为仅次于氧的最丰富的元素存在于地壳中，约占地表岩石的四分之一。硅的化学元素符号为 Si，由于硅易于与氧结合，自然界的硅多数以硅的氧化物(SiO_2)和硅酸盐的形式存在。自然界中没有游离态(纯净)的硅存在，纯净的硅都是用人工方法制取的。人工方法制取硅主要有直拉法(CZ 法)和悬浮区熔法(FZ 法)等。

2.6.1.3 纯净硅的用途

硅是一种典型的半导体材料，其导电性能介于导体与绝缘体之间，导电率不及金属，但受热后电阻随温度升高而迅速减小，导电性能随温度升高而增加。这一特点决定了硅集成电路工作温度的上限值。如果硅的纯度不够，杂质含量超标，将严重影响产品性能和寿命。硅是重要的半导体材料,电子工业上使用的硅应具有高纯度、优良的电学和机械等性能。硅是产量最大、应用最广的半导体材料,它的产量和用量标志着一个国家的电子工业水平。

2.6.1.4 硅的物理性质和化学性质

硅有晶态和无定形两种形体。晶态硅又分为单晶硅和多晶硅,它们均具有金刚石晶格,晶体硬而脆,具有金属光泽,晶态硅的熔点为 1 420 ℃,沸点为 2 355 ℃,硅固体密度为 2.33 g/cm^3,硅液体的密度为 2.5 g/cm^3,莫氏硬度为 7。无定形硅是一种黑灰色的粉末,主要用于冶金工业(例如铁合金及铝合金的生产)及制造硅化物。晶态硅有一定的形状和熔沸点,无定形硅没有固定的形状。

单晶硅的结构与金刚石完全相似,每个硅原子和邻近的四个硅原子以共价键结合组成一个正四面体,而任意一个硅原子都可以看成是位于正四面体的中心,每两个相邻原子之间的距离是 2.35 Å。硅的晶体结构示意图如图 2-9 所示。

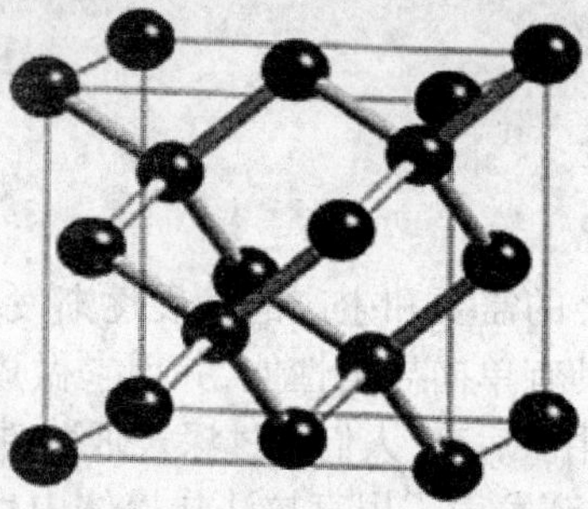

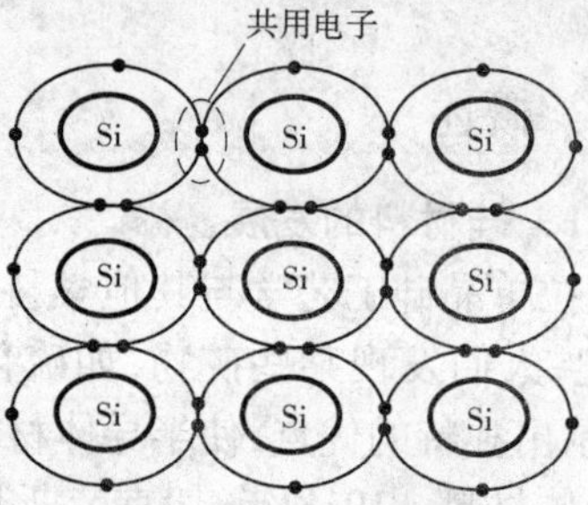

图 2-9 硅的晶体结构示意图

硅的化学性质比较稳定,硅几乎不溶于所有的酸,包括氢氟酸,但硅能溶解在氢氟酸和浓硝酸的混合溶液中,其反应式如下:

$$Si + 4HNO_3 \xrightarrow{HF} SiO_2 + 4NO_2\uparrow + 2H_2O$$

$$SiO_2 + 6HF = H_2[SiF_6] + 2H_2O$$

$$Si + 4HNO_3 + 6HF = H_2[SiF_6] + 4NO_2\uparrow + 4H_2O$$

在反应中,硝酸起氧化作用,而氢氟酸则起络合剂作用,因此硝酸-氢氟酸混合酸可作硅的腐蚀液。硅的化学活泼性与温度有关。一般来说,物质的活泼性随着温度的升高而增加,硅尤其明显。在常温下,硅的化学性质稳定,它仅与氟作用,生成四氟化硅。

$$Si + 2F_2 = SiF_4$$

高温下硅能与氯、碘、氧、水蒸气等作用,生成四氯化硅、四碘化硅或二氧化硅。在高纯多晶硅生产中就是利用硅的这些性质。

硅与氯反应:

$$Si + 2Cl_2 \xrightarrow{450 \sim 500\ ℃} SiCl_4$$

硅与碘反应:

$$Si + 2I_2 = SiI_4$$

硅与氧、水蒸气在高温下作用,生成二氧化硅膜:

$$Si + O_2 \xrightarrow{1\ 050 \sim 1\ 150\ ℃} SiO_2$$

$$Si + 2H_2O \xrightarrow{1\ 050 \sim 1\ 150\ ℃} SiO_2 + 2H_2 \uparrow$$

在更高的温度下,硅还能与氮反应生成氮化硅:

$$3Si + 2N_2 \xrightarrow{1\ 400\ ℃} Si_3N_4$$

硅能与 Cu^{2+}、Pb^{2+}、Ag^{+}、Hg^{+} 等金属离子发生置换反应,硅能从这些金属离子的盐溶液中置换出金属。例如,硅能从铜盐(如硝酸铜或硫酸铜)溶液中将金属铜置换出来。

$$2Cu^{2+} + Si = 2Cu \downarrow + Si^{4+}$$

在常温下,硅能与碱作用,生成对应的硅酸盐,同时放出氢气。

$$Si + 2NaOH + H_2O = Na_2SiO_3 + 2H_2 \uparrow$$

因此,10% ~30% 的氢氧化钠溶液可以作为硅的腐蚀液。

熔融态硅与锌、锑、铝、金、锡、铅等金属元素形成合金,也能与磷、砷等非金属元素形成合金。在高温下,硅与镁、钙、铜、铁、铂等金属可以形成硅化物。例如,硅和镁在高温下生成硅化镁。

$$Si + 2Mg \xrightarrow{高温} Mg_2Si$$

2.6.2 多晶硅材料的生产工艺流程

图 2-10 和图 2-11 是硅的原材料及其在光伏产业链的生产过程。

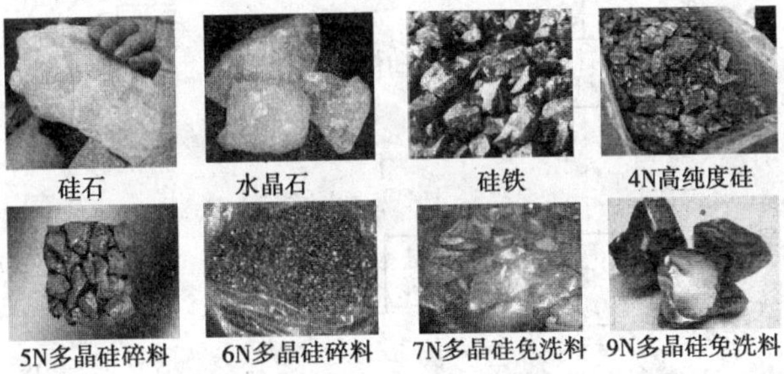

图 2-10 几种类型硅材料

自然界的硅多数以硅的氧化物和硅酸盐的形式存在,纯净的硅都是用人工方法制取的。工业生产中,一般采用石英砂(SiO_2)和焦炭(木炭或烟煤等)在高温下还原抽取工业硅铁。石英砂与焦炭一起放在高温电炉中,在 1 600 ~1 800 ℃的高温下反应,制得工业硅。

$$SiO_2 + 3C \xrightarrow{1\ 600 \sim 1\ 800\ ℃} SiC + 2CO \uparrow$$

$$2SiC + SiO_2 \xrightarrow{1\ 600 \sim 1\ 800\ ℃} 3Si + 2CO \uparrow$$

工业硅纯度一般为 95% ~99%。工业硅中含的主要杂质有铁、铝、钙、镁、铜、钛、锡、锌、磷、镍、硼、碳等,多数是以硅酸盐或硅化物的形式混于工业硅中。工业硅中杂质含量较高,不能作原料生产较高质量的单晶硅,必须进一步提纯,制得高纯多晶硅,才能满足生长较高质量单晶硅的需求。制取高纯多晶硅一般采用化学方法对工业硅进行提纯,工业上常用于制取高纯多晶硅的化学方法有三种:①四氯化硅氢还原法;②三氯氢硅氢还原

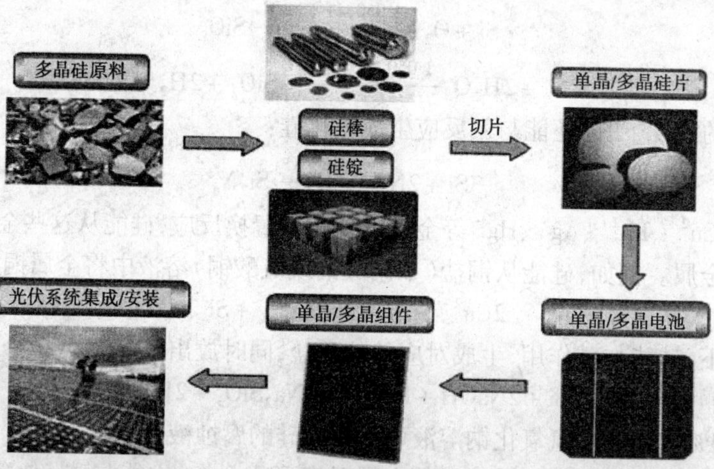

图 2-11　硅在光伏产业链的生产过程

法；③硅烷热分解法。其工艺流程如图 2-12 所示。

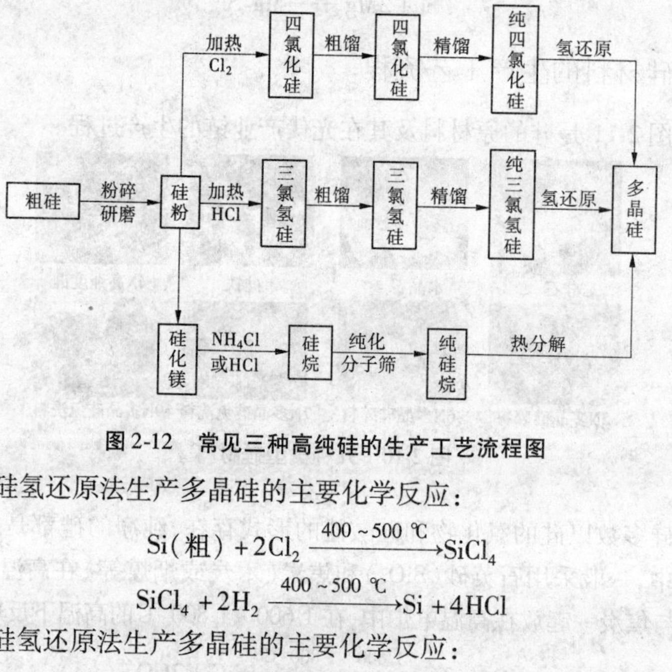

图 2-12　常见三种高纯硅的生产工艺流程图

（1）四氯化硅氢还原法生产多晶硅的主要化学反应：

$$\mathrm{Si（粗）} + 2Cl_2 \xrightarrow{400 \sim 500\ ℃} SiCl_4$$

$$SiCl_4 + 2H_2 \xrightarrow{400 \sim 500\ ℃} Si + 4HCl$$

（2）三氯氢硅氢还原法生产多晶硅的主要化学反应：

$$Si + 3HCl \xrightarrow{250 \sim 300\ ℃} SiHCl_3 + H_2 \uparrow$$

$$SiHCl_3 + H_2 \xrightarrow{900 \sim 1\ 100\ ℃} Si + 3HCl$$

（3）硅烷热分解法生产多晶硅的主要化学反应：

$$2Mg + Si \xrightarrow{500 \sim 550\ ℃} Mg_2Si$$

$$Mg_2Si + 4NH_4Cl \xrightarrow{\text{液氨}} SiH_4 + 2MgCl + 4NH_3$$

产生的硅烷气经过提纯再进行热分解：

$$SiH_4 \xrightarrow{800\sim1\,000\ ℃} Si + 2H_2\uparrow$$

由于三氯氢硅具有易于提纯、反应速度快等特点，所以我国工业上制取多晶硅多采用三氯氢硅氢还原法。图 2-13 为多晶硅的生产工艺流程图。

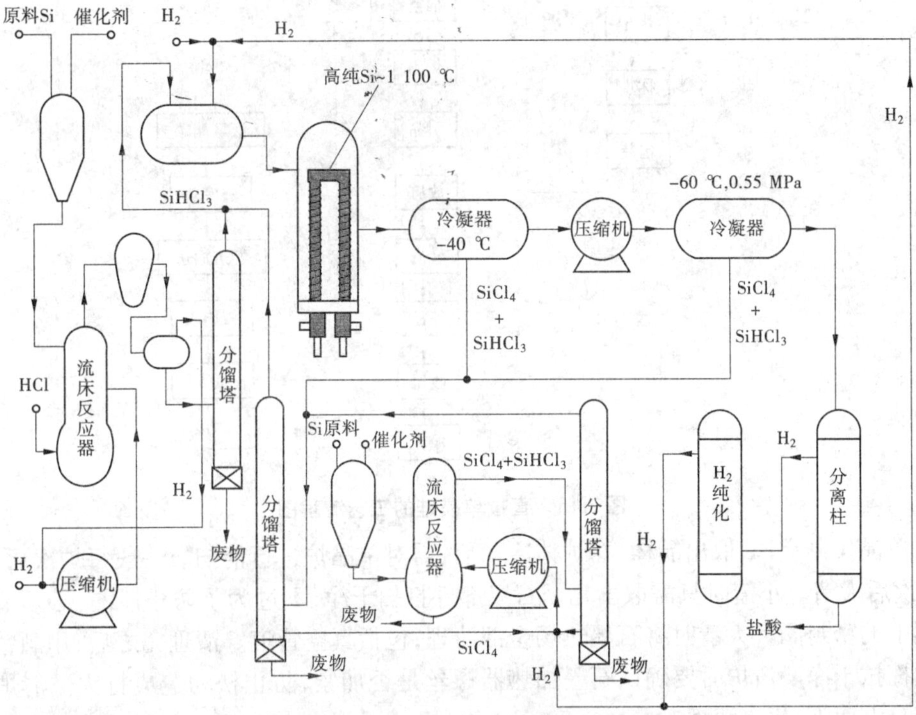

图 2-13　多晶硅的生产工艺流程图

多晶硅一般不能制作半导体器件，只有单晶硅才能制作各种半导体器件，才能称为半导体材料。把高纯多晶硅变为单晶硅的方法虽然千差万别，但它毕竟是一个物理过程，是把高纯多晶硅熔化，再结晶，使其硅原子按照一定规律重新排列成单晶体的过程。单晶硅同多晶硅相比，不单是硅原子排列有规律，同时，各种性能也大大改善，增加了许多新性质，扩大了用途，大大提高了身价。

2.6.3　单晶硅材料的生产工艺

图 2-14 是典型单晶硅棒示意图。图 2-15 所示为直拉单晶硅的工艺流程，由图可知该过程可以分成备料和拉单晶两个过程。

图 2-14　典型单晶硅棒示意图

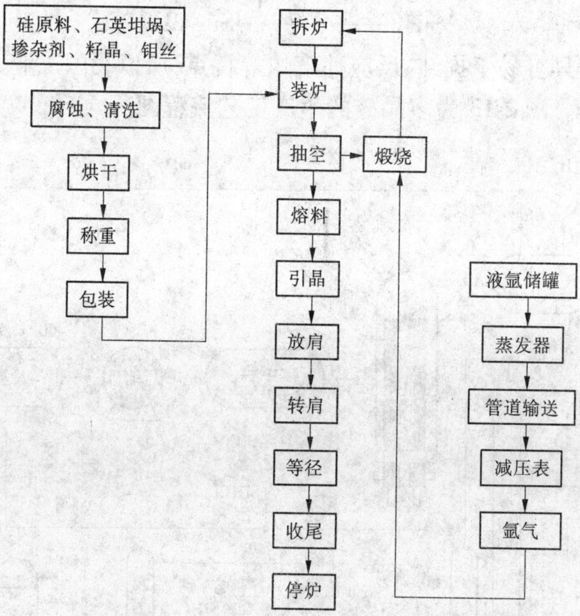

图 2-15 直拉单晶硅的工艺流程图

单晶拉制完毕,取出晶棒,在炉体冷却后,需对单晶炉进行清扫。一般每炉次后小清,4 炉次后大清。小清时只需取出几个石墨部件打扫干净,不过为了防止泄漏,必须清理防爆阀上的密封圈。大清时将石墨热场全部清理,包括真空管道。清理完之后,用酒精将炉壁内擦拭干净。清炉时要确认石墨加热器螺丝是否加紧,防止松动造成打火。清炉的顺序是自上而下,逐一清理。

热场清理完后,还需要安装,安装的基本顺序是安装电极→炉底碳毡→反射底板→下保温罩→石墨环、石英环→加热器→中保温罩→石墨托杆→石墨托盘→装三瓣埚→下降主炉室→上保温罩→导气孔→保温盖板→装导流筒→压环。具体的操作如图 2-16 所示。

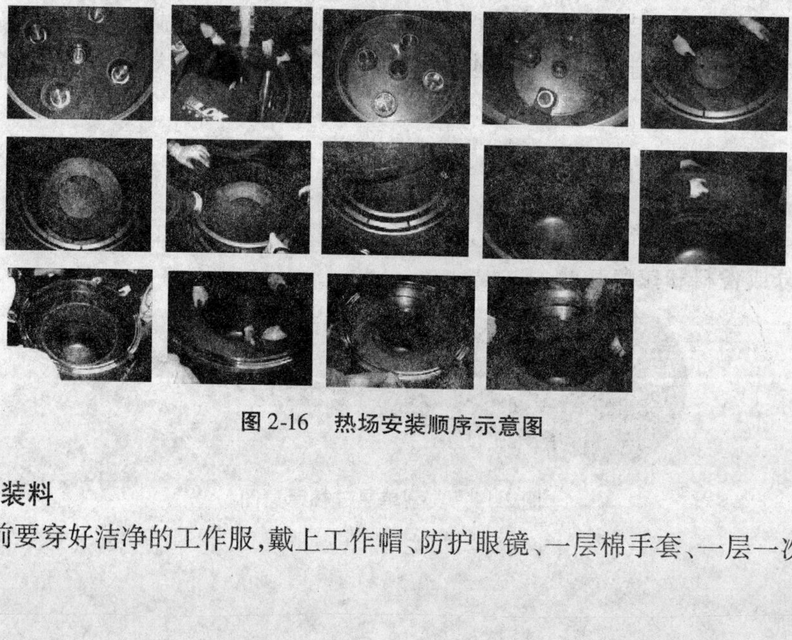

图 2-16 热场安装顺序示意图

2.6.3.1 装料

装料前要穿好洁净的工作服,戴上工作帽、防护眼镜、一层棉手套、一层一次性手套。

在装料时应轻拿轻放，防止碰伤石英坩埚。液面以下部分尽量加满不要有空隙，液面以上与石英坩埚的接触采用点接触并重心往里，防止熔化时产生挂边；装料完毕之后应用吸尘器将石英坩埚口和石墨件上的硅料粉吸掉。需要注意的是，吸尘器吸粉料时吸尘管不要碰到硅料和石英坩埚，防止被污染。装料时，先将埚升到最高位置，再进行装料。

装料时要轻放，慎重作业，不要使硅料掉在保温材料和加热器之间的缝隙中。在埚底平铺一层粉、小型硅料，然后将大型硅料放在上面，大型硅料之间的间隙里填充粉、小型硅料，不要使大料架空。在装料到石英坩埚上层时，硅块靠坩埚壁尽量以点接触，避免面接触，造成挂边。最后将硅料堆成金字塔形状，料的重心在石英坩埚中心，上部装料时不要伸出石英坩埚壁，否则易造成漏料，损坏石墨件，甚至使整炉硅料报废，具体如图 2-17 所示。

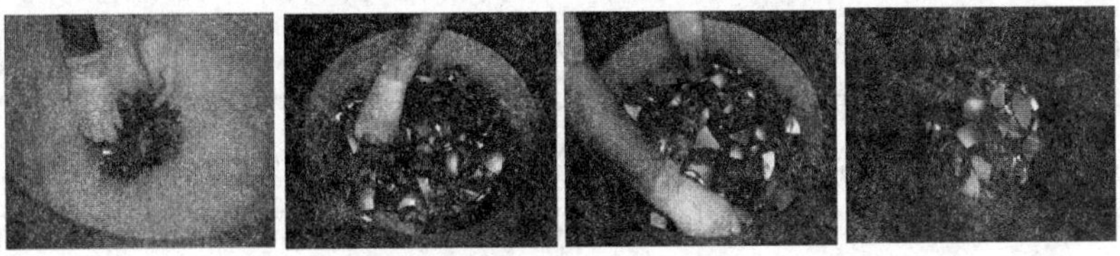

图 2-17　硅原料装料过程

装料完成后，开启旋转，使坩埚以 2 r/min 左右的速度旋转，查看坩埚旋转情况，然后将埚位下降至最低熔料位置，关闭旋转。

2.6.3.2　**籽晶的安装**

安装前应穿好洁净的专用工作服及工作帽并戴好洁净的一次性手套，防止异物进入石英坩埚内。根据规格要求选择籽晶（一般为（100）晶向），现在厂房所使用籽晶一般是（100）晶向的籽晶。确认定位开槽是否有损伤，用定位销将籽晶固定于籽晶夹具上并用双手垂直用力拉一下确认有无问题。装完籽晶后用酒精和无尘纸将其擦拭干净，每次安装前应取下籽晶夹具检查确认籽晶绳有无折痕，如有折痕，应及时更换，防止拉晶时造成籽晶晃动。图 2-18 是籽晶的安装图。

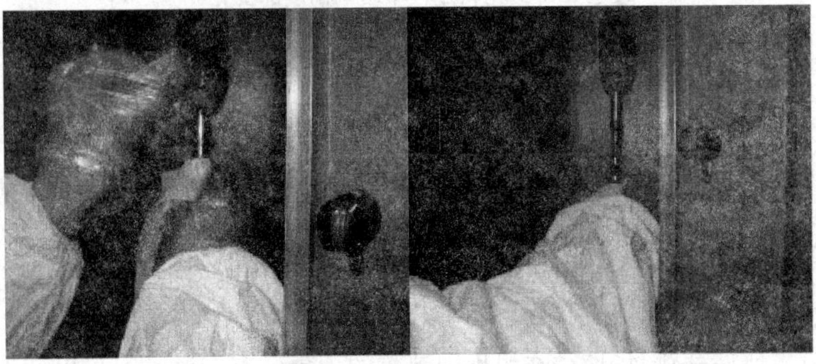

图 2-18　籽晶的安装

2.6.3.3　**抽真空**

抽真空的目的是将炉内抽至相对要求真空，防止原材料在加热熔化过程中产生氧化。

关闭炉盖前先用酒精和无尘纸将炉盖和炉筒及“O”型圈擦拭干净;启动前需要检查泵体内的真空油、皮带的松紧及损坏情况以及冷却水。采用多次点动启动的方法,等转动灵活后再按下启动按钮;泵运转约5 min各方面均正常后,再缓慢打开主泵球阀对炉子进行预抽真空,注意主泵球阀必须缓慢打开。观察炉内压力,直到显示压力低于要求达到的压力或更低,其目的是确认炉体漏气量,当炉子的真空度达到规定值时,关闭真空管道上的主泵球阀。观察真空计上的压力数值,测定压力变化。一般设备检漏时,泄漏率小于50 mTorr/h为合格,检漏结束后缓慢打开真空管道上的主泵球阀继续抽一段时间真空,直至真空度低于检漏时的真空度。

2.6.3.4 化料

化料的目的是将固化的硅原料在规定时间内转化为液体,即在规定的功率(在规定的时间内从低到高慢慢提升,直到化料要求功率)和坩埚位置下熔化成液态。化料时,流量控制在40~60 L/min,炉内压力维持在10 T或1 000 Pa左右,坩埚转速设定为2 r/min。

在表面硅料全部熔化后,不可将坩埚的位置升得太高,须保证液面至导流筒的距离有4~5 cm,防止石英坩埚底部硅料翻出时碰到导流筒及导流筒粘硅,如图2-19所示。在熔料时,如发现有液硅表面漂浮着杂质,在硅料未完全熔化时下降籽晶,将杂质吊出。必须时刻注意观察炉内的情况,以防导流筒粘硅、石英坩埚粘硅、漏硅、石英埚变形和塌料时溅硅、跳硅,化完后的液面有杂质漂浮等一些异常情况出现时,应有效及时地处理并记录。时刻注意加热电流、电压是否正常。

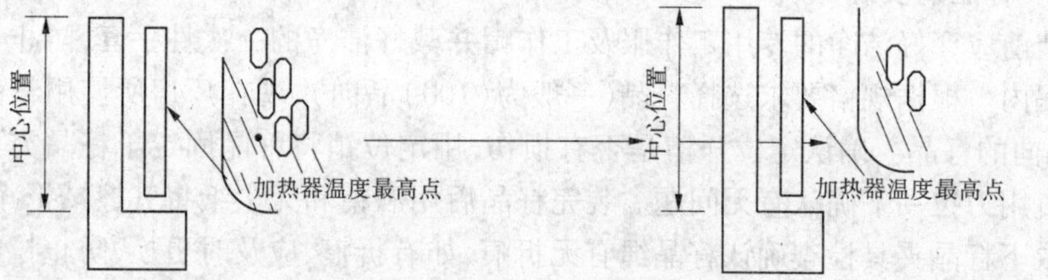

图2-19 化料过程中坩埚高度的变化

化料时常见异常处理:

(1)挂边、搭桥。挂边就是指硅绝大部分熔完后,硅熔体上面坩埚边上粘有硅块的现象。搭桥指硅将熔完时,部分硅块在硅熔体上面形成一座“桥”。产生挂边、搭桥的原因主要有两个方面:一是坩埚内多晶硅装得不合要求;二是熔硅时坩埚位置太高,过早的提高坩埚位置和过早的降温都容易产生挂边和搭桥。

处理方法:首先降低坩埚位置,快速升高温度,一旦挂边和搭桥消失,快速降温,快速升高坩埚,避免产生硅跳。

(2)硅跳。所谓硅跳,指熔硅在坩埚中沸腾的现象。有三种情况可以产生硅跳:多晶硅中有氧化夹层或封闭的气泡;坩埚底部有封闭气泡;熔硅时温度过高。处理方法:适当降低温度控制。

2.6.3.5 引晶

目的:稳定熔体温度,减弱对流强度。设定引晶所需温度及坩埚转速并进行稳定,根据光环情况确定温度稳定情况，反复几次试温找到最佳引晶温度并记录下引晶功率等参数。籽晶与熔体接触后等待籽晶熔化并出现弯月型光圈，如果光圈变大说明液体温度过低，如果光圈变小说明温度过高，需调整设定温度使其光圈不变大变小比较适中，此时便可以开始引晶。缩径拉速最好控制在 3 ~6 mm/min，引晶直径控制在 3 mm 左右，不宜过粗或过细，尽量保持平滑。引晶开始时，应先引直径 10 mm 左右较粗的晶体，长度为 30 mm，可作为下次熔接使用，这样避免籽晶的浪费。为确保缩径质量，可根据实际情况上升或下降温度设定点，以保证籽晶的直径控制在规定范围内。

引晶示意图如图 2-20 所示。

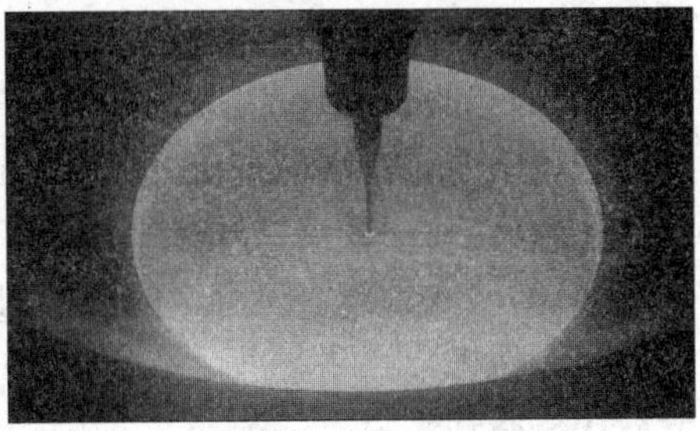

图 2-20　引晶示意图

2.6.3.6　放肩

目的：结晶直径扩大到指定尺寸。完成缩径后，将拉速缓慢下降到一定的数值（一般控制在 0.3 ~0.6 mm/min），同时温度设定点下降一定数值，观察晶体生长情况。控制放肩时的速度及角度，防止过快或过慢，放肩的角度应平滑地放大。当放肩直径接近加工要求的直径时，须多次测量，如放肩速度过快，在直径比预定直径小 10 mm 左右时进入转肩状态；如放肩较慢，可在直径比预定直径小 5 mm 左右时进入转肩状态。

放肩示意图如图 2-21 所示。

2.6.3.7　转肩

目的：达到目标直径后提高拉速使之纵向生长。根据单晶炉性能，转肩可自动或手动，自动单晶炉将晶体生长控制程序启动到“转肩”状态即可。手动单晶炉将晶升速度开到 2 ~3 mm/min。测量并观察晶体生长情况。转肩时根据实际情况可适当提高或降低拉速，同时也可降低或上升温度设定点。但拉速不宜调整太快或温度设定点不宜调整太高，否则可能会造成转肩掉棱。

转肩示意图如图 2-22 所示。

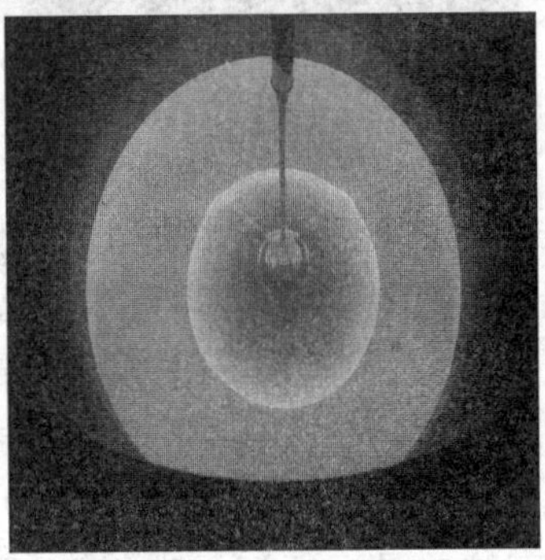

图 2-21　放肩示意图

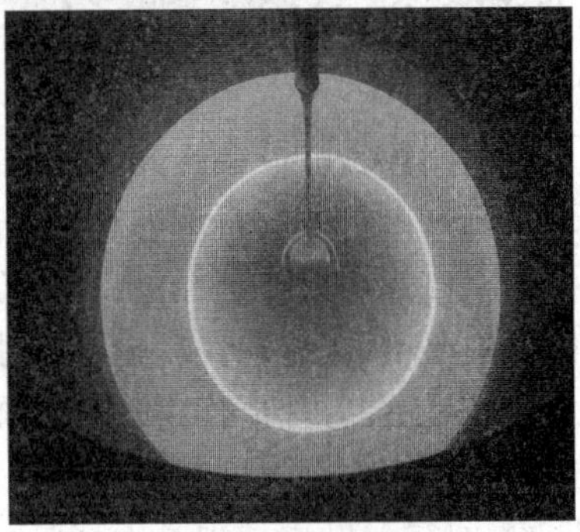

图 2-22　转肩示意图

2.6.3.8　等径

目的：保持设定的直径尺寸。拉晶转肩完成，直径控制稳定后可进入等径状态，进入等径状态时，将 CCD 监控摄像头调节到最佳状态及检查埚升随动等各参数无误后投入等径自动控制。经常观察坩埚上升速度和晶升速度是否正确。埚升太快液面容易碰到导流筒,晶升太快晶体容易变形。拉晶过程中要求每隔 15 min 对炉内巡视一次,确定有无异常,并每 1 h 做一次拉晶记录。

等径示意图如图 2-23 所示。

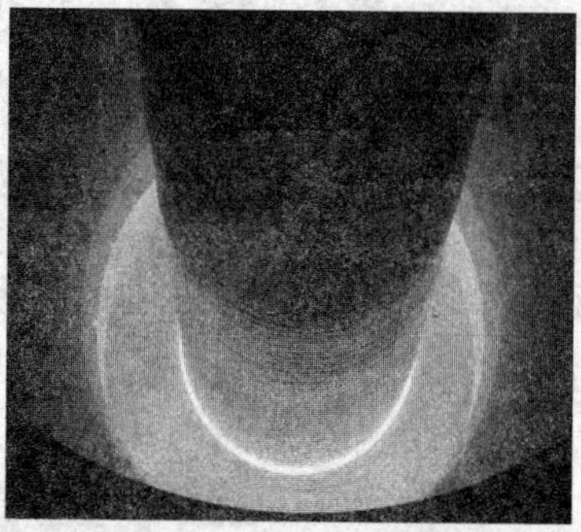

图 2-23　等径示意图

2.6.3.9　收尾

目的:防止等径部分产生晶裂和位错导致晶体不合格。将单晶直径不断缩小进入收尾,先温度控制拉晶后拉速控制,拉晶晶体收尾长度应不少于晶体直径的大小,且必须收尖。收尾有慢收尾和快收尾两种方法。

收尾示意图如图 2-24 所示。

2.6.3.10　冷却

目的:冷却晶体,预防隐裂。晶体收尾结束时,上升或下降坩埚将晶体脱离液面 2 ~ 3 cm。将晶体生长控制系统改为手动状态。关闭晶升、晶转、埚转;关闭加热电源。冷却结束后,关闭氩气充气阀,待炉内压力达到极限真空后,先关闭主泵球阀后关闭真空泵电源,然后进行热检漏并相应记录。

冷却示意图如图 2-25 所示。

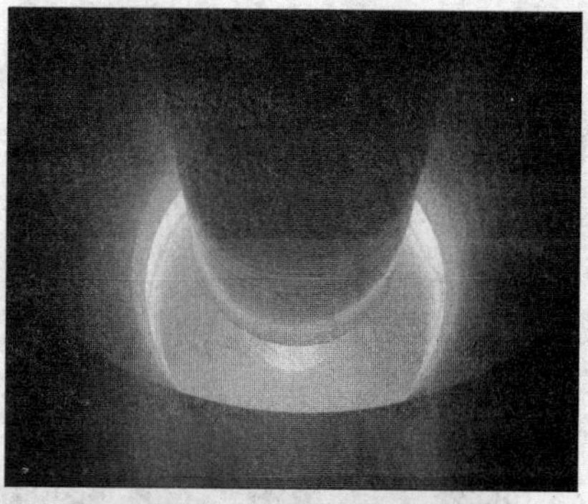

图 2-24　收尾示意图

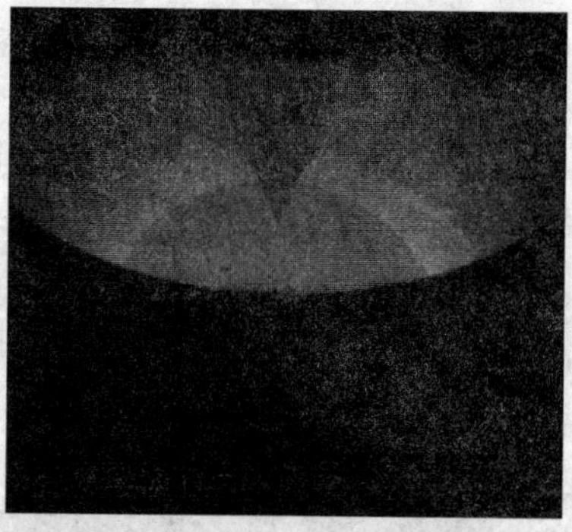

图 2-25　冷却示意图

2.6.3.11　取棒

打开进气氩气阀门将炉内压力回充到常压。按控制面板上晶升快速上升键,使晶体上升至副室适当距离,关闭隔离阀再打开炉体,缓慢向左移动副室至 90°。下降晶体至盛放晶体专用车中,确认单晶完全放入小车内后,戴上手套,左手抓紧重锤,右手用钢丝钳将籽晶从细径处剪断,然后稳定重锤,将籽晶从重锤上取下,放在指定场所,再将重锤升至副室内适当位置。将晶棒推至通风处冷却。单晶取出后,必须及时、准确地记录炉号、晶棒编号、出炉时间并贴好标识。在拉晶过程中,要在《直拉单晶运行记录表》记录下各阶段的数据。此外,还应填写《单晶炉日常保养记录表》。

2.6.3.12　拉速、温校曲线的设定

1. 坐标长度的设定

直拉单晶炉的拉速、温校曲线都是以晶体生长的长度为坐标设定的,投入自动后,它

们就以长度为坐标，自动按设定曲线(拉速、温校、转速)进行控制。不同装料量、不同直径的单晶，其坐标长度是不同的，所以必须进行计算，公式如下：

$$L = \frac{W}{\frac{1}{4}\pi D^2 \rho} = 547 \times \frac{W}{D^2} \tag{2-1}$$

式中：L 为坐标长度，mm；D 为晶体直径，mm；ρ 为硅的密度，2.33 g/cm^3；W 为晶体重量，晶体重量 = 装料量 - 埚底剩料量。

这个长度是假设整个晶体重量(包括收尾部分)都按照等径计算的，实际上从转肩清零开始计长，晶体的等径实际长度不会超过通过式(2-1)计算的坐标长度，就应该进入收尾程度了，所以用此长度作为拉速、温校的坐标长度足够了。

2. 拉速曲线的设定

拉速曲线的设定，应该满足单晶硅生长的特点，即拉速应该是从头到尾逐渐下降，是匀速下降，还是变速下降，哪一段快些，哪一段慢些，都是由工艺设计而定的。

例：设晶体长度 1 400 mm，晶体直径为 156 mm，工艺要求头部拉速是 2.0 mm/min，尾部拉速是 1.0 mm/min。

第一种方法：如果设计晶体坐标长度等分为五段，每段长 280 mm，每段拉速降 0.2 mm/min，那么五段正好下降 1.0 mm/min，符合工艺要求。

第二种方法：拉速以一定的下降趋势逐渐增大，即在 200 mm 时为 2.0 mm/min；400 mm 时为 1.9 mm/min；600 mm 时速率下降 0.2 mm/min，称为 1.7 mm/min……这条曲线是一条非匀速的拉速曲线，是一条折线，如图 2-26 所示。

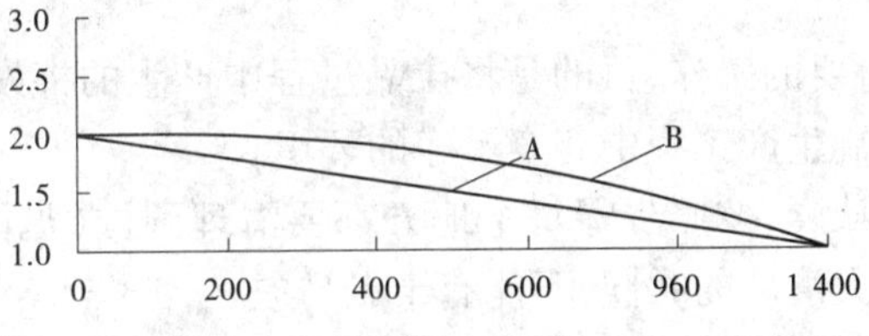

图 2-26　两种不同方法所得单晶拉速曲线

从图中可以看出，两条曲线的下降速率不同，根据不同的工艺要求可以设计不同的拉速曲线，而自动控制额度目标就是要使实际拉速尽量符合这条曲线，满足工艺要求。

2.6.3.13　埚升速度的计算方法

晶体在生长过程中，由于液态不断地转化为固态而被籽晶提起，所以液面在坩埚中的位置是不断下降的，这就必然造成固液界面的温度梯度发生变化，给单晶生长带来困难。但如果液面下降 1 mm，坩埚就上升 1 mm，那么液面在热场中的相对位置就没有变化，固液界面稳定，有利于单晶生长。所以，当转肩完进入等径生长时，应及时开启埚升，并给予一定的上升速度，以保持液面在热场中的相对位置不变，称为埚升随动。但是埚升过大或过小，都可能使得液面的位置不变。埚升随动速度计算如下。

生长出的晶体质量：

$$W_S = \frac{1}{4}\pi \phi^2 S t \delta_S \tag{2-2}$$

式中：S 为晶体拉速；t 为生长时间；δ_S 为固体 Si 密度；ϕ 为晶体直径。

补充的液体质量：

$$W_L = \frac{1}{4}\pi\phi'^2 S' t\delta_L \tag{2-3}$$

式中：S'为坩埚随动速度；t 为生长时间；δ_L 为液态 Si 密度；ϕ'为坩埚内径。

假设 $W_S = W_L$，化简可得：

$$\frac{S'}{S} = \frac{\phi^2\delta_S}{\phi'^2\delta_E} \tag{2-4}$$

固态 Si 的密度是 2.33 g/cm³，液态 Si 的密度是 2.5 g/cm³，代入即

$$S' = 0.932 \times \frac{\phi^2}{\phi'^2} \times S \tag{2-5}$$

例：测得 ϕ305 坩埚内径为 288 mm，晶体直径为 78 mm，当籽晶提拉速度为 2.0 mm/min 时，坩埚随动应为多少？

$$S' = 0.932 \times \frac{\phi^2}{\phi'^2} \times S = 0.932 \times \frac{78^2}{288^2} \times 2.0 \approx 0.137$$

由于晶体直径的测量可能有误差，晶升、埚升实际值与显示值也可能有误差，那么计算值投入自动后，坩埚跟随速度可做适当修正，以更好地符合实际情况。

2.6.4 单晶硅拉直中常见问题及注意事项

（1）清炉不干净、不到位，在清扫过程中有很多误区，未按操作规程作业。操作工没有对清炉效果做仔细检查。

清炉是一项非常重要的工作，目的是将拉晶过程中产生的挥发物及其他脏东西清除掉，以保证在后续的拉制生产工程中有个干净的环境。

对策：清炉一定要认真，按照步骤每个地方都要清理到位（见图 2-27），否则会污染，影响下次成晶，尤其是大清炉的时候，不能有半点马虎。

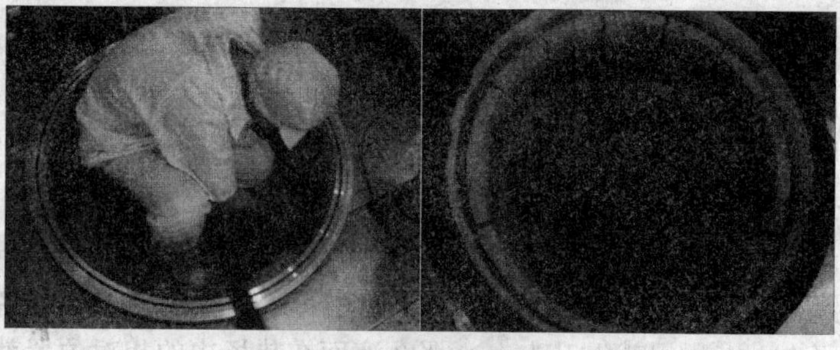

图 2-27　清炉示意图

（2）石墨件表面应该用吸尘毛刷吸干净，严禁用酒精擦拭，因为酒精对石墨件有腐蚀性，使石墨件表面变粗糙，杂质不容易清除，最重要的是容易引起单晶碳含量超标。

对策：石墨件表面如果有熔硅渣，就必须要用砂轮机、锉刀等打磨干净，最后用吸尘器将附着的挥发物吸干净（见图 2-28）。绝对不能使用酒精等物品。

（3）打磨好的石墨件没有用毛刷清扫吸尘、纤维纸擦拭干净，留有石墨、氧化物等粉

图 2-28　石墨件的清理

尘,化料和拉晶过程中带入很多杂质,不利于单晶的生长,回熔很多。

石墨件应该先用砂轮去磨硅残渣,也可以用锤子等物品轻轻敲打残渣及结垢部位,再用吸尘器搞干净。

对策:石墨件表面如果有熔硅渣,就必须要用砂轮机、锉刀等打磨干净,最后再用吸尘器将附着的挥发物吸干净(见图 2-29)。

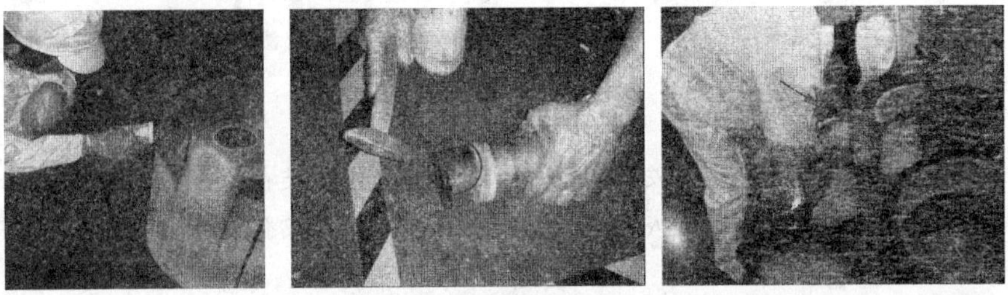

图 2-29　石墨件表面熔硅渣的清理

(4)重锤氧化污染严重,没有定期及时打磨(卸开),造成拉晶中掉渣变晶。重锤一定要定期清理干净,尤其是表面的硅残渣和氧化物,以防止在生产过程中掉入坩埚中,而导致断棱,影响产品质量。

对策:重锤要定期卸开打磨,这样才能将螺纹里的颗粒也清理干净,以保证不会有污物落入硅液中。重锤组合前后见图 2-30。

图 2-30　重锤组合前后

(5)籽晶浪费严重,人为损坏较多。

籽晶是比较贵重的物品,但到目前为止,人为损坏籽晶的现象还是比较多发(损坏的籽晶见图 2-31),主要是使用不当,另一个原因就是剪细径时没有用钳子,而是用锤子等非规定使用工具。

对策:籽晶安装要牢固,当遇到需要剪断提杂料或者棒时务必请使用老虎钳。

(6)提杂时细径与提杂料接触不牢(见图 2-32),致使料块掉入熔料中,导流筒粘硅,

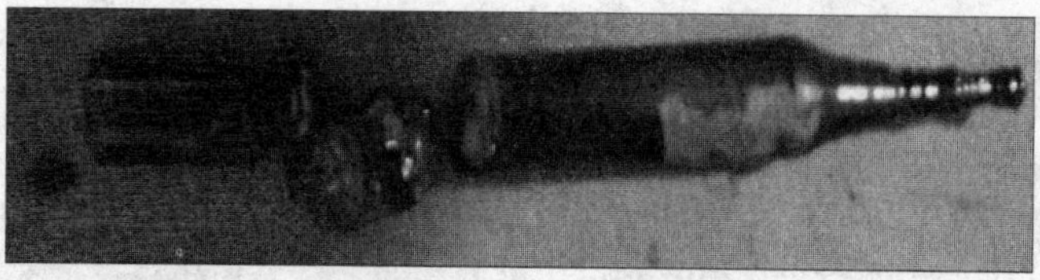

图 2-31　损坏的籽晶

难以成晶。

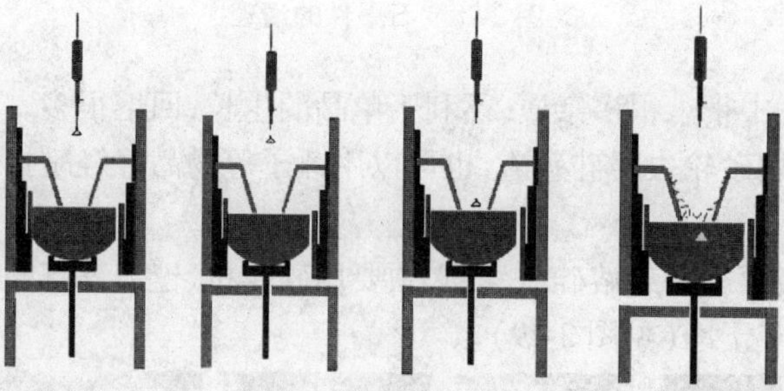

图 2-32　提杂不牢现象

提杂时一定要充分接触，熔接牢固，否则会发生溅硅污染石墨部件的事情。

对策：提杂时一定要充分确认是否完全熔接牢固，如果没有完全熔接牢固就不能盲目提料。

(7)引晶埚位过高，液面距太小，造成炉内导气不畅，挥发物不能及时抽走，黏附在单晶炉内壁和石墨件上，时间一长杂质容易脱落，很难成晶（见图 2-33）。

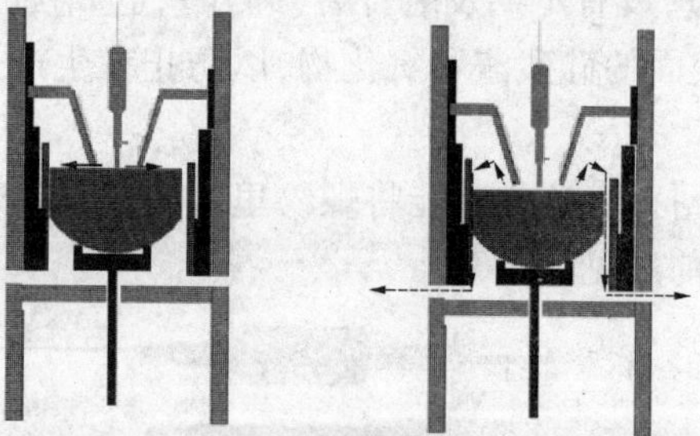

图2-33　坩埚位置的高低对炉内导气状态的影响

对策：引晶前要密切确认埚位是否过高或者过低，只有在合适的埚位上，才能引出好的晶棒。

(8)引晶时认为用原籽晶部位接触较好，这是一误区，没有注意到原籽晶部位已氧化严重，导致变晶，只要接触部位是洁净的就可以。引晶时硅液与籽晶的接触见图 2-34。

籽晶由于在高温状态下，长时间暴露而容易产生氧化，一旦氧化发生就会变晶，所以我们考虑引晶的部位时要充分认识到这一点，并不是所有的时候都是原籽晶比细晶好，而且老是用原籽晶会导致原籽晶损耗过大，只要没有氧化的，细晶也一样能引出好的硅棒。

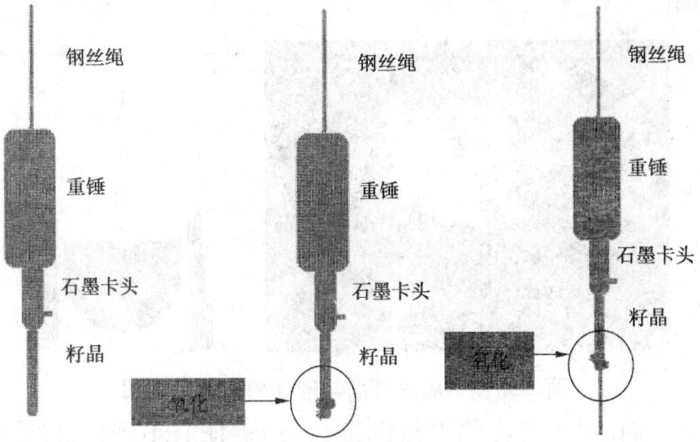

图 2-34　引晶时硅液与籽晶的接触

对策：如果遇到原籽晶发生了氧化，就要注意更换引晶的部位，以防止变晶。另外就是要避免籽晶发生氧化。

(9)氧化变色的晶棒很容易碎裂，细颈太细造成断裂，引起晶棒掉落事故。此类现象细颈直径不能低于 5 mm。

正常的棒如果没有发生氧化，引晶直径在 3 ~ 5 mm 就属于合格。有氧化的棒，由于氧化发生破坏了晶体本身的特性，所以此类细晶不能低于 5 mm，建议部分炉子氧化发生相对比较多的，此类引晶最好在 6 mm 左右，以防止发生晶体落入坩埚中造成损失。

对策：引晶前要密切确认埚位是否过高或者过低，只有在合适的埚位上，才能引出好的晶棒。

晶棒的氧化见图 2-35。

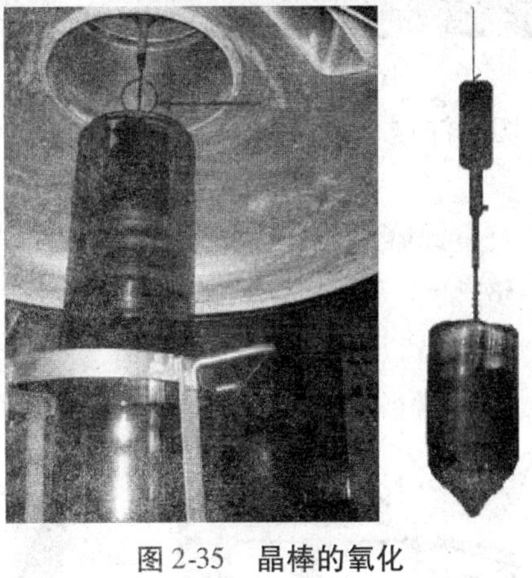

图 2-35　晶棒的氧化

(10)引晶方法有误，接触方法有误，接触温度的高低直接影响细径的质量，引晶速度的高低变化同样影响细径质量，可参考拉晶作业规程。图 2-36 为引晶时籽晶与硅液接触示意图。

找温度要有耐心，如果太低或者太高都影响引晶质量及效率。

对策：引晶温度和速度是个经验值，温度太高不易引晶，太低则容易放肩断棱，一般建议引晶时高温慢引。

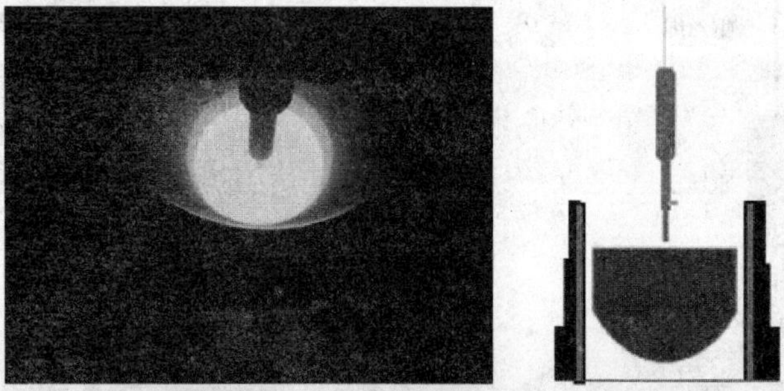

图 2-36　引晶时籽晶与硅液的接触示意图

(11)放肩是当前拉晶中存在的严重问题,一是责任心不到位,没有严格监控肩的生长,致使生长过快变晶;二是技术水平的提高,没有总结和分析放肩失败的原因及如何解决。

图 2-37 为放肩示意图,图中粗虚线区域表示在一定时间内符合要求的放肩直径;细线区域表示在一定时间内超出要求的放肩直径,即放肩过快。放肩的速度和温度直接关系放肩的质量,不能太快或者太慢,形状要圆形平滑,而且棱线要饱满,不能放得太平或者太尖。

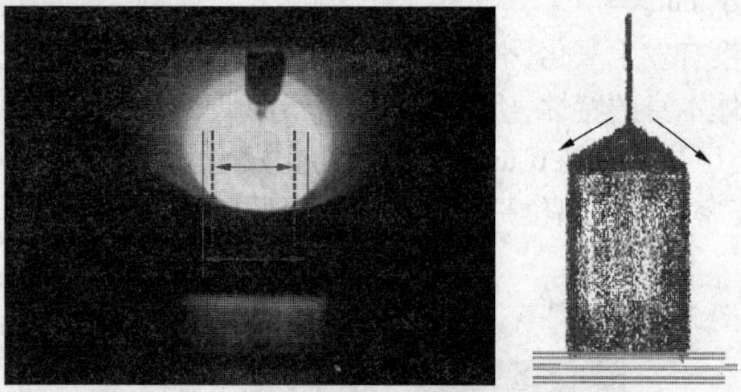

图 2-37　放肩示意图

对策:放肩时一定要密切关注这个过程,注意温度变化对放肩质量的影响,另外就是要控制好直径的变化。

(12)提肩和提杂过程中,重锤容易氧化污染,在以后的拉晶过程中,表面氧化物会落入硅液中影响成品(见图 2-38)。

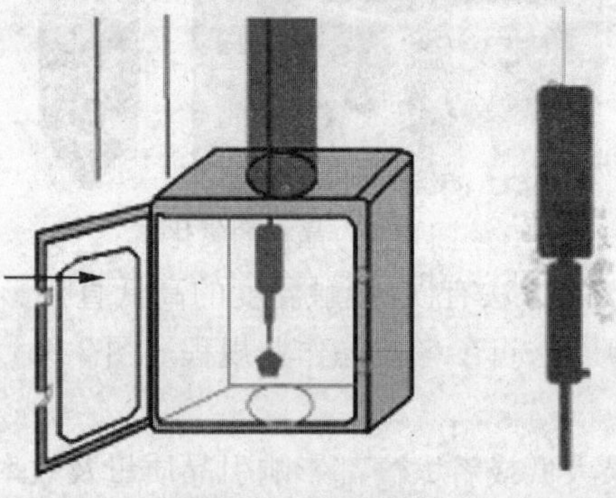

图 2-38　提肩过程中重锤的污染及掉渣

对策:对氧化的重锤一定要在停炉时卸开打磨干净,去除污染物。

(13)不仔细检查钢丝绳是否有断丝现象,埋下隐患。每炉清炉时必须检查钢丝绳(见图 2-39)。

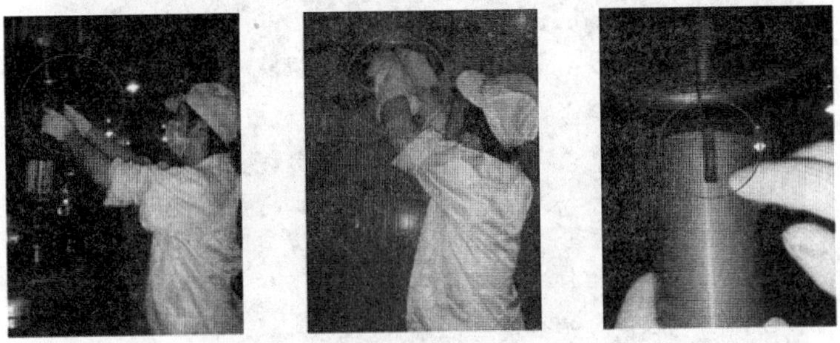

图 2-39 清炉时检查钢丝绳

对策:每炉结束时要检查钢丝绳是否有问题,主要包括是否有毛刺、有无松动、有无松股等,尤其是和重锤接触的地方,有无断开的痕迹,有无氧化严重的状况。

(14)提肩或一段晶棒时,因温度过高造成重锤部分氧化,甚至造成籽晶内裂。提肩速度对晶棒的影响见图 2-40。

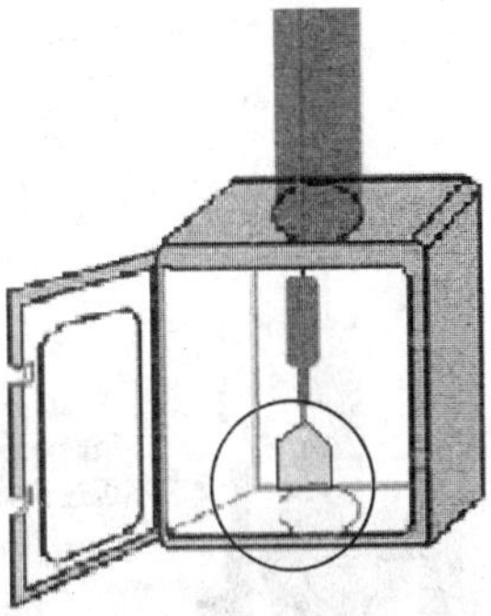

图 2-40 提肩速度对晶棒的影响

对策:提肩或一段晶棒时,速度不要过快,应按拉晶作业规程操作。

(15)忘记校准侧取光孔,影响正常拉晶。

对策:每炉开机前必须要对好取光孔,以确保直径受控制(见图 2-41)。

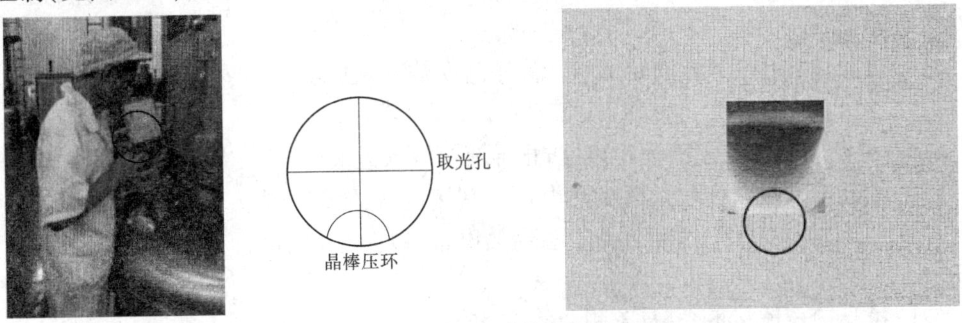

图 2-41 侧取光孔的局部放大

(16)在拆炉时不注意,使晶棒受到撞击,致使掉落,造成事故。

对策:拆炉时,一定要密切注意,晶棒不能摇晃,要平稳垂直地下降进入取晶框中(见图 2-42)。

(17)回熔过多,且提肩提料未按操作规程作业,不能有效提出杂质,反而造成污染。回熔时晶体的下降位置如图 2-43 所示。

(18)等径过程(见图 2-44)中晶体直径未严格监控,造成单晶直径细事故,单晶报废。晶体实际尺寸 = 测量出的直径加或减测量误差值。

图 2-42　拆炉取晶棒

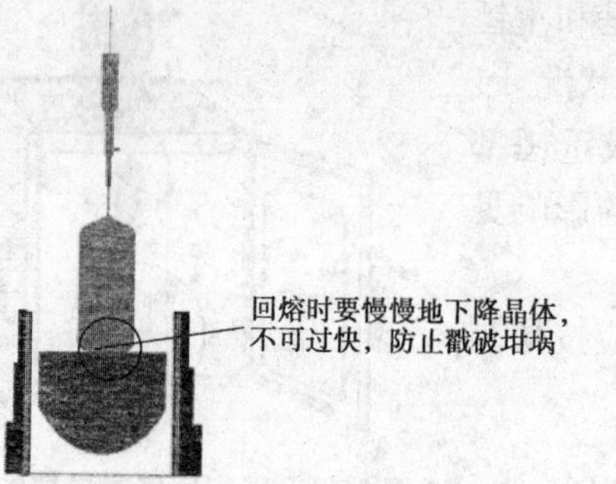

图 2-43　回熔时晶体的下降位置

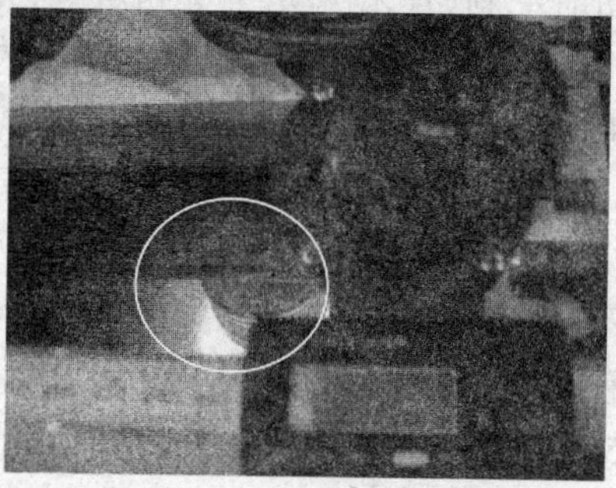

图 2-44　等径过程示意图

对策：直径的偏细偏粗是可以预防的，必须要使用仪器进行测量，如果有误差，则要把误差考虑进去。

(19)等径过程中，因液面距太高，埚升速度快，致使熔体与导流筒下沿接触，引发事故。

对策：要随时密切关注液面距离，防止导流筒浸入硅液中。

(20)欧陆投入自动 SP 后，碰到热电堆或其接线，致使信号值突变，影响正常拉晶。

对策：工作中一定要注意，不要碰触到热电堆，以防止信号值产生突变，而影响正常拉晶。

(21)拉晶记录填写不全，且不规范。

对策：记录不全将严重影响产品的可追溯性，也不利于分析和解决问题。所以，作业记录本上的每一项需要记录的都是有理由和原因的，所以作业者一定要及时记录。

(22)收尾收断事故频发，水平有待提高。

收尾时要密切观察炉内的状况，禁止长时间的离开。防止熔体结晶而造成事故的发生。

对策：收尾的主要事故在于收尾不合格、结晶、收断等，所以收尾时一定要密切关注温度和速度。

(23)装料时因不规范操作,带入很多杂质,影响单晶生长。

(24)石英坩埚内壁有石英砂颗粒附着,石英砂颗粒作为杂质严重影响单晶生长,没有按拉晶作业规程进行擦拭。石英埚的清理见图2-45。

图2-45 石英埚的清理

(25)装完料后导流筒距硅料有一定距离,造成化料埚位偏低,增加了漏硅的概率,并且石英埚上部容易变形,原则上埚位越高越安全。装料后埚的位置见图2-46。

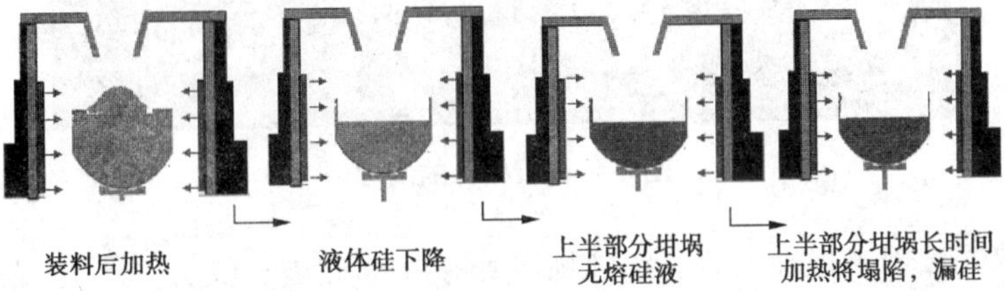

图2-46 装料后埚的位置

对策:一定要边化料边及时将坩埚位置提升,以防止空坩埚部位长时间加热而导致变形、漏硅。

(26)化料过程中塌料后,没有及时升高埚位,一是容易造成石英坩埚变形,二是料粘到埚底没化完,致使翻料。

由于加热器的高度比石英坩埚的位置低,如果化料到了一定的程度不及时改变坩埚的位置,会导致坩埚局部的地方受热特别集中,而造成变形或者是料粘到埚底没有化完,致使翻料。

(27)化料塌料后升埚,要先开启埚转,转动一圈观察是否有料块粘在石英坩埚壁上,以免升埚过程中料块蹭到导流筒,引发事故。

对策:要在化料塌料后升埚位,确认是否有料粘在坩埚内壁上,以免未熔硅蹭到导流筒而产生事故。化料后锅的位置见图2-47。

(28)没仔细检查石英坩埚有裂纹,造成漏硅。装料过程中料砸坏石英坩埚,造成漏硅。

对策:漏硅是严重的质量事故,一般都是由于坩埚本身质量及不当操作造成的,所以一定要在装料前仔细确认坩埚的完好程度,并严格按照作业规程作业。

(29)清扫石墨件时没仔细检查石墨件破裂,造成重大事故发生。如三瓣埚有裂纹、埚托有裂纹、加热器有裂纹、电极螺丝已断掉、有打火现象等。

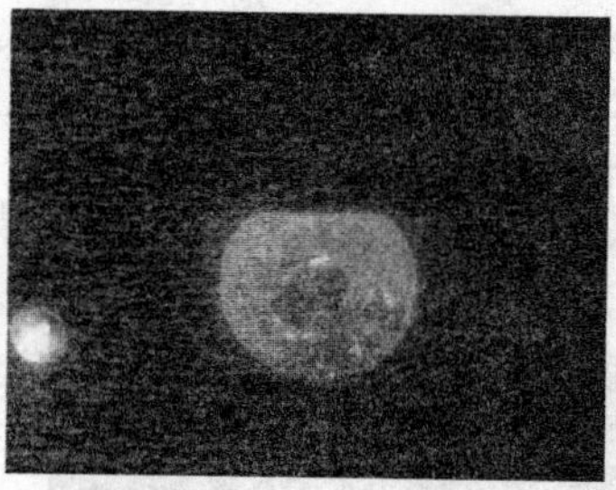

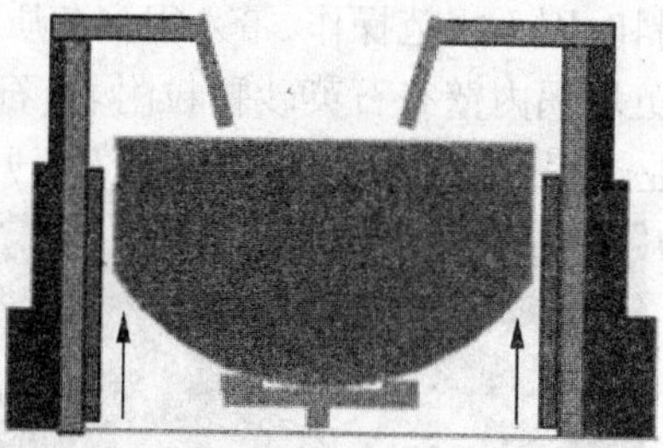

图 2-47　化料后埚的位置

对策：清扫石墨件时一定要仔细检查石墨件是否有破裂，否则会造成严重的事故。石墨件的清理见图 2-48。

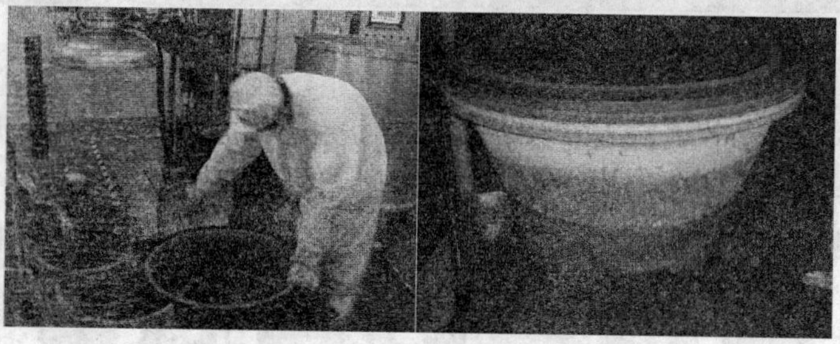

图 2-48　石墨件的清理

(30)侧取光玻璃未正确安装。正确顺序是橡胶密封垫—玻璃—硬垫，先把密封垫和玻璃装上进行抽真空，吸牢后再把硬垫装入热电堆，拧紧热电堆。没有硬垫保护，玻璃会碎裂。

对策：安装侧取光玻璃一定要规范进行，不得马虎，否则会造成不正确安装，不但影响正常使用，也会出现加工中途需要紧急停炉的现象。

(31)籽晶断裂问题严重，跟操作有直接关系：①安装不正，没有垂直向下。②没有用力下拽，接触不严密。操作室下不宜站人，避免重锤脱落，造成人员伤亡事故。

对策：籽晶安装要绝对牢固，并下拉检查是否有重锤脱落的可能，另外就是严禁人站在重锤下面，防止万一断了钢丝绳，会造成严重的伤害事故。

2.7　机械加工

2.7.1　机械加工简介

机械加工是一种用加工机械对工件的外形尺寸或性能进行改变的过程。按被加工的工件处于的温度状态，分为冷加工和热加工。一般在常温下加工，并且不引起工件的化学或物相变化称之为冷加工。一般在高于或低于常温状态下加工，会引起工件的化学或物相变化称之为热加工。冷加工按加工方式的差别可分为切削加工和压力加工。热加工常见的有热处理、锻造、铸造和焊接。广义的机械加工就是指能用机械手段制造产品的过程；狭义的机械加工是用车床、铣床、钻床、磨床、冲压机、压铸机等专用机械设备制作零件的过程。

机械冷加工通常指金属的切削加工，即用切削工具从金属材料（毛坯）或工件上切除多余的金属层，从而使工件获得具有一定形状、尺寸精度和表面粗糙度的加工方法。如车削、钻削、铣削、刨削、磨削、拉削等。在金属工艺学中，与热加工相对应，冷加工则指在低于再结晶温度下使金属产生塑性变形的加工工艺，如冷轧、冷拔、冷锻、冲压、冷挤压等。冷加工变形抗力大，在使金属成形的同时，可以利用加工硬化提高工件的硬度和强度。冷加工适于加工截面尺寸小、加工尺寸和表面粗糙度要求较高的金属零件。

零件在加工和装配过程中所使用的基准，称为工艺基准。工艺基准按用途不同又分为装配基准、测量基准及定位基准。

（1）装配基准：装配时用以确定零件在部件或产品中的位置的基准，称为装配基准。

（2）测量基准：用以检验已加工表面的尺寸及位置的基准，称为测量基准。

（3）定位基准：加工时工件定位所用的基准，称为定位基准。作为定位基准的表面（或线、点），在第一道工序中只能选择未加工的毛坯表面，这种定位表面称粗基准。在以后的各个工序中就可采用已加工表面作为定位基准，这种定位表面称精基准。

2.7.2 机械加工的原则

机械加工的一般原则如下：

（1）先加工基准面。

零件在加工过程中，作为定位基准的表面应首先加工出来，以便尽快为后续工序的加工提供精基准，称为“基准先行”。

（2）划分加工阶段。

加工质量要求高的表面，都划分加工阶段，一般可分为粗加工、半精加工和精加工三个阶段。主要是为了保证加工质量，有利于合理使用设备，便于安排热处理工序，以及便于及时发现毛坯缺陷等。

（3）先面后孔。

对于箱体、支架和连杆等零件应先加工平面后加工孔。这样就可以以平面定位加工孔，保证平面和孔的位置精度，而且给平面上的孔的加工带来方便。

（4）光整加工。

主要表面的光整加工（如研磨、珩磨、精磨/滚压加工等），应放在工艺路线最后阶段进行，加工后的表面粗糙度在 Ra0.8 μm 以上，轻微的碰撞都会损坏表面。在日本、德国等国家，在光整加工后，都要用绒布进行保护，绝对不准用手或其他物件直接接触工件，以免光整加工的表面，由于工序间的转运和安装而受到损伤。

有些具体情况可按下列原则处理：

（1）为了保证加工精度，粗、精加工最好分开进行。因为粗加工时，切削量大，工件所受切削力、夹紧力大，发热量多，以及加工表面有较显著的加工硬化现象，工件内部存在着较大的内应力。如果粗、精加工连续进行，则精加工后的零件精度会因为应力的重新分布而很快丧失。对于某些加工精度要求高的零件，在粗加工之后和精加工之前，还应安排低温退火或时效处理工序来消除内应力。

(2)合理地选用设备。粗加工主要是切掉大部分加工余量,并不要求有较高的加工精度,所以粗加工应在功率较大、精度不太高的机床上进行,精加工工序则要求用较高精度的机床加工。粗、精加工分别在不同的机床上加工,既能充分发挥设备能力,又能延长精密机床的使用寿命。

(3)在机械加工工艺路线中,常安排有热处理工序。热处理工序位置的安排如下:为改善金属的切削加工性能,如退火、正火、调质等,一般安排在机械加工前进行。为消除内应力,如时效处理、调质处理等,一般安排在粗加工之后,精加工之前进行。为了提高零件的机械性能,如渗碳、淬火、回火等,一般安排在机械加工之后进行。如热处理后有较大的变形,还须安排最终加工工序。

机械加工工艺流程是工件或者零件制造加工的步骤,是采用机械加工的方法,直接改变毛坯的形状、尺寸和表面质量等,使其成为零件的过程。比如一个普通零件的加工工艺流程是粗加工—精加工—装配—检验—包装,就是个加工的笼统的流程。

机械加工工艺就是在流程的基础上,改变生产对象的形状、尺寸、相对位置和性质等,使其成为成品或半成品,是每个步骤、每个流程的详细说明。比如,上面说的粗加工可能包括毛坯制造、打磨等,精加工可能分为车、钳工、铣床等。每个步骤要有详细的数据,比如粗糙度要达到多少,公差要达到多少。

技术人员根据产品数量、设备条件和工人素质等情况,确定采用的工艺过程,并将有关内容写成工艺文件,这种文件就称工艺规程。这个就比较有针对性了,每个厂都可能不太一样,因为实际情况都不一样。

总的来说,工艺流程是纲领,加工工艺是每个步骤的详细参数,工艺规程是某个厂根据实际情况编写的特定的加工工艺。

2.7.3 机械加工典型设备介绍

2.7.3.1 传统的机械加工

传统的机械加工方法主要有车、铣、刨、磨、钻、镗等。

车:主要是加工轴类或者回转体零件,通过车刀的车削使其达到应有的形状;

铣:主要是加工平面或者斜面,通过铣刀盘去掉平面;

刨:主要是加工平面或者曲面,通过刨刀去掉平面或者曲面;

磨:主要是通过砂轮磨平面、外圆、内圆使其达到表面粗糙度;

钻:主要是通过钻头钻出孔;

镗:主要是通过镗刀或者刀片镗削内孔。

2.7.3.2 加工中心

加工中心是由机械设备与数控系统组成的用于加工复杂形状工件的高效率自动化机床。加工中心又叫电脑锣,如图 2-49 所示。加工中心备有刀库,具有自动换刀功能,是对工件一次装夹后进行多工序加工的数控机床。加工中心是高度机电一体化的产品,工件装夹后,数控系统能控制机床按不同工序自动选择、更换刀具、自动对刀、自动改变主轴转速和进给量等,可连续完成钻、镗、铣、铰、攻丝等多种工序,因而大大减少了工件装夹时间、测量和机床调整等辅助工序时间,对加工形状比较复杂、精度要求较高、品种更换频繁的零件具有良好的经济效果。

图 2-49　加工中心

2.7.3.3　**电火花加工(Electrical Discharge Machining,简称 EDM)**

电火花加工是利用浸在工作液中的两极间脉冲放电时产生的电蚀作用蚀除导电材料的特种加工方法,又称放电加工或电蚀加工。进行电火花加工时,工具电极和工件分别接脉冲电源的两极,并浸入工作液中,或将工作液充入放电间隙。通过间隙自动控制系统控制工具电极向工件进给,当两电极间的间隙达到一定距离时,两电极上施加的脉冲电压将工作液击穿,产生火花放电。在放电的微细通道中瞬时集中大量的热能,温度可高达 10 000 ℃以上,压力也有急剧变化,从而使这一点工作表面局部微量的金属材料立刻熔化、汽化,并爆炸式地飞溅到工作液中迅速冷凝,形成固体的金属微粒,被工作液带走。这时在工件表面上便留下一个微小的凹坑痕迹,放电短暂停歇,两电极间工作液恢复绝缘状态。

紧接着,下一个脉冲电压又在两电极相对接近的另一点处击穿,产生火花放电,重复上述过程。这样,虽然每个脉冲放电蚀除的金属量极少,但因每秒有成千上万次脉冲放电作用,就能蚀除较多的金属,具有一定的生产率。在保持工具电极与工件之间恒定放电间隙的条件下,一边蚀除工件金属,一边使工具电极不断地向工件进给,最后便加工出与工具电极形状相对应的形状来。因此,只要改变工具电极的形状和工具电极与工件之间的相对运动方式,就能加工出各种复杂的型面。

工具电极常用导电性良好、熔点较高、易加工的耐电蚀材料,如铜、石墨、铜钨合金和钼等。在加工过程中,工具电极也有损耗,但小于工件金属的蚀除量,甚至接近于无损耗。

工作液作为放电介质,在加工过程中还起着冷却、排屑等作用。常用的工作液是黏度较低、闪点较高、性能稳定的介质,如煤油、去离子水和乳化液等。

电火花加工主要有电火花成型和电火花线切割加工。

电火花成型是通过工具电极相对于工件作进给运动,将工具电极的形状和尺寸复制在工件上,从而加工出所需要的零件。它包括电火花型腔加工和穿孔加工两种。电火花型腔加工主要用于加工各类热锻模、压铸模、挤压模、塑料模和胶木模的型腔。电火花穿孔加工主要用于型孔(圆孔、方孔、多边形孔、异形孔)、曲线孔(弯孔、螺旋孔)、小孔和微孔的加工。近年来,为了解决小孔加工中电极截面小、易变形、孔的深径比大、排屑困难等问题,在电火花穿孔加工中发展了高速小孔加工,取得良好的社会经济效益。

电火花线切割加工是利用移动的细金属丝作工具电极，按预定的轨迹进行脉冲放电切割。按金属丝电极移动的速度大小分为高速走丝线切割和低速走丝线切割。我国普通采用高速走丝线切割，近年来正在发展低速走丝线切割，高速走丝时，金属丝电极是直径为0.02～0.3 mm 的高强度钼丝，往复运动速度为 8～10 m/s。低速走丝时，多采用铜丝，线电极以小于 0.2 m/s 的速度作单方向低速运动。线切割时，电极丝不断移动，其损耗很小，因而加工精度较高。其平均加工精度可达 0.01 mm，大大高于电火花成形加工。表面粗糙度 Ra 值可达 1.6 或更小。

电火花加工具有如下特点：可以加工任何高强度、高硬度、高韧性、高脆性以及高纯度的导电材料；加工时无明显机械力，适用于低刚度工件和微细结构的加工；脉冲参数可依据需要调节，可在同一台机床上进行粗加工、半精加工和精加工；电火花加工后的表面呈现的凹坑，有利于贮油和降低噪声；生产效率低于切削加工；放电过程有部分能量消耗在工具电极上，导致电极损耗，影响成形精度。国内外数控电火花线切割机床都采用了不同水平的微机数控系统，实现了电火花线切割数控化。目前电火花线切割广泛用于加工各种冲裁模（冲孔和落料用）、样板以及各种形状复杂的型孔、型面和窄缝等。

电火花加工机床如图 2-50 所示。

图 2-50　电火花加工机床

2.8　材料的各种检测设备

形形色色的材料，在不同的场合发挥着不同的作用，为了表征其在各自服役条件下的性能特点，需要采取相应的检测手段。图 2-51～图 2-63 是材料检测中常用的一些设备图。

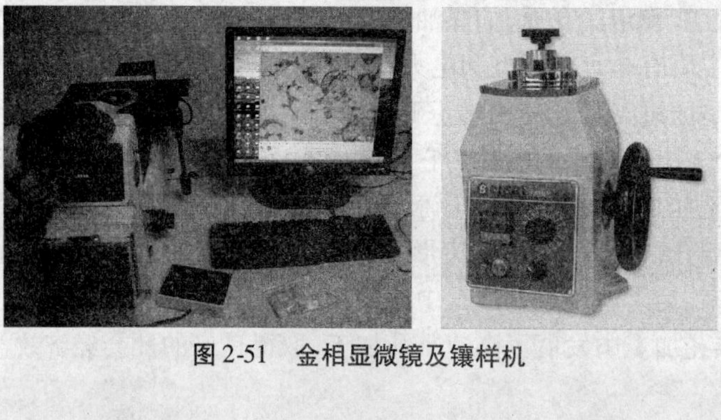

图 2-51　金相显微镜及镶样机

布氏硬度计

里氏硬度计

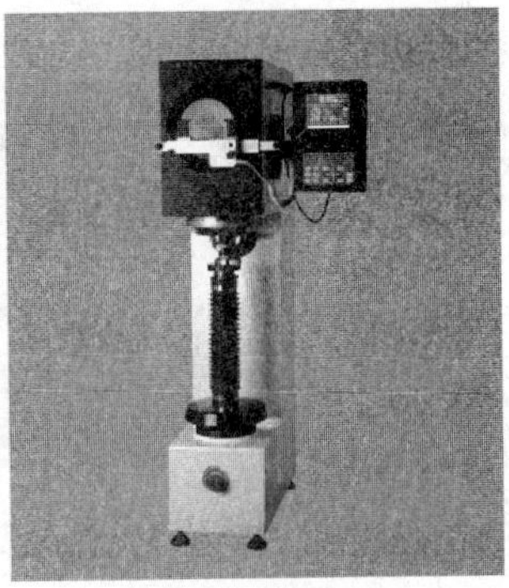

布洛维万能硬度计

图 2-52　**几种硬度计**

图 2-53　**万能材料(拉、压、弯)试验机(室温及变温)**

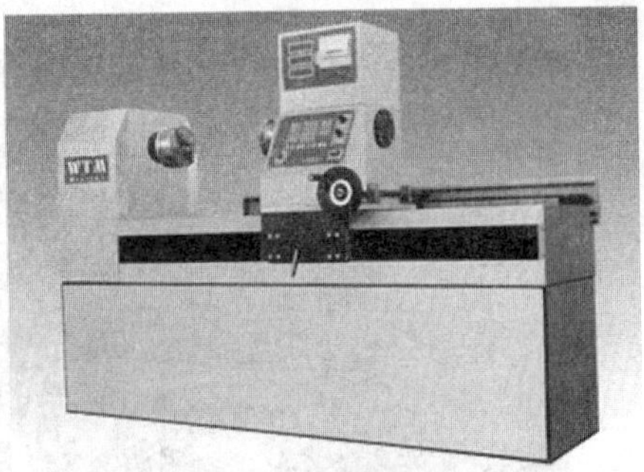

图 2-54　**扭转试验机**

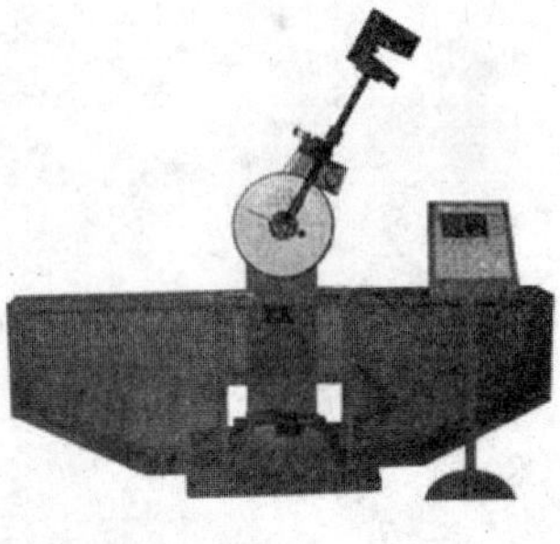

图 2-55　**冲击试验机**

图 2-56　**万能或多功能摩擦磨损试验机**

图 2-57　电脑全自动多元素分析仪

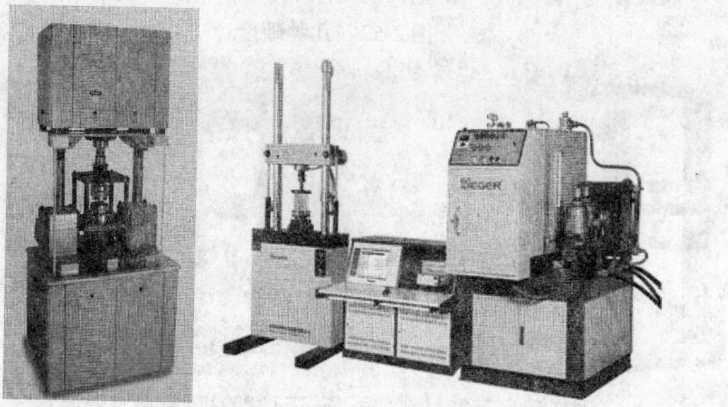

图 2-58　疲劳试验机

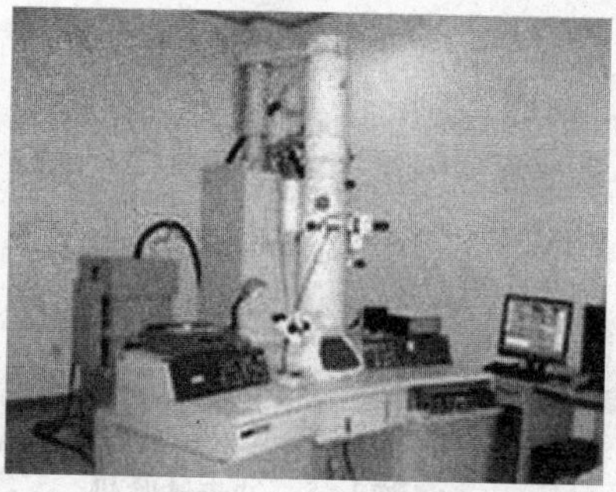

图 2-59　透射电镜

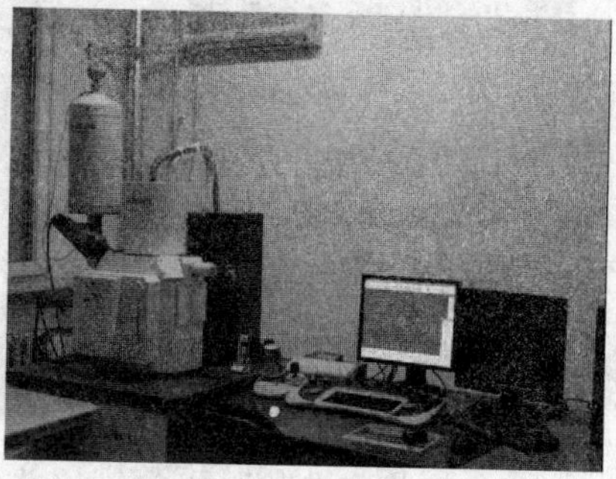

图 2-60　扫描电镜

图 2-61　磁粉探伤设备(便携与固定)

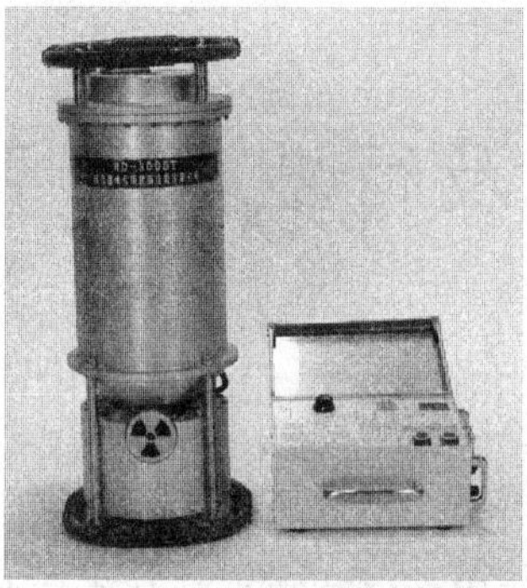

图 2-62　射线探伤仪

图 2-63　超声波探伤仪

第3章　实习企业及行业简介

3.1　汽车制造企业

汽车是一种机动性很强的陆上交通工具，广泛使用在经济建设的各个行业。自1886年德国人制造出第一辆实用的四轮汽车至今，汽车工业已有一百多年的历史。当今世界汽车工业以日本、欧洲和美国呈三足鼎立式，市场竞争相当激烈，生产日趋国际化。由于汽车工业的发展要求钢铁、有色金属、橡胶、玻璃、塑料以及先进可靠的电器、仪表的协调配套发展，同时将会带动相关的机床、锻压设备、焊接机械等加工装备行业的发展，因此汽车工业水平在某种程度上代表着一个国家工业发展的水平与实力。

我国汽车工业伴随共和国的成立于1953年建立了第一个生产基地——长春第一汽车制造厂。至今已发展到了几十家汽车生产厂，改革开放以来又有了长足的进步。自20世纪70年代末开始，相继引进了一批国外先进的汽车生产技术，包括整车、总成、关键零部件……其中有美国的"切诺机"吉普车，德国的"桑塔纳"、"奥迪"轿车，奥地利的"斯太尔"和德国的"奔驰"重型汽车，意大利的"依维柯"和日本的"五十铃"轻型汽车及日本的"大发"微型汽车等。这些项目的消化、吸收在实现国产化之后将使我国汽车生产水平大幅度提高。

同学们有幸到汽车厂实习，一定会受益匪浅。为使同学们顺利完成汽车厂的实习，特提供以下简要资料供参考。

3.1.1　汽车构造简介

汽车是一种轮式机械运输工具。从整体上看，包括货车和客车两大类。根据功能和用途又分为载货汽车、微型载货汽车、中型载货汽车、越野汽车、自卸汽车、牵引汽车、改装车、大客车、轿车。

汽车是由各种机构和装置组成的。由于汽车种类繁多，因此这些机构与装置的构造和安装位置也不尽相同，但是一般汽车的总体构造及工作原理都是相似的。

现代载货汽车（轿车）的总体构造如图3-1所示，可大体分为发动机、底盘、车身和电气设备四个基本部分。

3.1.1.1　**发动机**

发动机是汽车的动力装置，通过燃料的燃烧，将热能转变成旋转机械能，驱动汽车行驶，按燃料的不同，分为汽油发动机和柴油机两种。

汽油发动机为往复活塞式四行程内燃机。这种发动机在曲轴每次转动两周的过程中，完成一个循环。发动机的一个循环过程中活塞在汽缸内来回往复运动四次，连续进行进气、压缩、做功和排气四个行程。这些过程反复进行，发动机就连续不断地运转。其结

图 3-1　轿车的总体构造

构见图 3-1 所示。主要组成及部件有：

(1)机体和曲柄连杆机构,包括缸体、缸盖、活塞、连杆、曲轴和飞轮等。

(2)配气机构,包括气门、摇臂、挺杆、正时齿轮和凸轮轴等。

(3)燃料供给系统,包括油箱、输油泵、油滤清器、化油器、进气管、排气管、消声器。

(4)润滑系统,包括机油泵、机油滤清器和润滑管路系统等。

(5)冷却系统,包括水泵、散热器、风扇和恒温器等。

(6)点火系统,包括蓄电池、发电机、点火线圈、分电器和火花塞。

(7)启动系统,由启动机及其附属装置组成。

3.1.1.2　底盘

汽车底盘除承担把发动机发出的功率传递到驱动轮的任务外还具有操纵和控制车辆状态的功能,以保证行驶安全。

底盘由传动系统(离合器、变速器、万向转动装置、轴驱动桥)、操纵系统(转向机构和制动机构)以及行走系统(车架、悬架、车桥和车轮)组成。

3.1.1.3　车身

汽车车身由车身壳体、车箱、车门、车窗等组成。

3.1.1.4　电气设备

电气设备由电源、发动机启动系统和点火系统,以及汽车照明、信号等组成。

3.1.2　汽车部分主要典型零件服役条件及性能要求介绍

3.1.2.1　连杆

连杆是汽车发动机主要传力构件之一,是把作用于活塞顶面的膨胀气体压力传给曲轴,使活塞的往复直线运动转变为曲轴回转运动。连杆在工作中承受着急剧变化的载荷有三方面的作用力:

(1)汽缸内的燃气压力(连杆受压缩载荷);

(2)活塞连杆组的往复运动惯性力(连杆受拉伸载荷);

(3)连杆高速摆动时所产生的横向惯性力。

性能要求:

重量轻、足够的刚度、足够的疲劳强度和冲击韧性。

3.1.2.2 活塞

活塞是曲柄连杆机构中的主要零件之一，是发动机的心脏部件，有以下三个作用：

(1)混合气被火花塞点燃，产生强大压力，推动活塞沿汽缸向下运动，活塞是发动机动力的来源。

(2)发动机做功是由进气、压缩、爆发、排气四个行程来完成一个工作循环的，要求发动机内活塞顶以上的空间要有非常好的密封效果。

(3)发动机在点燃爆发时，温度高达 2 000 ~ 2 500 ℃，主要靠活塞、活塞环将高温传给汽缸壁，再由汽缸壁外侧水套内的循环水将热量带走，因而要求活塞有较强的传热能力。

铝活塞除导热性好外还有重量轻、易加工等优点，被广泛采用。

3.1.2.3 曲轴

曲轴在发动机内是一个高速旋转的长轴，它将活塞的直线往复运动变为旋转运动，进而把扭矩输送给底盘传动系统，所以曲轴受力相当复杂。

性能要求：

(1)曲柄臂是曲轴薄弱环节，要求高抗扭断、疲劳抗力和良好刚度。

(2)主轴颈、连杆轴颈要求表面高度耐磨损。

3.1.2.4 齿轮(主被动齿轮、扇齿轮等)

齿轮是实现转动传递、变速的主要零件，齿轮的寿命与噪声是衡量产品质量的关键项目。

性能要求：

(1)齿面要求高硬度、抗腐蚀、抗咬合。

(2)齿部抗弯曲、抗冲击、齿根抗疲劳断裂。

3.1.2.5 其他主要零件

其他主要零件还有进气阀、排气阀、挺杆、变速叉、转向节、半轴、油泵中的针阀、针阀体、弹簧、汽缸套、活塞销、主轴、万向节、十字轴等。

3.2 拖拉机制造企业

3.2.1 企业简介

第一拖拉机股份有限公司是中国内地在香港上市的唯一农机制造与销售企业。其前身第一拖拉机制造厂，创建于 1955 年，是我国“一五”期间兴建的 156 个国家重点项目之一，是中国农机行业唯一的特大型企业，1990 年被国务院企业管理委员会评为“国家一级企业”，1997 年，中国一拖集团将与拖拉机相关的业务、资产、负债人员重组后进行股份制改造，依法设立了第一拖拉机股份有限公司，并在境外发行 H 股股票，于同年 6 月 23 日在香港上市。1999 年，“东方红”被国家工商局评为首批中国驰名商标，是我国农机行业第一枚驰名商标。“东方红”大中型拖拉机荣获中国名牌产品，农用拖拉机、收获机、压路机荣获国家免检产品，公司荣获国家质量管理先进企业。在广大消费者心目中“东方红”享有较高的知名度和美誉度，它代表着先进的技术、稳定的质量、成熟的管理、可靠的品质与贴心的服务。公司目前已通过质量管理体系ISO9001、环境管理体系ISO14000、职业健康安全管理体系OHSAS18000等体系认证,使影响质量、环境/职业健康安全的各个环节、过程得到有效的监督和控制。

公司占地约100万km^2,总资产32亿元,固定资产14亿元,拥有职工1.6万余人,其中专业管理及工程技术人员1 700余人。公司拥有强大的锻件、机械加工、装配和测试的全套生产能力,生产流水线近百条,公司主导产品涵盖“东方红”系列履带拖拉机、轮式拖拉机和收获机械、工程机械、柴油机共计100余个品种。四个专业化拖拉机装配厂,分别生产履带拖拉机及变型产品、大中小型轮式拖拉机,拖拉机产品功率覆盖范围17~188马力(1马力=735.499 W),远销世界50多个国家和地区,为中国的农业现代化作出了重要贡献。

建厂60多年来,公司从单一产品向多元化产品发展,成为集生产、科研、销售于一体的综合性企业,公司始终把顾客需求放在首位,不断创新质量管理,完善质量管理体系,产品质量水平稳步提高,“东方红”品牌深受广大用户信赖。公司将继续大力推进产品结构调整,不断完善质量管理体系,持续地向用户提供满意的产品和服务,以确保公司在农机行业的地位不断巩固和加强。

3.2.2 拖拉机知识

3.2.2.1 简史

19世纪中叶,拖带农具在田间工作的蒸汽拖拉机已在英、美等国得到应用,但蒸汽机操作劳动量大,限制了这种拖拉机的发展。19世纪后期,内燃机获得迅速发展并在拖拉机上得到应用。1892年,美国的J. 弗罗希利奇制造了第一辆以汽油机为动力的农业用拖拉机。拖拉机从20世纪初开始进入实用发展阶段,在欧美各国逐步推广应用。20世纪30年代,充气轮胎取代了过去带锥形齿的铁轮,提高了拖拉机的工作速度和生产率,改善了燃油经济性和拖拉机的行驶平顺性。同一时期,英国研制液压控制的三点悬挂装置,使拖拉机及其配套工作机具形成有机联系的整体,大大地简化了工作机具的升降操纵,提高了作业质量。

现代拖拉机的基本结构仍与20世纪30年代的大体相同,但在性能和结构上都有大幅度的提高和改进。其标志是:具有高的生产率和经济性指标;从动力输出到各种操纵机构广泛采用液压技术;可靠性和耐久性有很大提高;乘坐的舒适性、安全性和操作方便性大为改善。根据1982年的统计资料,世界各地已有2 250万台拖拉机在农业中使用,其中74.6%在北美和欧洲。

中国的拖拉机工业是在中华人民共和国成立后才发展起来的。在此之前,仅有少量引进的拖拉机用于农田、推土和铲运等作业。1959年,中国第一拖拉机制造厂投入生产。此后又先后兴建了天津拖拉机厂、长春拖拉机厂、江西拖拉机厂、鞍山拖拉机厂、松江拖拉机厂和上海拖拉机厂等。20世纪60年代后期和70年代,大部分省、市都建立了地方的手扶拖拉机和小型拖拉机制造厂,从而在中国形成了生产各种功率等级和类型的拖拉机体系。根据1984年的统计资料,中国农业拖拉机的保有量为:大中型拖拉机85.4万台,2 718.9万kW;小型和手扶拖拉机329.8万台,2 886.5万kW。中国绝大多数农业经营单位规模较小，水田地区和山区地块面积小，故在农业用途上大多数为中小功率拖拉机。

3.2.2.2　分类

拖拉机按用途可分为农业用拖拉机和工业用拖拉机两大类。一般来说，农业用拖拉机带配套的多种农机具，大多在较松软平整的田间土壤上，以较稳定的速度和额定负荷工作。工业用拖拉机配带专用工作装置，大多在较为复杂的自然土壤上，以变化的速度在交变的冲击性大负荷下工作，因而对工业用拖拉机整机特性有一些特殊的要求：工作过程中能随负荷增大而降低行驶速度，以发挥最大牵引力或推力；有较高的倒驶速度及其相应的改变正倒行驶的快速换挡机构；有更高的越野通过能力；有更多的动力输出点和更大的动力输出能力等。同样，对工业用拖拉机零部件的结构强度和刚度也有比农业用拖拉机更高的要求，某些零部件还需要增加一些必要的保护装置，因而工业用拖拉机的结构也比农业用拖拉机笨重。部分由农业用拖拉机变型派生的工业用拖拉机，零部件的强度和刚度较弱，只适用于农业工程作业或较轻负荷的一般工程作业。

农业用拖拉机　农业用拖拉机包括用于一般农作物的田间耕地、耙地、播种、收割、运输作业的一般用途拖拉机和为某种特定地区和作物的工作条件而专门设计的特殊用途拖拉机。农业用拖拉机按结构不同又可分为轮式拖拉机、履带式拖拉机和手扶拖拉机3大基本类型（包括在这些类型中的某种基本型拖拉机基础上派生出来的变型拖拉机等）。特殊用途拖拉机可以是以上3种基本型拖拉机基础上的变型，也可能是利用基本型拖拉机的一些通用部件而单独设计的独立型。常见的特殊用途拖拉机如高地隙中耕拖拉机、矮窄型菜园拖拉机、自动底盘和集材拖拉机等。船式拖拉机（机耕船）也是一种为解决中国南方深软泥层水田耕作而研制的新型特殊用途拖拉机。其原理是借助于船体的浮力，减小下陷深度，以减小拖拉机在深软泥层水田中的巨大的滚动阻力，从而提高机耕船在这种使用条件下的通过性和生产率。

轮式拖拉机　具有4个以上轮子的拖拉机（见图3-2和图3-3），包括两轮驱动拖拉机（简称4×2轮式）和4个以上轮子驱动的多轮驱动拖拉机（绝大多数为4轮驱动，简称4×4轮式）。4×2轮式拖拉机是生产和使用最多的一种机型。它的突出优点是：作业质量好、适应性强、综合利用程度高、操纵轻便、劳动条件好。这种拖拉机适用于平原和浅丘地区作业。它的弱点是附着性能较差，在坡地、土质黏重和潮湿地、沙土地区使用受到一定限制。4×4轮式拖拉机除具有4×2轮式拖拉机的优点外，还有较好的牵引附着性能和越野性能。这种拖拉机在坡地、土质黏重和潮湿地、沙土地上作业，以及在农田基本建设作业方面比4×2轮式具有较好的适应性。4×4轮式拖拉机按结构不同又可分为独立型和变型两种。前者是专门设计制造的，前后轮一样大；后者是在4×2轮式拖拉机基础上变化来的，一般是前轮小后轮大。独立型比变型有更好的牵引附着性能和使用性能，但结构较复杂、生产成本较高。变型拖拉机所用的零部件与其基本型的零部件通用程度高，这样既便于组织生产，成本也较低。

履带拖拉机　履带拖拉机的优点是：牵引附着性能好，单位机宽牵引力大，接地比压低，越野性能强，稳定性好。在潮湿、黏重的土地上，履带拖拉机具有良好的使用性能。小型履带拖拉机对山地、梯田和坡地具有较好的适应性。但履带拖拉机不适于运输作业，结构较复杂，耗材较多，制造成本较高。

图 3-2　拖拉机 1

图 3-3　拖拉机 2

手扶拖拉机　手扶拖拉机的优点:外形小巧、机动灵活,适用于小块地、梯田、菜地和菜园,又因操纵简便、维修容易、综合利用性好、价格低而适于一般农户使用。它的缺点是:仅适于轻负荷作业,生产率低,操作劳动强度较大。手扶拖拉机可分为驱动型、牵引型和兼用型 3 种。驱动型以旋耕作业为主,功率大多为 6 ~9 kW;牵引型只能进行牵引作业,功率较小,一般不超过 3.7 kW;兼用型既能旋耕又能做牵引工作,综合利用性能好,功率大多为3.7 ~9 kW。手扶拖拉机换上水田铁轮或高花纹轮胎后还能下水田作业,拖带挂车后能兼作运输作业。这种拖拉机在中国南方水田地区获得广泛应用,在北方部分旱作地区也得到了推广。

工业用拖拉机　配带有推土铲、铲运斗、挖掘铲斗、松土器和专用运输挂车等工作装置以及相应的连接机构和操纵机构,以进行土石方工程的铲土运输和牵引等作业的拖拉机。一般农业用拖拉机可根据作业不同随时更换所配农机具,而工业用拖拉机大多趋向与某种工作装置以及相应的专用连接装置和操纵机构一起构成专用的机动车辆,如推土机、挖掘机(见挖掘机械)、铲运机、装载机、平地机、越野运输车等。工业用拖拉机大多用于建筑工程、水利工程和矿山等场地,大规模农田基本建设也常需要借助工业用拖拉机来完成。工业用拖拉机按结构不同也可分为履带式和轮式两大类。大型工业用拖拉机大多为履带式,中等功率的大多为四轮驱动式。

3.2.3　组成和特点

现代拖拉机一般都由发动机、传动系、转向系、制动系、行走系、液压悬挂装置、牵引装置、动力输出装置以及驾驶室和座位等组成。

发动机　拖拉机普遍采用柴油机作为动力,小型手扶拖拉机上也有装用汽油机的。拖拉机用柴油机一般为高速中小型柴油机,转速一般为 2 000 ~2 800 r/min。75 kW 以上的大型拖拉机往往采用增压柴油机或增压兼中冷柴油机。由于拖拉机在田间或工地大负荷工作,发动机必须具有较大的扭矩储备系数和良好的滤清系统。

传动系　用以将发动机的动力传给驱动轮和动力输出轴的机构。根据不同作业的需要,传动系能使驱动轮和动力输出轴获得不同大小和不同方向的扭矩和相应的转速。同时,它又能切断动力,使拖拉机停车或停止动力输出轴的转动。按传动比的改变方法,传动系可分为有级式和无级式两种。

(1)有级式传动系。轮式拖拉机的有级式传动系(见图3-4)一般由离合器、联轴器、变速箱、中央传动、差速器和最终传动组成。履带式拖拉机的有级式传动系(见图3-5)用转向机构(如转向离合器)取代差速器,其余部分与轮式拖拉机基本相同。手扶拖拉机的有级式传动系(见图3-6)除少数采用离心式或片式离合器与发动机直接传动方式外,普遍采用皮带传动作为第一级减速,并采用牙嵌离合器(嵌入离合器)作为转向机构。

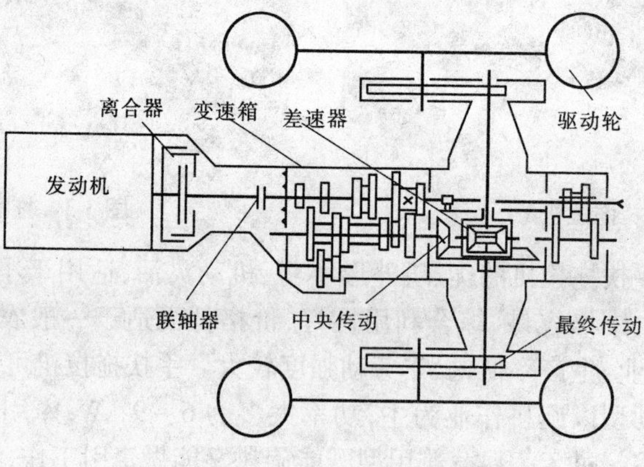

图3-4 轮式拖拉机的有级式传动系

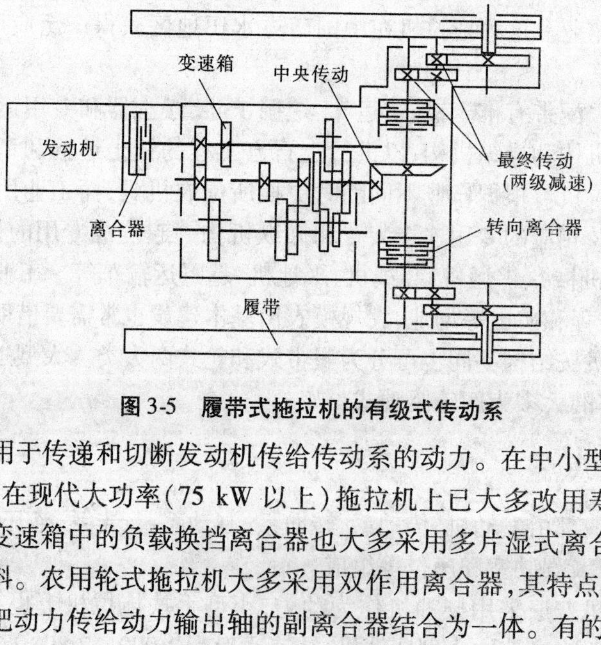

图3-5 履带式拖拉机的有级式传动系

①离合器。用于传递和切断发动机传给传动系的动力。在中小型拖拉机上一般采用干式摩擦离合器,在现代大功率(75 kW以上)拖拉机上已大多改用寿命更长、工作柔和的湿式离合器。变速箱中的负载换挡离合器也大多采用多片湿式离合器,其衬面一般为铜基粉末冶金材料。农用轮式拖拉机大多采用双作用离合器,其特点是把动力传给驱动轮的主离合器与把动力传给动力输出轴的副离合器结合为一体。有的离合器共用一个脚踏板操纵,随脚踏板行程的下移,先使主离合器分离,然后再使副离合器分离,这种结构称为联动操纵式双作用离合器。有的用脚踏板和手拉杆分别操纵主、副离合器,这种离合器称为独立操纵式双作用离合器。轮式拖拉机大多采用联动操纵式双作用离合器。

②联轴器。用于连接离合器轴和变速箱输入轴,有刚性联轴器和弹性联轴器两种。刚性联轴器是一个花键套筒;弹性联轴器因用橡胶块作为弹性元件,能减少冲击,应用广泛。但一般用途的轮式拖拉机多由各箱体直接连接而形成无架式机体,由于其刚度好,一

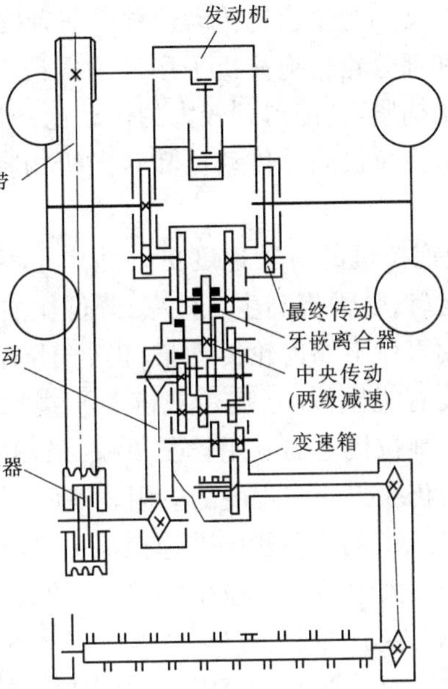

图 3-6　手扶拖拉机的有级式传动系

般将离合器轴和变速箱输入轴制成整体而不需要加装联轴器。

③变速箱。拖拉机的变速箱(即变速器)传统上采用齿轮传动结构的组成式变速箱，一般由 1 个 3 ~6 前进挡、1 个倒挡的主变速箱和 1 个 2 挡(或 3 挡)的副变速箱组成，能以较少的齿轮数获得 6 ~ 18 个前进挡和 2 ~ 3 个倒挡，变速范围较大。现代拖拉机变速箱的挡数有增加的趋势，欧美的轮式拖拉机一般都具有 12 ~ 16 个前进挡，有的甚至多达 24 个挡。为了进一步改善操纵性能和提高作业生产率，有的大中型拖拉机在变速箱前端选装负载换挡增扭器。为适应慢速作业的需要(如移栽或开渠)，有的拖拉机在变速箱里加装减速器以提供爬行挡。在美国，某些大功率拖拉机上选装全部排挡负载换挡变速箱。这种变速箱操纵方便、生产率高，但结构复杂、成本高，一般作为选装部件根据用户的需要提供。

④中央传动。用于增加传动系总传动比，并改变扭矩的传递方向。除用皮带传动作第一级减速的手扶和小型拖拉机的中央传动采用圆柱齿轮外，一般拖拉机为了改善传动的平稳性，大多用弧齿或摆线齿锥齿轮。

⑤差速器。它能使左、右驱动轮以不同的转速旋转，以满足转向时的需要。同时，在直线行驶时，如左、右驱动轮的实际半径因轮胎气压、载重、制造误差和磨损程度不同而不相等，也需要利用差速器使左、右驱动轮以不同转速旋转，否则轮胎磨损和功率消耗都会增大。一般轮式拖拉机都采用简单式锥齿轮差速器。为了改善拖拉机田间工作的通过性、克服驱动轮单边打滑现象，一般轮式拖拉机都在差速器上装有差速锁止机构，在必要时可以起到锁止差速作用，使附着好的一侧驱动轮发挥足够的驱动力，以便拖拉机能顺利地通过恶劣地段。在履带式拖拉机上，一般用转向离合器、单级行星转向机构和双差速器等代替轮式拖拉机的简单差速器。

⑥最终传动。用以进一步降低发动机传来的转速，使传动比满足总传动比的要求。

最终传动有外啮合圆柱齿轮传动和行星齿轮传动两种。前者按布置的位置不同又分为外置式和内置式两种。履带式和部分轮式拖拉机采用外置式最终传动，有利于提高后桥的离地间隙。行星式最终传动结构紧凑，能得到较大的传动比，但对于提高后桥离地间隙不利。手扶拖拉机和大功率履带拖拉机因总传动比和转向机构特性的需要，往往采用两级最终传动。

(2)无级式传动系。能使拖拉机的行驶速度更好地满足不同作业的要求，并使发动机经常处于标定工作状况下运转，从而提高生产效率，降低比油耗。但无级式传动系的传动效率偏低，制造成本高，使用寿命不如齿轮传动长，仍处于研制或小批量生产阶段。拖拉机上采用的无级传动系主要有机械传动(皮带或链条)、电力传动、液压传动和液力机械传动等。静液压无级传动在拖拉机上的应用较受重视，虽然它的生产成本仍高于一般齿轮传动，但使用操作较方便，仍获得一定程度的应用。液压无级传动已在美国和德国小批量生产，用于功率为4.5～12 kW的小四轮园艺拖拉机上，也有少量45～60 kW的四轮驱动拖拉机采用这种传动系。在大中型工业拖拉机上，有的装有液力耦合器或液力变矩器以改善操纵性能，并可减轻对传动系的冲击载荷，延长传动系的使用寿命。装液力变矩器的液力机械传动系还能自动适应外界阻力变化，改善拖拉机的牵引性能。

转向系　用以改变拖拉机的行驶方向和保持拖拉机直线行驶的机构。轮式拖拉机的转向系可分为机械式、液压助力式和冷液压式3种。转向方式可分为前轮转向、后轮转向、四轮转向和折腰转向几种。一般轮式拖拉机大多采用前轮转向。履带式拖拉机的转向机构有转向离合器、单级行星机构和双差速器等几种。转向离合器结构比较简单，最小转向半径较小，直线行驶性能好，为一般履带式拖拉机普遍采用。转向离合器需要传递很大的扭矩，都采用多片式，其又分为干式和湿式两种。大型工业拖拉机大多采用湿式转向离合器，摩擦衬面采用铜基粉末冶金材料，成本较高，但寿命长，使用可靠。

制动系　用于行驶中刹车、帮助转向，使拖拉机能在斜坡上安全停车。制动器有块式、带式和盘块几种。除小型轮式拖拉机采用块式制动器外，普遍采用密封性好、尺寸紧凑、操纵轻便的盘式制动器。由于布置上的方便，带式制动器大多用于履带式拖拉机上。盘式制动器分干式和湿式两种。湿式制动器采用粉末冶金材料作为衬面，使用可靠，且能大大改善制动的平顺性。

制动器操纵机构有机械式、气压式和液压式几种。在中小型拖拉机上大多采用机械式操纵机构，大型拖拉机上则多采用液压式操纵机构。考虑到利用制动器帮助转向的需要，两侧驱动轮应能分别制动。当轮式拖拉机用于运输作业时，左、右制动踏板由联锁片联锁在一起，以保证两驱动轮同时制动。

行走系　用来支撑拖拉机机体的重量，保证拖拉机行驶性能，并把由发动机传到驱动轮上的驱动力矩转变为牵引力的装置。常见的行走机构是充气轮胎和履带行走装置。

农业用拖拉机的驱动轮胎都采用充气压力低于0.15 MPa、花纹高度约为3 cm的大直径低压轮胎；工业用拖拉机则采用充气压力为0.15～0.4 MPa、花纹高度较低的越野型充气轮胎或实心轮胎。履带式拖拉机的行走装置由悬架和行走机构两部分组成。悬架的功用是把履带拖拉机的机体与行走机构连接起来，并将拖拉机的重量传给支重轮。履带式拖拉机的悬架分为刚性、半刚性和弹性3种，以半刚性悬架应用最为广泛。履带行走机构用以支撑机体,张紧并引导履带的运动方向,构成一个封闭的履带环,即拖拉机自备的移动式轨道。履带行走机构一般由驱动轮、导向轮、支重轮、托链轮、履带和张紧机构组成。

在轮式拖拉机上换装各种水田铁轮、高花纹轮胎和窄胎体高花纹轮胎,可提高拖拉机在水田土壤条件下的附着性能,减小滚动阻力。

液压悬挂装置　农业用拖拉机与农具的连接方式有牵引式、悬挂式和半悬挂式3种。现代拖拉机大多采用悬挂式和半悬挂式。根据不同作业要求,农具可以悬挂在拖拉机后面、前面、侧面或轴间,因而形成后悬挂、前悬挂、侧悬挂和轴间悬挂等不同的悬挂方式,采用最多的是后悬挂装置。液压悬挂装置由液压系统和悬挂机构组成(见图3-7)。液压悬挂装置不仅用于升降农具,而且还可借以调节耕深,并使部分农具的重量转移到驱动轮上,以提高拖拉机的附着能力,改善拖拉机的牵引性能。

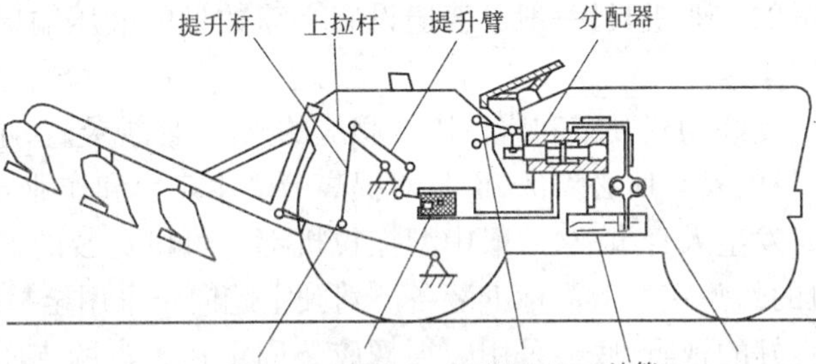

图3-7　液压悬挂装置简图

液压系统主要由液压泵、分配器、液压油缸、操纵机构和各种附件(如油箱、管路和滤清器等)组成。液压油泵大多用齿轮泵或柱塞泵(见往复泵),分配器大多为滑阀式。液压系统按分配器控制阀在中立位置时油液是否通过控制阀,可分为开心式和闭心式两种。一般农业用拖拉机大多采用结构较简单的开心式液压系统。在现代一些大功率拖拉机上因需要多项液压操纵,已越来越多地采用变流量定压力的闭心式液压系统。

悬挂机构包括上拉杆、下拉杆、提升杆、提升臂和连接件等。在农用轮式拖拉机上一般均采用3点悬挂机构。为了使农具挂脱方便,在大中型轮式农业拖拉机的3点悬挂机构后可加装一个快速挂接装置,这种方式应用日益广泛。

工业用拖拉机与其工作装置的连接有牵引式和悬挂式两种。根据配带的工作装置不同,通常有前悬挂和后悬挂两种方式,还可以在拖拉机前、后同时悬挂工作装置。配带牵引式工作装置作业时,需要配装牵引机构和绞盘式操纵装置。现代工业用拖拉机大多采用液压悬挂装置。液压系统大多是结构简单、散热好、油液能在油箱内过滤的开心式。这种液压悬挂装置因同时控制的执行元件(油缸)较多,广泛采用多路液压控制阀,其液压系统的流量也比同功率等级的农业用拖拉机大。

动力输出装置　拖拉机在行进中或静止时用来输出一部分功率以驱动工作机具的装置,一般有动力输出轴、皮带轮和液压输出点3种形式。

(1)动力输出轴。主要用以驱动带旋转构件的工作机具,例如旋耕机、绞盘装置、收获机械、植物保护,机械和带驱动桥的挂车等。动力输出轴根据转速特点可分为标准转速式和同步式两种:①标准转速式动力输出轴。它的转速与发动机的转速成正比,不因变速箱的挡次而变化。根据拖拉机功率的不同,各国采用两种不同的标准转速,即 540 ± 10 r/min和 1 000 ± 25 r/min(在发动机转速不低于 80% 标定转速时)。②同步式动力输出轴。它的转速与驱动轮转速之比为一固定值,不因变速箱挡次而变化,用于需要动力输出转速与拖拉机行驶速度成正比的农机具,如播种机、带驱动桥的挂车等。同步式动力输出轴的转速在 3.4 ~ 9.8 r/m(拖拉机每行驶 1 m 距离时动力输出轴的转数)范围内。

(2)皮带轮。用来驱动固定作业式农机具,如脱粒机、饲料粉碎机、排灌机械和发电设备等。皮带轮旋转方向的确定应以皮带紧边在下侧为原则。采用较多的是由动力输出轴驱动的带齿轮箱的后置皮带轮。

(3)液压输出点。随着拖拉机功率的增长和大型复杂的配套工作机具的日益增多,农业用拖拉机应有较多的液压输出点和更大的液压输出能力。在工业用拖拉机上由于配置有较多种液压操纵的作业机具,一般已普遍设有必需数量的液压输出点和相应的操纵机构。

驾驶室和座位 良好的驾驶室和座位以及相应的操纵、监视装置,不仅是改善驾驶员工作条件、保障驾驶员的安全所必需的,而且对提高劳动生产率和作业质量都有很大的意义。为了防止翻车时发生人身事故,一般中型拖拉机都有可供选装的安全保护架或安全驾驶室,大型拖拉机的驾驶室一般为标准装备。驾驶室趋向于采用全封闭式结构,大多采用大玻璃窗以保证良好的视野,底板采用减振橡胶垫固定在底盘的支座上。驾驶室内四周用吸音材料覆盖,地面铺橡胶板,以减弱发动机和传动系的噪声、热量和高频振动。欧美的拖拉机不装驾驶室时,驾驶员耳旁噪声定为 90 ~ 100 dB(A);装驾驶室时,室内噪声为 80 ~ 85 dB(A)。进入驾驶室内的空气经纸质滤清器过滤,驾驶室内气压稍高于大气压力,以减少灰尘进入。中型拖拉机的驾驶室一般有采暖装置,而无空气调节设备,驾驶室前后窗均可打开以利通风。大型拖拉机的驾驶室一般都具有采暖和空气调节设备。

早期生产的拖拉机的驾驶员座位一般结构简单,舒适性较差。从 20 世纪 60 年代开始,大多数新设计的拖拉机都装有较舒适的具有弹性悬架的座位。弹性悬架包括 3 个部分:杆件机构、弹性元件和液压阻尼装置。更讲究的座位,其弹性元件的刚度还可根据驾驶员体重加以调整,座位靠背的倾角也可调节。为了更好地改善驾驶员操作的舒适性,某些现代大功率拖拉机的方向盘的高低和倾斜角度也都可以调整。

3.2.4 拖拉机的生产过程

汽车和拖拉机的生产过程是指将原材料转变为汽车和拖拉机产品的全过程。图 3-8 所示为拖拉机的生产过程方框图。从图中可看到,它包括毛坯制造、零件机械加工、毛坯和零件热处理、部件装配和产品总装配。此外,还包括毛坯和零部件的运输与保管、质量检验、清洗、油漆和试验调整等过程。

为了经济和高效率地制造汽车和拖拉机,它们的生产都是由很多工厂(或车间)共同完成的。也就是说,它们是按着产品(部件)专业化、工艺专业化原则组织的协作化生产,如毛坯制造厂(车间)专门生产铸件和锻件等毛坯,发动机厂(车间)生产发动机……橡胶厂生产轮胎及其他橡胶制品,总装厂总装汽车或拖拉机。一个工厂(或车间)只是汽车或

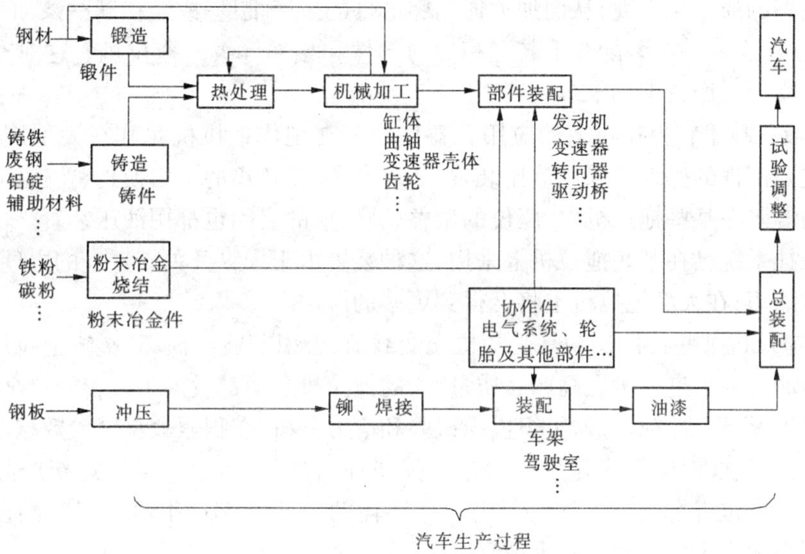

图 3-8　汽车拖拉机的生产过程方框图

拖拉机生产过程的一部分。

3.2.5　发展趋势

从拖拉机的生产和使用情况来看,拖拉机的主要发展趋势是:

(1)平均功率不断增大。不论农业用拖拉机还是工业用拖拉机,为了提高单机的作业生产率,平均功率继续增大,但增长的速率已有降低趋势。北美地区和俄罗斯因人少地多,农业生产规模大,大多采用大型农机具,并配备相应的大功率拖拉机。在一般发展中国家里仍以中小功率拖拉机为主,但其平均功率也在不断增大。

(2)在农业用拖拉机中轮式拖拉机占绝对优势。在许多国家的农业生产中已基本不使用履带式拖拉机。在俄罗斯、意大利和中国,虽仍有部分履带式拖拉机在使用,但所占比重也在不断下降。在工业用拖拉机中,尤其是推土机、挖掘机等机型,履带式仍占绝对优势。随着拖拉机功率的增大,四轮驱动拖拉机得到较快的发展。液压转向装置的应用能解决这种机型的转向困难问题,铰接式转向能大大减小转向半径,这些因素更促进了大功率四轮驱动拖拉机的发展。为了提高在水田中的牵引附着性能和通过能力,中小功率轮式拖拉机的四轮驱动变型在日本等国也获得了较快的发展。

(3)拖拉机的安全性、操纵轻便性和工作环境舒适性越来越受到重视。设计制造良好的驾驶室和各种仪表不仅可改善驾驶员的工作条件,保证安全,还可提高劳动生产率和工作质量。

(4)拖拉机及其零部件的系列化、通用化、标准化,是方便生产、使用,降低制造成本和简化配件供应的重要措施。为了能以较少基本型号的拖拉机满足拖拉机市场多方面的需求,欧美各大拖拉机公司都生产一个或几个系列产品。在俄罗斯等国则有全国统一的拖拉机系列型谱,用以指导各生产厂产品的发展。发展具有两个或两个以上功率等级的、有一定有机联系的拖拉机基本型号及其相应的变型,构成系列产品,可使产品之间的零部件具有最高的通用化程度，从而加大通用零部件的生产批量；或能在同一条加工线上生产相似的零件，在同一条装配线上装配相似的部件和相邻等级的拖拉机。这对充分利用生产能力和降低生产成本都十分有利。

(5)液压技术在拖拉机上的应用日益广泛。在现代拖拉机尤其在大型拖拉机上，几乎所有主要部件的操纵都采用液压装置，如离合器、变速箱的动力换挡、差速锁、制动器和转向机构等。在某些拖拉机上，座位的调整、玻璃窗的启闭也都用液压装置。电子－液压控制的悬挂系统已在某些拖拉机上采用，这种装置由于操纵开关布置上的方便，液压管路可相应地缩短，在大型拖拉机上将会得到更多的应用。

(6)拖拉机某些构件长期承受随机交变载荷，会引起疲劳损坏，影响拖拉机的工作可靠性和寿命。为了进一步提高产品质量，大的拖拉机公司都投入了较多的资金和人力，制取在各种工况下零件载荷谱，组织模拟试验和应力分析，在积累大量试验数据的基础上编制电子计算机软件，进行优化设计。这不仅能提高产品质量，并可缩短新产品的研制周期。先进的拖拉机生产企业都已应用计算机辅助设计(CAD)手段进行产品设计。优化设计的研究和应用也日渐受到重视。

3.3 轴承厂

3.3.1 企业简介

西北轴承股份有限公司位于宁夏回族自治区首府银川市，由始建于1965年的国营西北轴承厂经改组改制后于1996年组建成立，是我国轴承行业首家A股上市公司。经过20多年的发展，该企业已跨进中国百家规模最大的机械工业企业行列，成为我国最大的轴承生产企业之一。目前主营各类滚动轴承的生产销售，拥有进出口自营权，面向50多个国家、地区出口轴承产品，其产品广泛应用于石油、冶金、铁路、矿山、建筑工程、重载汽车、电机、农机等行业，是国内最大的石油机械轴承研发生产基地，石油机械轴承的核心制造技术处于国际领先水平。此外，还能够按照国际标准和国家最新技术标准生产外径40～3 500 mm的各类滚动轴承5 000多种，并能按用户要求生产各种非标准轴承和特殊结构轴承。

公司1997年通过ISO9001质量体系认证、ISO14001环境管理体系认证和国家GB/T 19022—2003/ISO10012完善测量体系认证(AAA)，是国家一级计量单位，拥有国家级企业技术中心、博士后科研工作站和中国轴承行业唯一的石油机械轴承研究所。公司拥有的"NXZ"商标被认定为"中国驰名商标"。2008年，还获得"国家出口商品免验资质"、"自治区石油研发创新团队"等荣誉称号，通过了"国家级高新技术企业"认证。

经过40多年的发展，企业的产品设计和工艺制造水平、科研开发和技术创新能力不断提高，已掌握冶金轧机轴承、重载汽车轴承，特别是石油机械轴承成熟、独特、相对稳定的核心技术。在国内轴承生产制造行业，西北轴承股份有限公司产品的综合技术水平处于领先地位，100多种新产品填补了国内空白，10种产品被评为国家重点新产品，"NXZ"牌冶金、石油机械轴承被评为宁夏名牌产品。公司拥有高水平的技术研发人员，具有自主研发的在中国轴承行业处于领先水平的计算机 CAE－CAD－CAPP 设计软件和轴承数据管理一体化 PDM 系统，被国家科技部授予“全国 CAD 应用工程示范企业”称号。

长期以来，西北轴承股份有限公司的发展不断得到国家和各级政府的高度重视和支持，党和国家领导人胡锦涛、吴邦国、乔石、李瑞环、李铁映、王忠禹、钱其琛、邹家华、王丙乾等先后莅临企业视察、调研，并给予了高度评价。公司先后荣获“中国 21315 质量信用等级证书”、“机械工业管理进步示范企业”、“机械工业高技能人才培养示范基地”、“全国安康杯竞赛优胜单位”、“推动宁夏可持续发展十佳功勋单位”等荣誉称号。

3.3.2 轴承简介

3.3.2.1 普通轴承简介

轴承是一个支承轴的零件，它可以引导轴的旋转，也可以承受轴上空转的零件，按摩擦性质可分为滑动轴承和滚动轴承两类；按所承受力的方向分为向心轴承和推力轴承。

通常意义上说的轴承多指滚动轴承，这是一种将运转的轴与轴座之间的滑动摩擦变为滚动摩擦，从而降低摩擦阻力和摩擦损失的机械元件。滚动轴承依靠其主要元件间的滚动接触来支承转动或摆动零件，其相对运动表面间的摩擦是滚动摩擦，利用滚动摩擦承受载荷。

滚动轴承的基本结构如图 3-9 所示，一般由外圈、内圈、滚动体、保持架、引导环、密封盖等零件组成，其中：内圈的作用是与轴相配合，并与轴一起旋转；外圈的作用是与轴承座相配合，起固定和支承作用；内、外圈还开有滚道，起到限制滚动体侧向位移的作用。借助于保持架的分隔作用，滚动体均匀地分布于内、外圈之间的滚道内，其形状、大小和数量直接影响着滚动轴承的使用性能和寿命，保持架起到使滚动体均匀分布，防止滚动体脱落，引导滚动体旋转的作用。

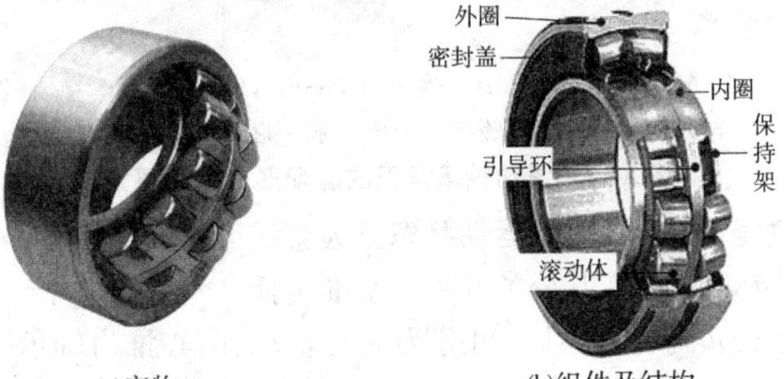

(a)实物　　(b)组件及结构

图 3-9 滚动轴承实物及其基本结构示意图

简言之，一套滚动轴承至少包括下列主要零件：①带有滚道的内圈和外圈；②滚动体（球或滚子）；③分隔并导引滚动体的保持架。有些轴承可以少用一个套圈（内圈或外圈），或者内、外两个套圈都不用，滚动体直接沿滚道滚动。常用的滚动体有球、圆柱滚子、滚针、圆锥滚子、球面滚子、非对称球面滚子等几种，如图 3-10 所示。

如图 3-11 所示，在各类主机中，轴承内圈一般安装在轴颈上，而外圈则装在轴承座中。通常内圈随轴回转，外圈固定，但也有外圈回转而内圈不动，或是内、外圈同时回转的场合。

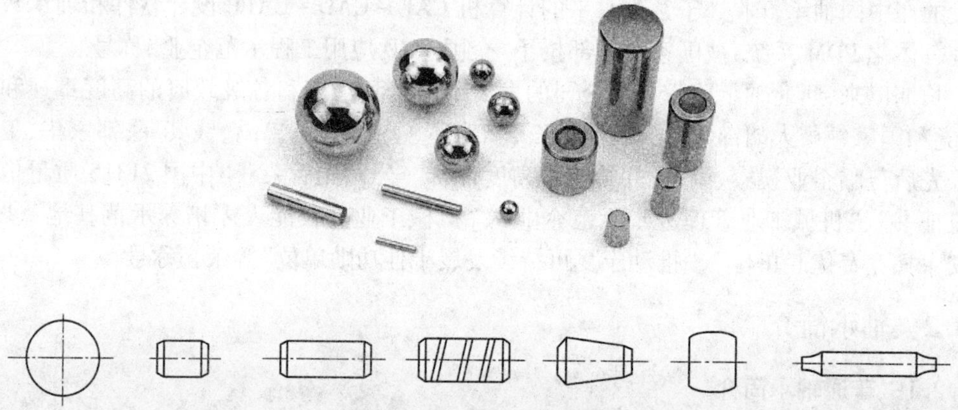

(a)球　(b)短圆柱滚子　(c)长圆柱滚子　(d)螺旋滚子　(e)圆锥滚子　(f)球面滚子　(g)滚针

图 3-10　常用的滚动体形式

A—油嘴；B—外圈；C—宽内圈；D—内六角紧固螺钉；

E—调心球面；F—铸铁座；G—橡胶密封圈；H—挡圈

图 3-11　滚动轴承常见的装配形式示意图

滚动轴承种类繁多，按工作时的运动状态分为直线运动轴承和旋转支承轴承两大类。我们一般指的是旋转支承轴承，其分类的主要基准包括：

(1)按轴承所承受负荷方向不同，可分为向心轴承、向心推力轴承、推力向心轴承和推力轴承四种；

(2)按轴承滚动体形状的不同，可分为球轴承和滚子轴承；

(3)按滚动体的列数，可分为单列轴承、双列轴承、三列轴承、四列轴承和多列轴承；

(4)按轴承在工作中的调心性能，可分为调心轴承和非调心轴承。

综合上述四种分类基准，滚动轴承常被分为以下几大类型：

(1)向心球轴承(见图 3-12)。

向心球轴承主要承受径向载荷，也可同时承受小的轴向载荷。当量摩擦系数最小。在高转速时，可用来承受纯轴向载荷。工作中允许内、外圈轴线偏斜不大于 0.25°～0.5°。这是产量最大、价格最低的一类滚动轴承。

(2)调心球轴承(见图3-13)。

因为外圈滚道表面是以轴承中点为中心的球面,故能自动调心,允许内圈对外圈轴线偏斜≤2°~3°,一般不宜承受纯轴向载荷。

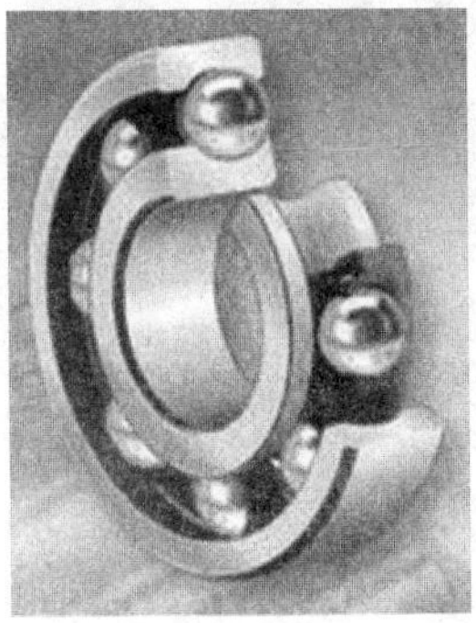

图3-12　向心球轴承

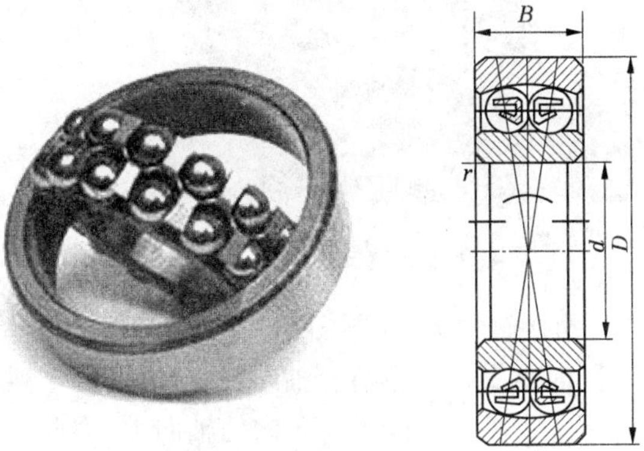

图3-13　调心球轴承

(3)短圆柱滚子轴承(见图3-14)。

其外圈(或内圈)可以分离,故不能承受轴向载荷,滚子由内圈(或外圈)的挡边轴向定位,工作时允许内、外圈有少量的轴向错动,有较大的径向承载能力,但内、外圈轴线的允许偏斜很小(2′~4′)。这一类轴承还可以不带外圈或内圈。

(4)调心滚子轴承(见图3-15)。

与调心球轴承功能类似,但其具有更大的径向承载能力。

图3-14　短圆柱滚子轴承

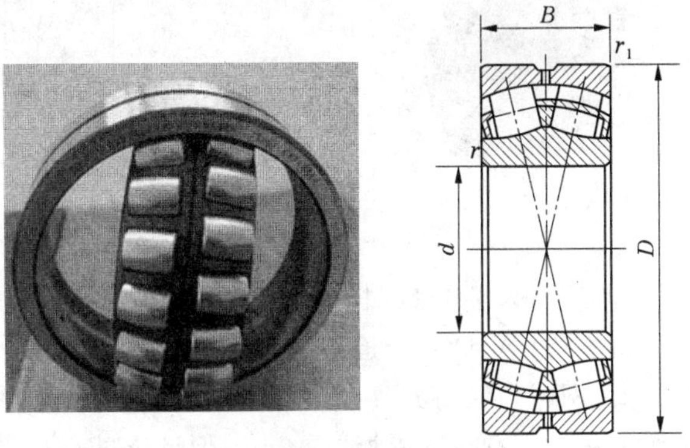

图3-15　调心滚子轴承

(5)滚针轴承(见图3-16)。

在同样内径条件下与其他类型相比,其外径最小,内圈或外圈可以分离,工作时允许内、外圈有少量的轴向错动,有较大的径向承载能力,但摩擦系数大。

(6)螺旋滚子轴承(见图3-17)。

以窄钢带卷成的空心滚子,有弹性,可承受径向冲击载荷,并允许内、外圈轴向偏斜0.5°。可以不带内圈或内、外圈。

图 3-16　滚针轴承

图 3-17　螺旋滚子轴承

(7)角接触轴承(见图 3-18)。

可同时承受径向载荷及轴向载荷,也可以单独承受轴向载荷,能在较高转速下正常工作。由于一个轴承只能承受单向的轴向力,因此一般成对使用。此类轴承承受轴向载荷的能力由其接触角决定:接触角越大,其承受轴向载荷的能力越高。

(8)圆锥滚子轴承(见图 3-19)。

可以同时承受径向载荷及轴向载荷,其外圈可分离,安装时可调整轴承的间隙。一般成对使用。

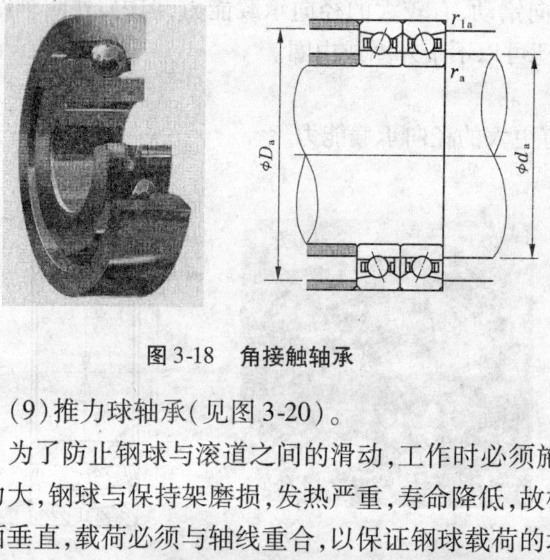

图 3-18　角接触轴承

图 3-19　圆锥滚子轴承

(9)推力球轴承(见图 3-20)。

为了防止钢球与滚道之间的滑动,工作时必须施加一定的轴向载荷。高速运转时离心力大,钢球与保持架磨损,发热严重,寿命降低,故极限转速很低。其轴线必须与轴承座底面垂直,载荷必须与轴线重合,以保证钢球载荷的均匀分配。

图 3-20　推力球轴承

3.3.2.2 含油轴承简介

如图 3-21 所示,含油轴承,即多孔质轴承(Porous Bearing),是以金属粉末为主要原料,采用粉末冶金法制成或采用铸造方法制备的多孔质材料制成。

本质上,含油轴承是采用滑动摩擦方式运行的套筒轴承,属于一类特殊的滑动轴承,使用润滑油作为润滑剂和减阻剂。

图 3-21 含油轴承成品

含油轴承的优、缺点都很突出,其主要优势在于:①具有在制造过程中可自由调节孔隙的数量、大小、形状及分布等从而调控其性能的能力;②利用其多孔性,可以使其内部含浸 10 ~ 40 vol. % 的润滑油,因此可在自行供油状态下使用。在运转时,随着轴承温度升高,由于油的膨胀系数比金属大,其内部含浸的润滑介质(油)可自动进入滑动表面以润滑轴承;停止工作时,则润滑介质又随温度下降被吸回孔隙。

其缺点主要表现为:初期使用时运行噪声低,制造成本也低,但是磨损严重,寿命较滚珠轴承有明显差距。特别是电脑类电子产品中使用的散热器等低端产品,由于普遍采用密封性较差的普通纸质油封,使用一定时间后,其内部润滑油会逐渐挥发,灰尘也会进入轴承,从而引起风扇转速变慢,噪声增大等问题,严重的还会因为轴承磨损造成风扇偏心,引发剧烈振动。

1. 基本工作原理

如图 3-22(a)所示,含油轴承的自润滑是靠孔隙中贮存的润滑油,在使用时自动形成润滑油膜,其内部贮存的润滑油可以使用相当长一段时间不会流失。在不工作时,其状态如图 3-22(b)所示,此时,轴靠自重落在轴承的下部,润滑油吸存于轴承孔隙内,在轴与轴承接触点之间,润滑油互相连接形成油膜,像筛网一样。

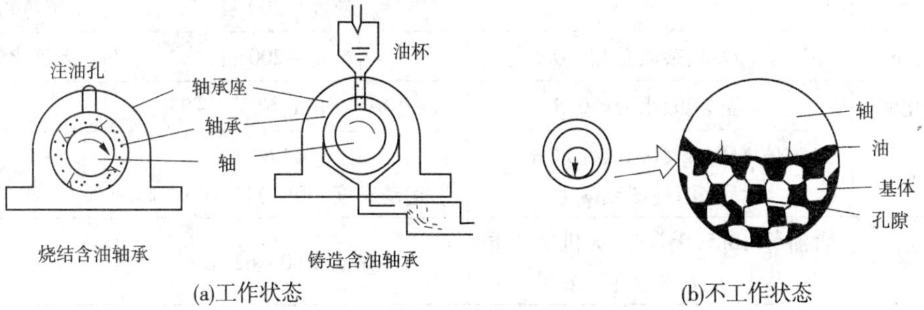

图 3-22 含油轴承的工作原理示意图

当轴旋转时,轴与含油轴承表面微小的凹凸不平会造成金属之间的摩擦,产生摩擦热,积累的热量导致轴承温度上升、润滑油黏度下降、介质流动性变好;同时,由于润滑油受热后产生膨胀,并且其膨胀量比轴承基体来得大,致使润滑油从孔隙中渗出形成油膜,保证工作时的正常润滑。当轴停止旋转时,轴承温度逐渐降低,油因冷却而收缩,并且其收缩量也比轴承基体来得大,致使润滑油在毛细管力的作用下,又被吸存在轴承的孔隙中，以便下次工作时再用。这是含油轴承能够自润滑的第一个因素——“热胀冷缩＋毛细管作用”的结果。

含油轴承能够自润滑还有第二个因素，就是离心力导致的“泵送”作用：随着轴的旋转，所产生的离心力和接触压力可以把润滑油不断地由一个方向打入孔隙，而从另一个方向沿孔隙渗出到工作表面，从而使油在轴承内不断循环使用。

2. 铁基含油轴承的生产工艺及原材料要求

采用粉末冶金方法生产铁基含油轴承时，其生产工艺流程一般为：

原料粉→配料→混料→压制→烧结→精整→切削加工→浸油→涂蜡包装→成品

对于普通的含油轴承采用铁－石墨系原材料，表 3-1 给出了对原料铁粉的主要技术要求。其主要合金元素和添加剂有石墨、硬脂酸锌和机油等，对轴承强度等性能有更高要求时，还需加入铜、硫、二硫化钼等，各类原辅材料的主要技术要求见表 3-2。

表 3-1　PM 法生产铁基含油轴承时对原料铁粉的成分及工艺性要求

化学成分(%)				流动性 (s/50 g)	松装密度 (g/cm^3)	压制性 (g/cm^3)	粒度(目)		备注
$Fe_{总}$	$C_{总}$	O	S				+80	-200	
>97.5	<0.15	<0.7	<0.1	<50	2.3~2.5	>6.0 (5 tf/cm^2 压力)	<3%	40%~60%	在 650~760 ℃退火

表 3-2　PM 法生产铁基含油轴承时各种原辅材料的主要技术要求

原辅材料	化学成分(%)	物理性能	备注
石墨粉	固定碳≥98、灰分≤1、水分≤0.1、挥发物≤0.2	粒度－325 目	鳞片状银灰色
硬脂酸锌	锌含量 10~11、水分≤1、游离酸≤1	粒度－200(99.55)目、熔点 120 ℃、视比重>9 g/cm^3	白色
硫磺粉		粒度－200 目	黄色粉状
电解铜粉	铜≥99.5、杂质总和≤0.5	粒度－200 目	无氧化发黑
二硫化钼	纯度>96、水分≤0.5	10~30 μm、粒度 5~95	
机油	酸值 KOH/g≤0.16，无水分、无水溶性酸或碱	闪点<170 ℃、运动黏度(50%)17~23 cSt	
精石蜡	含油量≤0.5，无臭味、无机械杂质及水分、无水溶性酸或碱	熔点≥60~62 ℃	

3. 铁基含油轴承的主要性能指标及要求

决定铁基含油轴承使用质量的主要性能是自润滑性、磨合性、耐磨性、*PV* 值及物理－机械性能。

(1) 自润滑性：是铁基含油轴承最重要的一种特性。如前所述，含油轴承的自润滑性与其孔隙度、工作表面开口孔隙度以及孔隙连通情况有很大的关系。为了改善自润滑性，不仅要求含油轴承具有足够的孔隙度和工作表面的开口孔隙度，而且要求轴承的孔隙尽可能是连通的。

(2)磨合性:是指依靠塑性变形与磨损来增加轴与轴承间的接触面积,从而提高轴承承荷能力的特性,一般可用磨合时间表示,即在一定负荷下使轴与轴承间摩擦系数降低到一定值时所需的时间。

因含油轴承具有多孔的海绵状组织,因而增加了其范性变形的能力,从而改善了其磨合性。但是,其磨合性决非可以随着孔隙度的增加而无限增长,当孔隙度过大时,含油轴承的磨合性会变坏,其主要是由于材料的强度和韧性下降,以致破坏了轴承摩擦表面的金属基体,引起颗粒的脱落所致。

(3)耐磨性:一般以磨损量或使用寿命来表示,主要取决于材料的强度、组织结构与润滑条件。对于铁基含油轴承而言,一般呈珠光体组织的轴承最耐磨,而呈铁素体-珠光体组织的轴承耐磨性则变差。随着孔隙度的增加,其摩擦系数和磨损量也急剧增大,这可以归因于金属颗粒间结合变差及摩擦表面更为粗糙化的缘故。

(4)PV 值:是指轴的运转线速度 V 与轴承投影面上单位面积平均承载负荷 P 的乘积。一般常用 PV 值来衡量轴承承受负荷大小和运动状态下的性能:PV 值越大,就表示使用条件越恶劣;反之,则使用条件较好。

一般 P 可表示为:

$$P = \frac{W}{Ld} \tag{3-1}$$

式中 P——轴承在垂直于受力方向上单位投影面积上的负荷,$\mathrm{kgf/cm^2}$;

W——轴承承受的总负荷,kgf;

L——轴承长度,cm;

d——轴承内径,cm。

轴的运转线速度 V 则满足:

$$V = \frac{\pi dN}{60 \times 100} \tag{3-2}$$

式中 V——轴的运转线速度,m/s;

d——轴承内径,cm;

N——轴的转速,r/min。

因此可得:

$$PV = \frac{\pi WN}{60L} \quad (\mathrm{kgf/(cm \cdot s)}) \tag{3-3}$$

(5)物理-机械性能。表3-3给出了几种常用的铁基含油轴承的牌号、化学成分及物理-机械性能的一般要求,供参考比较。

3.3.2.3 滚动轴承与滑动轴承的比较

滚动轴承和滑动轴承的区别首先表现在结构上:前者是靠滚动体的转动来支撑转动轴的,因而接触部位是一个点——滚动体数目越多,接触点就越多;而后者是靠平滑的面来支撑转动轴的,因而接触部位是一个面。其次,二者的运动方式也不同,滚动轴承的运动方式是滚动;滑动轴承的运动方式是滑动,因而摩擦形式迥异。

表 3-3　常用铁基含油轴承的牌号、化学成分及物理－机械性能

牌号	化学成分(%)					物理－机械性能		
	Fe	$C_{化合}$	$C_{总}$	Cu	其他	含油率(%)	径向压溃强度(kgf/mm^2)	表面硬度(HB)
FZ1160 FZ1165	余	<0.25	<0.5	—	<3	≥18 ≥12	>20 >25	30~70 40~80
FZ1260 FZ1465	余	0.25~0.6	<1.0	—	<3	≥18 ≥12	>20 >25	50~100 60~110
FZ1360 FZ1365	余	0.25~0.6	<1.0	2~5	<3	≥18 ≥12	>20 >25	60~110 70~120
FZ1460 FZ1265	余	—	—	18~22	<3	≥18 ≥12	>20 >25	80~100 60~110

与滑动轴承相比，滚动轴承的主要优点为：

(1)摩擦阻力(力矩)小、功率消耗低，因而发热量较小；

(2)启动特性好、机械效率高，其启动转矩比滑动轴承要低得多(比后者小80%~90%)；

(3)尺寸标准化，具有互换性，便于安装拆卸，维护方便，润滑剂消耗较少；

(4)结构紧凑，重量轻，轴向尺寸更小；

(5)轴承单位宽度承载能力更大，在中速下承载能力更强；

(6)精度高，转速高，磨损小，工作可靠，使用寿命长；

(7)部分轴承具有自动调心的性能；

(8)适用于大批量生产，质量稳定可靠，生产效率高；

(9)大大减少了有色金属的消耗。

与此同时，也必须看到滚动轴承存在的缺点：

(1)其径向外廓尺寸比滑动轴承大，轴承座结构复杂；

(2)接触应力高，承受冲击载荷能力较差，高速重载下寿命较低；

(3)减振能力差，振动噪声大；

(4)小批量生产特殊的滚动轴承时，其成本较高。

3.3.2.4　滚动轴承的服役特点及选材要求

滚动轴承中的向心轴承(主要承受径向力)通常由内圈、外圈、滚动体和滚动体保持架四部分组成。内圈紧套在轴颈上并与轴一起旋转，外圈装在轴承座孔中。在内圈的外周和外圈的内周上均制有滚道。当内、外圈相对转动时，滚动体即在内、外圈的滚道上滚动，它们由保持架隔开，避免相互摩擦。推力轴承分紧圈和活圈两部分。紧圈与轴套紧，活圈支承在轴承座上。

在服役过程中，滚动轴承的服役条件及选材具有以下特点：

(1)接触应力很高，滚动体与内、外圈之间相对运动以滚动为主，但同时伴有滑动，其失效形式以磨损和接触疲劳为主。这就要求滚动体及内、外圈滚道等发生接触的表面具有高硬度、高耐磨性和高接触疲劳强度，所以轴承钢的选材首先要求钢的含碳量要足

够高。

(2)大尺寸滚动轴承受力也很大,并可能受到一定的冲击载荷作用,其失效也会出现断裂这种形式。因此,大尺寸轴承要求芯部还要具有良好的韧性,而表面具有高硬度、高耐磨性和高接触疲劳强度。此类轴承的选材一般采用渗碳钢。

(3)滚动轴承钢必须具有高而均匀的硬度和耐磨性、高的弹性极限和接触疲劳强度、足够的韧性及淬透性,同时还应在大气环境及介质润滑环境下具有良好的抗腐蚀能力。

因此,滚动轴承的内、外套圈和滚动体均采用精炼轴承钢,经车削、磨削等复杂的机加工工序配合多道次热处理制造完成,其配件进料须严格把关,确保轴承在第一道生产工序就有稳定的质量;其保持架一般采用优质冷轧钢板冲压或增强工程塑料制造;防尘(密封)盖多采用 SPCC 等普通冷轧碳素钢板、带材经冲压或切削制成;密封圈则一般采用丁腈耐油橡胶等热压制成。

3.3.2.5 滚动轴承的基本生产流程及质检要求

滚动轴承的类型、结构、精度等级不同,其加工工艺不尽相同,但总体上一般都要经过锻造、车削、热处理、磨削、超精磨(或抛光、研磨)等几道工序。所用坯料目前棒料、管料、锻件、冷轧料等均有采用。

图 3-23 给出了常见的滚动轴承的生产工序及质检要求,在这些工序过程中,必经的工艺过程是热处理工序。

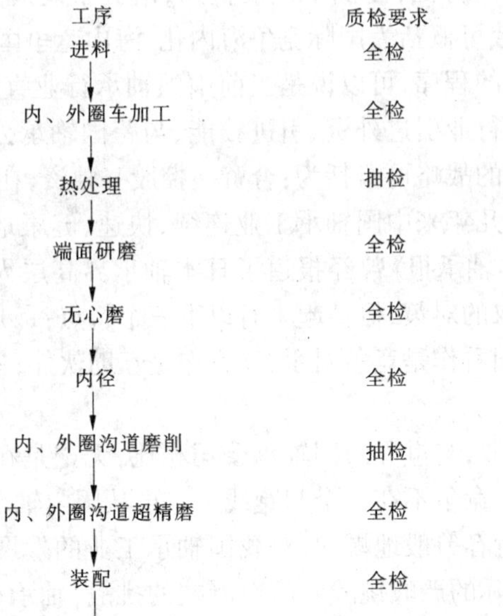

图 3-23 滚动轴承的生产工序及质检要求

近年来某些重大型(直径 >2 000 mm)轴承属于特例,在经过数控车床的精车加工之后，就可以作为终加工而出厂。

下面给出几种滚动轴承零件的典型加工工艺路线：

(1)滚动体类零件(钢球、滚子)：

棒料(球化退火态)→冷镦→粗磨→淬火+低温回火→精磨→研磨(抛光)

(2)微型/小型套圈：

无缝管(球化退火态)→机加工→淬火+低温回火→粗磨→研磨(抛光)

(3)小型/中型/大型圈套：

锻造→球化退火→机加工→淬火+低温回火→粗磨→研磨(抛光)

3.3.2.6 我国轴承行业面临的机遇与挑战

近年来，我国轴承行业发展成果应予以高度肯定，但滞后于机械工业的发展，同期机械工业，尤其是轴承行业的主机行业发展更快，总体趋势是：主机向高精度、高机能、高可靠性、高附带值发展，而作为主机组成的轴承却发展滞后，很不适应。比如：铁路轴承，火车几次提速，今天客车160 km/h速率及以上用的轴承全数是进口的；汽车轴承，轿车首要部位用的轴承大部分是进口的；冶金矿山机械、工程机械，尤其是引进国外全套设备维修轴承大部分是进口的；机床，尤其是精密机床、数控机床等组成一套的轴承也大部分进口，甚至与日本合资的小马扎克车床主轴的组成轴承也是进口的；家电、空调机组成轴承大部分(约占80%)也是进口的。

我国在加入WTO后，一方面，提供了发展机遇，增大了发展空间；另一方面，也面临越发严峻的挑战，这种挑战可概括为国际竞争海内化、海内竞争国际化。世界十大跨国轴承公司加快抢滩中国市场的程序，可以说是当前中国轴承行业直面世界跨国轴承公司的严峻挑战。回首我国轴承行业引进外资、引进技能、与跨国轴承公司合资互助的进程，跨国轴承公司抢滩中国市场的战略可概括为：合资→控股→独资，在这方面西北轴承厂铁路轴承就是很好的例证。近几年来中国轴承工业连续、快速、健康地发展，已引起全世界的关注。例如，2003年《日本轴承报》曾经报道了日本轴承界高层人士谈经济形势，其实是阐发竞争形势，研究应采取的对策，概括起来有以下三个特点：一是立下大志誓词，要占据中国大市场；二是既把中国看作是竞争对手，又看作是互助伙伴；三是开发高新技能产品，占据技能制高点。

我国发展中的轴承工业，与世界跨国轴承公司相比，无论是在总体上还是在个别上，实力还相对薄弱。换言之，竞争不在一个起跑线上。再从国内轴承行业发展来看，近十年来民营企业、私人企业雨后春笋般地崛起，对我国轴承工业的发展作出很大的贡献，但同时对于国有企业又形成实际的严峻挑战。面对严峻的挑战，轴承行业尤其是行业主干企业，在方方面面做了大量卓有成效的工作，取得了可喜的成果，但缺乏强烈的战略同盟的意识。战略同盟根据不同情况，有不同做法和格局，如日本在20世纪60年代，出口轴承的战略同盟由协会出头签字，协调出口地域和价格，制止在国际上打乱仗，维护了企业的利益。美国Timken和日本NSK合资在我国苏州建厂。美国Timken与托林顿合并，优势互补，使2003年销售额增加49%，达到38亿美元。我国铁路货车轴承价格协调，首次协调使企业受益，是在规划经济刚转型时期，第二次协调价格，弄了近三年以失败告终。因此，在面临严峻挑战的今天，加强战略同盟理念是需要行业认真思虑、研究的重大问题，这一战略理念若能突破、有所创新,我国轴承行业的发展会更快,越发具备国际竞争能力。

实行战略同盟,可以有以下几种形式:一是国内大型企业集团之间的同盟。二是集团企业与“小伟人”企业的同盟。不少民营、私人企业也有与大型企业集团同盟的愿望。三是“小伟人”企业与有特色的专业化企业的同盟。在同盟的基础上,实行品牌战略,争创名牌效应。品牌是一种无形资产,又是带来巨大商机和利益的有形资产,为此在与世界跨国轴承公司合资互助时,绝对要注重维护自立知识产权和自立品牌。

3.3.3 轴承钢及其热处理工艺简介

3.3.3.1 轴承钢的合金化特点

根据滚动轴承的服役要求,为获得高硬度、高耐磨性、高接触疲劳强度、高的弹性极限,均匀一致的组织性能、足够的韧性及淬透性,以及大气/介质润滑环境下良好的抗腐蚀能力,滚动轴承用钢的一般合金化原则是:

(1)高碳:为保证其高硬度、高耐磨性和高强度,碳含量应较高,一般为0.95~1.1 wt%;

(2)采用Cr作为基本合金化元素:Cr不但能提高淬透性,还能形成均匀弥散的碳化物($(Fe,Cr)_3C$),提高耐磨性和接触疲劳强度,固溶态的Cr还可改善钢的耐腐蚀性能。但Cr含量过高,会增加残余奥氏体量,造成碳化物尺寸、分布不均匀,反而降低轴承钢的硬度和疲劳强度——适宜的含量为0.4~1.65 wt%。

(3)加入Si、Mn、V等辅助合金化元素:Si、Mn可以进一步提高淬透性,便于制造大型轴承;V可以部分溶于奥氏体中,形成VC碳化物,进一步提高耐磨性,同时有效防止过热和晶粒长大,因此无Cr轴承钢中皆含有V。

(4)严格控制杂质含量:滚动轴承钢的冶金质量要求很高,对杂质元素含量的限制非常严格,一般规定S含量<0.02 wt%,P含量<0.025 wt%。

此外,非金属夹杂对其力学性能,尤其是接触疲劳性能影响很大,因此轴承钢一般采用电炉冶炼,为提高纯度还常采用真空脱氧等先进冶炼技术,在冶金厂要经过夹杂物检验,符合要求才能够出厂。

3.3.3.2 轴承钢的分类及常用牌号

轴承钢一般可分为高碳铬轴承钢、渗碳轴承钢、不锈轴承钢、回转支承轴承用钢和特殊性能钢五大类。其国内常用牌号及化学成分如表3-4和表3-5所示。所执行的材料及热处理标准主要有GB/T 18254—2002、JB/T 1255—2001及JB/T 8881—2001等。

表3-4 滚动轴承钢的分类及常用牌号

类别	国内常见牌号
高碳铬轴承钢	GCr6 GCr9 GCr15 GCr9SiMn GCr15SiMn GCr15SiMo GCr18Mo
渗碳轴承钢	G20CrMo(A) G20CrNiMo(A)(C-8620) G20CrNi2Mo(A)(C-4320) G20Cr2Ni4(A) G10CrNi3Mo(A)(E-9310) G20Cr2Mn2Mo(A)
不锈轴承钢	9Cr18 9Cr18Mo 1Cr13 2Cr13 3Cr13 4Cr13
回转支承轴承用钢	42CrMo 5CrMnMo 50Mn
特殊性能钢	Cr4Mo4V QBe2

表 3-5　常用国产轴承钢牌号及化学成分　　（单位：wt%）

<table>
<tr><th rowspan="2">牌号</th><th colspan="9">成分</th></tr>
<tr><th>C</th><th>Cr</th><th>Si</th><th>Mn</th><th>S</th><th>P</th><th>Mo</th><th>Ni</th><th>Cu</th></tr>
<tr><td>GCr15</td><td rowspan="3">0.95～1.05</td><td rowspan="2">1.40～1.65</td><td>0.15～0.35</td><td>0.25～0.45</td><td rowspan="2">≤0.025</td><td rowspan="3">≤0.025</td><td rowspan="2">≤0.10</td><td rowspan="2">≤0.30</td><td rowspan="6">≤0.25</td></tr>
<tr><td>GCr15SiMn</td><td>0.45～0.75</td><td>0.95～1.25</td></tr>
<tr><td>GCr18Mo</td><td>1.65～1.95</td><td>0.20～0.40</td><td>0.25～0.40</td><td>≤0.020</td><td>0.15～0.25</td><td>≤0.25</td></tr>
<tr><td>G20CrNiMo</td><td rowspan="3">0.17～0.23</td><td rowspan="2">0.35～0.65</td><td rowspan="3">0.15～0.40</td><td>0.60～0.90</td><td rowspan="3">≤0.030</td><td rowspan="3">≤0.030</td><td>0.15～0.30</td><td>0.40～0.70</td></tr>
<tr><td>G20CrNi2Mo</td><td>0.40～0.70</td><td>0.20～0.30</td><td>1.60～2.00</td></tr>
<tr><td>G20Cr2Ni4</td><td>1.25～1.75</td><td>0.30～0.60</td><td></td><td>3.25～3.75</td></tr>
</table>

国产轴承钢与进口轴承钢的牌号不同，但化学成分相似，详见表 3-6 和表 3-7。

表 3-6　常用轴承钢国内外牌号对比

<table>
<tr><th rowspan="2">国内牌号</th><th colspan="4">国外牌号</th></tr>
<tr><th>美国</th><th>日本</th><th>德国</th><th>瑞典</th></tr>
<tr><td>GCr15</td><td>52100</td><td>SUJ2</td><td>100Cr6</td><td>SKF3</td></tr>
<tr><td>GCr15SiMn</td><td>52100.1</td><td></td><td>100CrMn6</td><td>SKF2</td></tr>
<tr><td>GCr18Mo</td><td></td><td></td><td>100CrMo7</td><td>SKF24</td></tr>
<tr><td>G20CrNiMo</td><td>8620</td><td>SNCM220</td><td>21NiCrMo2</td><td>2506</td></tr>
<tr><td>G20CrNi2Mo</td><td>4320</td><td>SNCM22</td><td></td><td></td></tr>
<tr><td>G20Cr2Ni4</td><td>3316</td><td>SNC815</td><td>14NiCr14</td><td></td></tr>
</table>

表 3-7　典型轴承钢国内外牌号及化学成分对比　　（单位：wt%）

<table>
<tr><th rowspan="2">元素</th><th colspan="5">牌号</th></tr>
<tr><th>GCr15</th><th>SUJ2</th><th>52100</th><th>100Cr6</th><th>SKF3</th></tr>
<tr><td>C</td><td>0.95～1.05</td><td>0.95～1.10</td><td colspan="3">0.93～1.05</td></tr>
<tr><td>Cr</td><td>1.40～1.65</td><td>1.30～1.60</td><td colspan="2">1.35～1.60</td><td>1.35～1.65</td></tr>
<tr><td>Si</td><td colspan="5">0.15～0.35</td></tr>
<tr><td>Mn</td><td>0.25～0.45</td><td>≤0.50</td><td colspan="3">0.25～0.45</td></tr>
<tr><td>S</td><td colspan="2">≤0.025</td><td>≤0.015</td><td>≤0.010</td><td>≤0.015</td></tr>
</table>

续表 3-7

元素	牌号				
	GCr15	SUJ2	52100	100Cr6	SKF3
P	≤0.025				
Mo	≤0.10	≤0.08	≤0.10		
Ni	≤0.30	≤0.25		≤0.30	≤0.25
Cu	≤0.25		≤0.30		
O	≤0.001 5				

目前,我国轴承钢的主要生产厂家有:兴澄特钢、东北特钢、大冶特钢、上钢五厂、郑州永通、西宁特钢、无锡特钢、重庆特钢、本钢等。一般的生产工艺流程是:

冶炼→浇铸→扩散退火→清理→开坯→轧制(→球化退火)

在表 3-4 所示的各类轴承钢中,供货量最大的是前两类,即:高碳铬轴承钢和渗碳轴承钢。其中,前者主要以棒材形态供货,交货时的热处理状态有热轧态、热轧(球化)退火态及冷拔(球化)退火态等;而后者交货时的热处理状态一般为热轧正火态。由于这两类轴承钢的化学成分、热处理工艺及组织性能要求不同,其零件生产流程也不同。

(1)采用高碳铬轴承钢制造的轴承类零件的常用生产流程。

A 套圈:

热轧不退火棒材→锻造→球化退火→车削→热处理(淬火+低温回火或贝氏体淬火)→磨削→附加回火→磨削→装配

B 滚动体:

①热轧不退火棒材→热冲→球化退火→车削→热处理(淬火+低温回火)→磨削(→附加回火→磨削)→装配

②退火棒材→冷冲→车削→热处理(淬火+低温回火)→磨削(→附加回火→磨削)→装配

(2)采用渗碳轴承钢制造的轴承类零件的常用生产流程。

热轧正火态棒材→锻造(冷、热冲)→正火→车削→渗碳+淬火+回火→磨削→装配

3.3.3.3 轴承钢常用的热处理工艺

从滚动轴承制造工艺流程可以看到,其涉及的热处理工艺主要包括正火、球化退火、正火+高温回火等预备热处理工序,淬火+回火、等温淬火(贝氏体淬火)、渗碳+淬火+回火等主热处理工序,以及深冷处理、时效处理等辅助/后期热处理工序。

1. 正火

如图 3-24 所示,所谓正火,是指将钢加热到较高温度($T > A_{c3}$或A_{ccm})并保温一定时间,使之完全奥氏体化后在空气中冷却到室温的热处理工艺。

对于高碳铬轴承钢而言,正火的主要目的是消除网状碳化物组织。这是因为在终锻温度偏高或锻后冷速偏慢的情况下,此类钢在锻后往往出现网状碳化物组织(见图 3-25),这种缺陷组织在球化退火时难以消除,需要在球化退火前通过正火工艺进行消

除。此外,在球化退火前进行正火处理还可以细化晶粒,消除退火过热造成的不良组织。

对于渗碳轴承钢,锻造后进行正火可改善其切削加工性。对于要求较高的轴承零件,一般渗碳后先正火,然后高温回火,再进行淬火 + 低温回火处理,这样可以细化芯部组织,消除表层 Fe_3C_{II} 网,获得理想的芯 - 表组织性能配合。

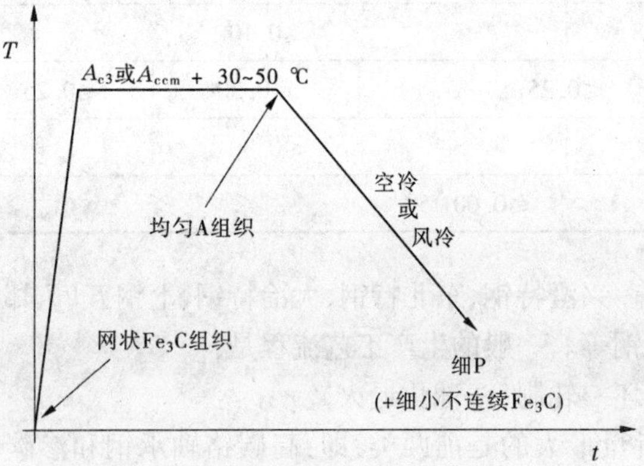

图 3-24　正火工艺示意图

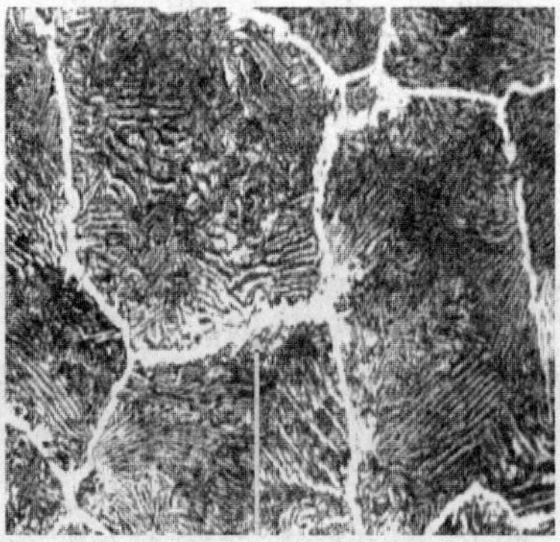

图 3-25　轴承钢锻后网状碳化物组织

2. 球化退火(等温退火)

如图 3-26 所示,所谓球化退火,是指将钢加热到 A_{c1} 以上 20 ~ 40 ℃的温度区间,保温一段时间进行部分奥氏体化后,缓慢冷却到略低于 A_{r1} 的温度并停留一段时间,使组织转变完成后再空冷至室温的热处理工艺,其目的是使钢中的碳化物球化,得到在铁素体基体上均匀分布的球/粒状碳化物的组织。

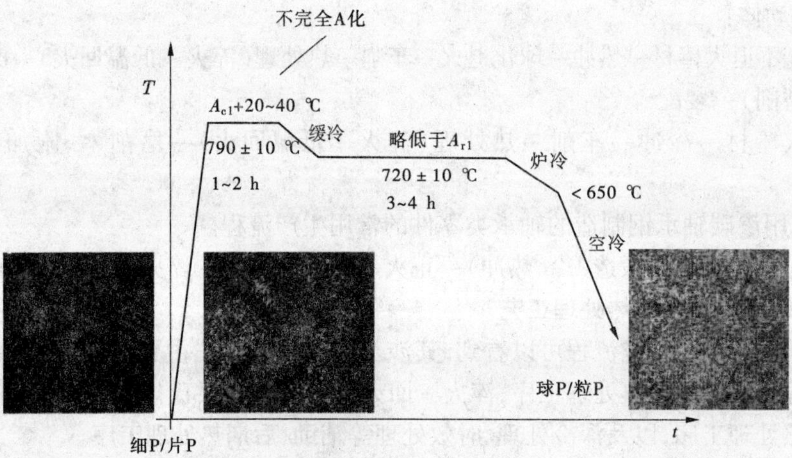

图 3-26　GCr15 轴承钢球化退火工艺及其热处理前后组织

在执行球化退火工艺过程中,要特别注意其快冷阶段,防止网状碳化物的析出及退火组织的不均匀。总体而言,轴承钢球化退火处理的目的有两个:一是降低高碳铬轴承钢的硬度至 HBS207 ~ 229,以便于对其进行切削加工;二是为淬火作组织准备。经球化退火后得到的粒状 P 组织在后续淬火加热时不易溶解,在淬火加热阶段得到的是含碳量 0. 45 ~

0.6 wt% 的 A 及未溶渗碳体两相组织，细小球状渗碳体均匀分布于 A 基体上，可以阻止 A 晶粒长大，因而 A 晶粒也非常细小。这种双相组织淬火后得到的是未溶碳化物均布于隐针马氏体基体的双相组织，其硬度、耐磨性以及接触疲劳强度均很高。

3. 淬火

所谓淬火，是指将钢加热到临界温度 A_{c3}（亚共析钢）或 A_{c1}（过共析钢）以上温度，保温一段时间，使之全部或部分奥氏体化，然后以大于临界冷却速度的冷速快冷到 M_s 点以下（或在 M_s 温度附近等温）进行马氏体（或贝氏体）转变的热处理工艺。

对于轴承钢而言，淬火工艺可分为马氏体淬火（不完全淬火）和贝氏体淬火（等温淬火）两类，其目的是获得兼具高硬度、高强度、高耐磨性及一定韧性的 M + 未溶碳化物组织或 $B_{下}$ + 未溶碳化物组织。

以 GCr15 及 GCr15SiMn 为例，图 3-27 给出了其常用的淬火 + 冷处理 + 低温回火热处理工艺曲线及组织特征变化，可以看到，马氏体淬火得到的显微组织为隐针马氏体或细小结晶马氏体 + 未溶碳化物 + 少量残余奥氏体 A_R。

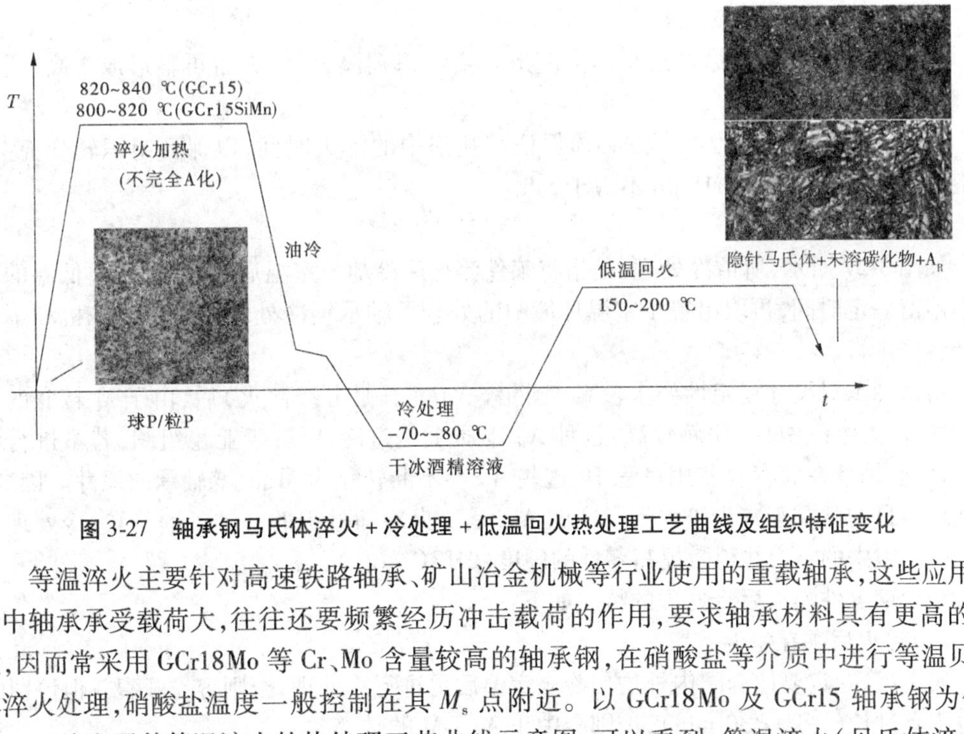

图 3-27　轴承钢马氏体淬火 + 冷处理 + 低温回火热处理工艺曲线及组织特征变化

等温淬火主要针对高速铁路轴承、矿山冶金机械等行业使用的重载轴承，这些应用场合中轴承承受载荷大，往往还要频繁经历冲击载荷的作用，要求轴承材料具有更高的韧性，因而常采用 GCr18Mo 等 Cr、Mo 含量较高的轴承钢，在硝酸盐等介质中进行等温贝氏体淬火处理，硝酸盐温度一般控制在其 M_s 点附近。以 GCr18Mo 及 GCr15 轴承钢为例，图 3-28给出了其等温淬火的热处理工艺曲线示意图，可以看到，等温淬火（贝氏体淬火）一般得到下贝氏体 + 未溶碳化物 + 少量残余奥氏体组织，有时还有一定比例的马氏体。

在轴承钢的淬火工艺实施过程中，首先需要控制好淬火加热温度（$T_{淬}$）及保温时间（$t_{保}$）。$T_{淬} > A_{c1}$ 后，随 $T_{淬}$ 升高，A 的含碳量也随之升高，淬火后 M 组织硬度相应提高而塑韧性下降。与此同时，A 稳定性提高，淬火组织中残余 A 比例相应升高；A 晶粒亦不断长大，可能导致淬火组织中的 M 由隐针 M 转变为强度和韧性均更差的粗大片状 M，恶化材料性能。

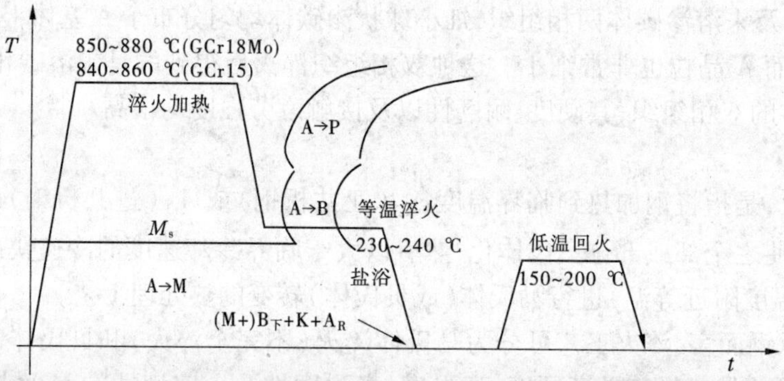

图 3-28 轴承钢等温淬火热处理工艺曲线示意图

因此,在淬火阶段要注意以下几点:

(1)$T_{淬}$ 不宜过高,淬火组织不能粗大化;$t_{保}$ 要保证,防止组织不均匀。

(2)加热气氛要维持一定碳势(Carbon Potential,CP)水平(一般要求 CP≈1.0),以保证零件表面不出现脱贫碳现象。

(3)优化工艺参数,尽量减小淬火变形。要认识到淬火、回火后再整形成本高、质量差、隐患大。

(4)等温淬火(贝氏体淬火)必须保证在盐浴中的淬火时间,以保证组织转变充分。一般 GCr15 最低 4 h,GCr18Mo 不短于 5 h。

4. 冷处理

如图 3-27 所示,所谓冷处理,是指将工件淬火后冷却至室温后,立即置于更低温的环境中停留一定时间,再取出置于室温环境中的处理。轴承钢冷处理常采用冷冻机和干冰酒精溶液进行。

精密轴承对尺寸稳定性要求较高,套圈淬火(尤其是分级淬火)后,由于 M 转变的不完全性,淬火组织中 A_R 比例较高,这种 A_R 本质上是过冷 A,属于亚稳组织,若不进行稳定化处理,轴承在储存及使用过程中,这些 A_R 会不断转化为 M,改变轴承的尺寸。因此,冷处理的目的就在于减少淬火组织中的 A_R,是淬火冷却过程的一种延续,通过冷处理可以减少组织中的 A_R,并稍微提高零件的硬度(2HRC 左右)。

轴承钢零件淬火后冷处理的特点如下:

(1)淬火后须在室温停留。

淬火后,一定要使套圈内外均匀冷至室温后再进行冷处理,否则容易开裂。但停留时间也不宜过长(一般 <30 min),否则会中止 A_R→M 的转变。

(2)冷处理温度及保温时间要准确控制。

冷处理的温度主要依据对应钢种的 M_f 确定,还要考虑其对零件力学性能及工艺性的影响。对 GCr15 钢而言,其 M_f≈ -70 ℃,因此冷处理温度一般取 -70 ℃左右为宜;在设备条件有限或轴承精度要求不高时,冷处理温度可取 -40 ~ -70 ℃;超精密轴承则应取 -70 ~ -80 ℃为宜。

为使同处理批次的轴承芯表都均匀达到一致的冷处理温度,冷处理的保温时间一般取 1 ~1.5 h 为宜。

(3)冷处理后及时回火。

冷处理后的套圈置于空气中,待温度升至室温后及时回火。如不及时进行,零件内部较大的残余应力会导致开裂(一般应在 2 h 以内进行回火)。回火过程升温不宜太快,否则零件易发生开裂。

(4)对于冶金轴承,一般不进行冷处理,除非有很高的尺寸稳定性要求。

5. 回火

回火是指将淬火后的零件加热到一定温度,保温一定时间后,再冷至室温的热处理工艺。其目的是减少内应力,稳定组织和尺寸,获得所需的性能配合。轴承零件通常采用低温回火,回火温度取 150 ~ 200 ℃。对于尺寸稳定性要求较高的零件,可采用多次回火的方法,也可以适当提高回火温度(行业内常称为高温回火)。

此外,为降低或消除磨削造成的残余应力、进一步稳定组织和尺寸,轴承类零件还可在粗磨后进行回火,其回火温度一般低于原回火温度,保温时间一般为 5 ~ 10 h,这种回火处理称为附加回火或时效处理。

6. 渗碳处理

如图 3-29 所示,所谓渗碳处理,是指在一定温度、一定富碳气氛下通过一定时间,将气氛中的活性碳原子吸附并渗入工件表层一定深度区域,达到提高其表面碳含量的化学热处理工艺。

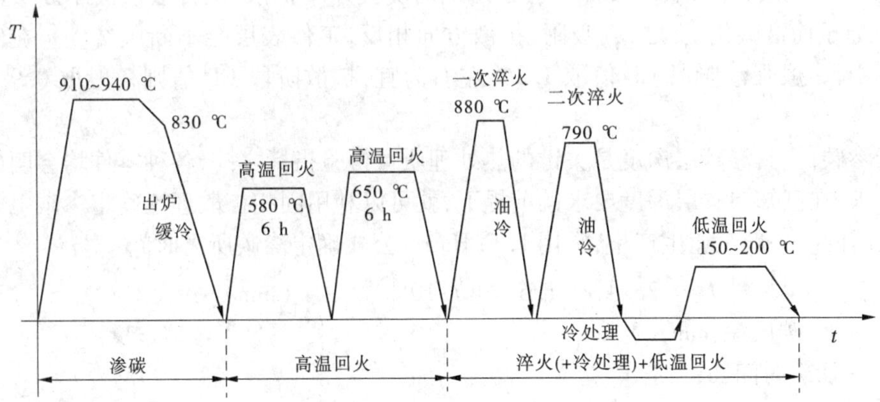

图 3-29　G20Cr2Ni4A 钢"渗碳 + 二次高温回火 + 二次淬火(+ 冷处理) + 低温回火"工艺

通过渗碳及随后的淬火 + 低温回火,可使工件表面获得高碳回火 M + 弥散碳化物质点 + 少量 A_R 的组织,而芯部成分基本不变,在热处理后获得低碳回火 M 或回火 S 组织。可见,渗碳处理的目的就在于提高工件的表面硬度、耐磨性及接触疲劳强度,同时芯部组织仍维持较低的碳含量及较高的韧性。

按照所采用的渗碳介质不同,渗碳处理工艺可分为气体渗碳、固体渗碳及液体渗碳三类,目前工业生产中多采用气体渗碳。

渗碳钢一般为含碳量 0.2 wt% 或更低的低碳钢及低碳合金钢,对于渗碳轴承钢而言,最常用的牌号是 G20CrMo(A)、G20CrNiMo(A)、G20CrNi2Mo(A)和 G20Cr2Ni4(A)等,其含碳量均在 0.2 wt% 左右。

气体渗碳可在马弗炉中进行，也可在连续式渗碳炉中进行，渗碳介质一般为甲醇、煤油、乙醇、甲烷、丙烷等易分解的碳氢化合物气体，其过程主要包括介质分解、表层吸收、扩散渗入三个基本阶段，相应地，气体渗碳工艺也分为工件清洗、入炉升温、渗碳(强渗)、扩散、冷却、均热出炉、后续热处理等几个步骤。

气体渗碳的渗碳温度一般选择在奥氏体单相区内，主要是考虑在单相区内 A 的含碳量可大范围连续变化而不会出现陡变梯度，这将有利于 C 原子的扩散在一个很宽的成分区间内进行，而对于初始含碳量约为 0.2 wt% 的多数渗碳钢而言，910 ~ 940 ℃的常用渗碳温度区间恰好比其 A_{c3} 略高。事实上，进一步提高渗碳温度可以继续提高 C 原子的扩散速度，但与此同时也会带来奥氏体晶粒长大、渗碳设备寿命降低、工件热变形加大等一系列问题，因此气体渗碳的温度一般选取在略高于渗碳钢 A_{c3} 温度的 930 ℃左右，不可过高。

在气体渗碳工艺中，碳势(CP，Carbon Potential)是另一重要的控制参数。所谓碳势，是指气氛的热力学特性，表征在一定温度下，气氛中的气相活性 C 原子与工件表层奥氏体组织中的 C 原子相互间扩散平衡的能力。碳势的测定通常采用很薄(厚度约 0.05 mm)的纯铁或低碳钢薄片试样，置于待测富碳气氛中加热至特定温度并保持 10 ~ 15 min 后冷却取出，此时该试片的含碳量经测定后即被定义为对应该气氛在此特定温度的碳势。可以看出，碳势实际上是一种扩散平衡浓度的量度，其作用在于判断工件置于特定温度下富碳气氛中时活性 C 原子的扩散方向：当气氛碳势高于工件表层组织中奥氏体的含碳量时，C 浓度平衡无法建立，活性 C 原子会自发地向奥氏体中扩散，工件表层会不断吸收气氛中的 C 原子而富碳化；反之，则吸附、扩散方向相反，工件表层会不断脱贫碳。在气体渗碳过程中，一般强渗阶段 CP 值取 1.2% 左右为宜，扩散阶段 CP 值则一般取 0.9% 左右。

对于渗碳件，其渗碳层深度是关键的热处理质量检验指标之一，各种零件均会明确提出技术要求，在已知渗碳层深度要求的前提下，就可以利用固相扩散理论确定渗碳工艺所需进行的时间。一般工业生产中，常用 F. E. Harris 公式确定渗碳所需时间：

$$D = 25.4 \times 31.6 \times [\sqrt{t}/10^{(6\,700/T)}] \quad (\mathrm{mm}) \tag{3-4}$$

式中 D——渗碳层深，mm；

t——渗碳时间，h；

T——渗碳温度，K。

此外，也可以用 0.05 ~ 0.1 mm/h 的标准进行经验估计。工业生产中，一般要求渗碳件的渗碳层深从 0.5 mm 至 2 mm 不等，个别特殊零件甚至要求层深达到 3.5 mm，相应地渗碳处理时间普遍较长，3 ~ 9 h 是较为常见的处理时间，个别件甚至会持续数天。

工件在完成渗碳处理后，获得表层高碳(一般达到 1.0 wt% 左右)、芯部低碳的含碳量分布，需进行兼顾芯表组织性能不同要求的后续热处理。对于渗碳轴承钢零件而言，其后续热处理常包括“高温回火 + 淬火 + 冷处理 + 低温回火”几个步骤，根据零件材料及技术要求不同，某些零件也可不进行高温回火和冷处理。

根据技术要求不同，渗碳后零件的淬火可采用直接淬火、一次淬火或二次淬火。

(1)直接淬火。

如图 3-30 所示，直接淬火是指在渗碳处理后将工件在炉内预冷至 800 ~ 840 ℃后直接淬入冷却介质进行淬火的方法。

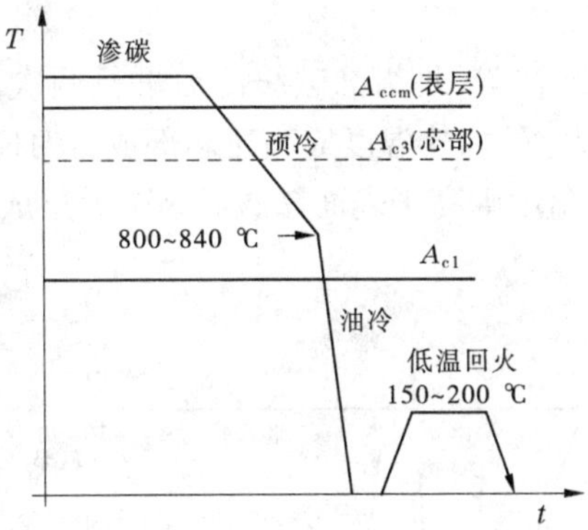

图 3-30　渗碳后"直接淬火 + 低温回火"工艺

这种方法操作简便、处理成本低,但淬火组织粗大、淬火变形大、残余奥氏体量较多、淬后零件硬度偏低,因而只适合一些过热倾向小、组织性能和尺寸精度要求较低的零件。

(2)一次淬火。

如图 3-31 所示,所谓一次淬火,是指渗碳后先缓冷到室温,然后再加热到 A_{c1} 以上保温奥氏体化后执行一次淬火,最后进行低温回火的方法。

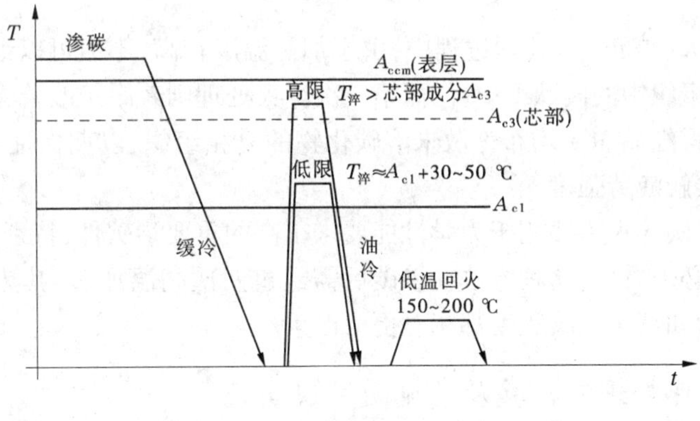

图 3-31　渗碳后"一次淬火 + 低温回火"工艺

一次淬火的淬火温度选取有高、低限之分。当零件对芯部组织性能要求较高时取高限,此时 $T_{淬}$ 应高于芯部成分对应的 A_{c3} 温度(一般取 820 ~ 850 ℃),以保证在淬火加热过程中芯部组织完全奥氏体化,同时其 A 晶粒较为细小、成分均匀,淬火后芯部全部为韧性较为理想的低碳 M 组织。零件承载不大,但表面硬度要求较高时,淬火加热温度取低限,$T_{淬}$ 大致相当于表层成分对应 A_{c1} 温度以上 30 ~ 50 ℃(一般取 780 ~ 810 ℃),以保证表层在淬火后获得细晶 M + 弥散未溶碳化物的双相组织,确保零件表层的硬度、耐磨性及接触疲劳强度。必须看到,$T_{淬}$ 取低限时,淬火加热过程中芯部不能完全奥氏体化,因而淬火后芯部获得的是未溶 F + 低碳 M 双相组织,芯部性能有一定下降。

总体而言,一次淬火比直接淬火更适合于过热倾向较大的渗碳钢零件,以及其他渗碳后不宜直接淬火的零件,由于渗碳后缓冷组织硬度较低,在执行淬火工艺前往往还可以对零件进行必要的机加工。

(3)二次淬火。

如图 3-32 所示,所谓二次淬火,是指渗碳缓冷后进行两次加热快冷后再进行低温回火,其中:第一次淬火(或正火)的加热温度应高于芯部成分对应的 A_{c3} 温度(一般取 850 ~ 870 ℃);第二次淬火的加热温度则高于表面渗碳后高碳表层成分对应的 A_{c1} 温度(一般取 780 ~ 810 ℃)。

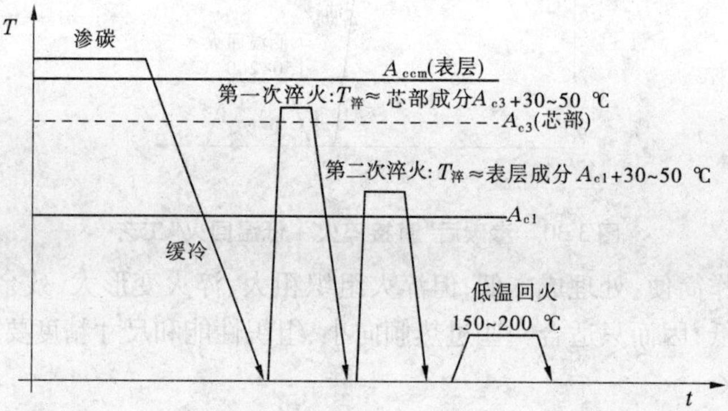

图 3-32　渗碳后"二次淬火 + 低温回火"工艺

在第一次淬火(或正火)处理过程中,由于加热温度较高,不但可以细化芯部组织,而且可以消除表层组织中的网状 Fe_3C_{II};而第二次淬火处理则着眼于改善渗层组织性能,其目标是在表层获得细晶 M + 均布弥散未溶碳化物的复相组织,以期保证零件表层的高硬度、高耐磨性及接触疲劳强度。

总体而言,二次淬火主要用于力学性能要求很高的重要渗碳件,特别是一些过热倾向大的钢。但是也必须看到,这种方法在渗碳后需经过两次高温加热,其热处理成本高、工艺复杂,工件变形和氧化脱碳程度都相对更为严重。

3.3.4　轴承钢热处理的检验及常见质量缺陷

3.3.4.1　轴承钢的检验

1. 主要检验项目

轴承零件的服役要求很高,需要在生产的各个环节按照其质量标准体系执行严格的质量检验。

在原材料进厂或锻件锻后,需要检测的项目主要包括:

(1)零件尺寸;

(2)化学成分(包括氧含量);

(3)表面缺陷,如裂纹、锻造折叠、表面结疤、气泡等;

(4)低倍组织,如偏析、缩孔、疏松、白点、发纹等;

(5)显微组织,如非金属夹杂物、网状碳化物、带状碳化物、碳化物液析、表层脱贫碳、退火粗大组织等;

(6)退火硬度。

在热处理后,主要须检测以下一些项目:

(1)零件几何尺寸及变形程度,包括圆度、翘曲、锥度、加工余量等。

(2)零件的力学性能:首先需要进行硬度检测,包括表层硬度、芯部硬度以及硬度均匀性和硬度稳定性等;此外根据技术要求,往往还需要检测材料的强度、塑性(延伸率或断面收缩率)及韧性(冲击功 A_k、冲击韧性 α_k、断裂韧性 K_{Ic})等。

(3)微观组织,包括马氏体、贝氏体、屈氏体、残余奥氏体形态、分布及相对比例;网状碳化物、带状碳化物、非金属夹杂物、脱贫碳等异常组织等。

(4)其他缺陷,包括裂纹、软点等。

(5)断口形貌特征。

2. 力学性能检验

轴承零件在生产过程中,主要涉及对其硬度、强度、塑性以及韧性等力学性能指标的检测。

1)硬度检测

金属材料抵抗硬的物体压陷表面的能力,称为硬度。根据试验方法和适用范围不同,硬度又可分为布氏硬度、洛氏硬度、维氏硬度、肖氏硬度、显微硬度和高温硬度等。在滚动轴承生产过程中,主要采用布氏硬度(HBS)和洛氏硬度(HRC)对零件进行硬度检测。

布氏硬度的测定值比较准确可靠,但一般只适用于较软的金属材料,当 HB >450、样品尺寸较小或板材较薄时则不适用。因此,在轴承类零件的检测中,主要采用 HBS 测定退火或正火处理后零件的硬度。

洛氏硬度是用一个顶角120°的金刚石圆锥体或直径为 1.588 mm 的淬硬钢球,在一定的初试试验力 F_0 及总试验力 F 的作用下压入被测材料表面,保持规定时间后卸载,由材料表面残余压痕的深度增量 Δh 求出材料的硬度,Δh 每变化 0.002 mm,HR 值相应变化一个整数。

常用于钢材硬度试验的洛氏硬度值标尺是 A、B、C,即 HRA、HRB 和 HRC,其中:HRA 采用 60 kg 载荷和钻石锥压入器,用于极硬的材料,如硬质合金等;HRB 采用 100 kg 载荷和直径 1.59 mm 的淬硬钢球,用于硬度较低的材料,如退火钢、铸铁等;HRC 则采用 150 kg 载荷和钻石锥压入器,用于硬度较高的材料,如淬火钢等。洛氏硬度可适用于从极软到极硬的各种金属材料,其硬度值由硬度计表盘直接读出,比布氏硬度测量更为简便,但由于压痕较小,故硬度值不如布氏硬度准确。对于轴承类零件,主要采用 C 标尺的 HRC 硬度值,检验零件在淬火及回火后的硬度。

表 3-8 中给出了典型轴承钢在不同热处理工艺后的标准硬度值,可以作为轴承钢硬度检测的一个参照基准。

2)强度及塑性检测

轴承钢在热处理前后的强度及塑性通常在拉伸试验机上通过单轴静拉伸试验测得,通过试验可测定其抗拉强度(σ_b)、屈服强度(σ_s 或 $\sigma_{0.2}$)、延伸率(δ)和断面收缩率(ψ)等力学性能指标。其中,σ_b 和 σ_s 可分别用来评价轴承材料抵抗破坏和塑性变形的能力;δ 和 ψ 则可用来评价其塑性的大小。

表 3-8　典型轴承钢的热处理工艺及热处理后标准硬度值对比

钢号	热处理工艺	有效壁厚（mm）	退火硬度（HBS）	正火硬度（HBS）	淬火硬度（HRC）	回火硬度（HRC）
GCr15	马氏体淬火	≤12	179～207		≥63	60～65
		12～30			≥62	58～64
	贝氏体淬火	≤15				58～62
		≥15				
GCr15SiMn	马氏体淬火	≤12	179～217		≥63	60～65
		12～30			≥62	58～64
GCr18Mo	贝氏体淬火	≤30				58～62
		≥30				57～61
渗碳钢	渗碳淬火			≤229	62～66	表层 60～64 芯部 30～45

3）冲击韧性检测

轴承零件在热处理前后的韧性一般通过在冲击试验机上做冲击试验的方法进行检测，这是一种利用一次摆锤冲击弯曲试验来测定材料抵抗冲击载荷能力大小的方法，通常采用尺寸为 10 mm×10 mm×55 mm、带 2 mm 深的 V 形缺口夏氏冲击试样测得，即首先测定的是试样被折断而消耗的冲击功 A_k（A_{kV}），其单位为焦耳（J）。若将测得的冲击功 A_k 除以试样缺口处的截面面积 F，则可得到材料的冲击韧度（冲击值）指标，即 $\alpha_k = A_k/F$，其单位为 kJ/m^2 或 J/cm^2。

冲击韧度 α_k 或冲击功 A_k 表示材料在冲击载荷作用下抵抗变形和断裂的能力，即材料的韧性好坏。典型轴承钢在热处理后冲击韧性的一般水平可参见表 3-8。

3. 成分、组织及微观形貌检验

轴承零件在生产过程中，主要涉及对其化学成分及杂质元素含量、微观组织特征、断口形貌等成分组织特征的检测，可采用的检测仪器包括体视显微镜、光学金相显微镜、扫描电子显微镜、XRD 衍射仪、透射电子显微镜、EDS 能谱仪等，由于相关内容在已学习的专业课中已有详尽的介绍和学习，此处不再赘述。

3.3.4.2　轴承零件热处理后常见的质量缺陷

轴承零件热处理后常见的质量缺陷有：淬火显微组织过热、欠热、淬火裂纹、硬度不够、热处理变形、表面脱碳、软点等。常见的热处理缺陷组织如图 3-33 所示。

1. 过热

从轴承零件粗糙上可察觉到淬火后的显微组织过热，但要确切判断过热程度必须观察其显微组织。若在 GCr15 钢的淬火组织中出现粗大针状马氏体（如图 3-33（a）所示），则为淬火过热组织，其形成原因可能是淬火加热温度过高或加热保温时间太长造成的全面过热；也可能是因原始组织带状碳化物（如图 3-33（d）所示）严重，在两带之间的低碳区形成局部马氏体针状粗大,造成的局部过热。过热组织中残余奥氏体量增多,尺寸稳定性下降。由于淬火组织过热,钢的晶粒粗大,会导致零件的韧性下降,抗冲击性能降低,轴承的寿命也降低。过热严重甚至会造成淬火裂纹。

(a)粗大针状 M 组织(500 ×)

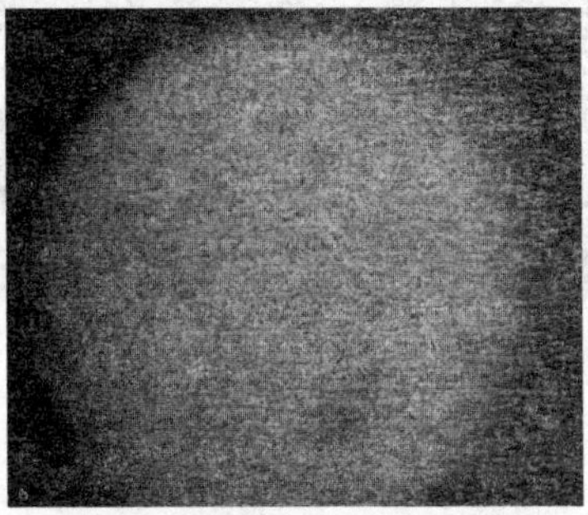

(b)过烧(晶界氧化)

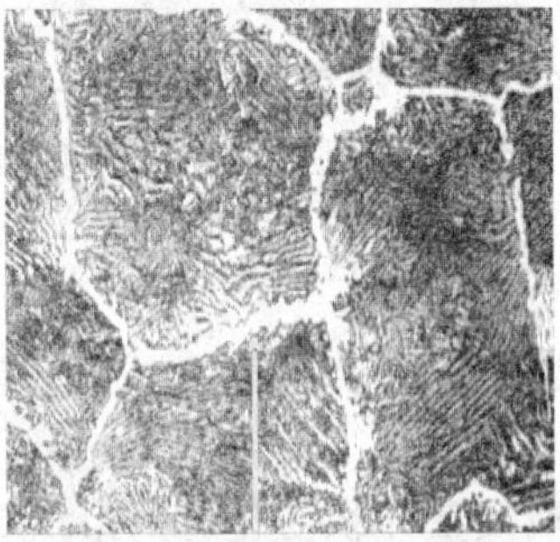

(c)网状碳化物

(d)带状碳化物(100 ×)

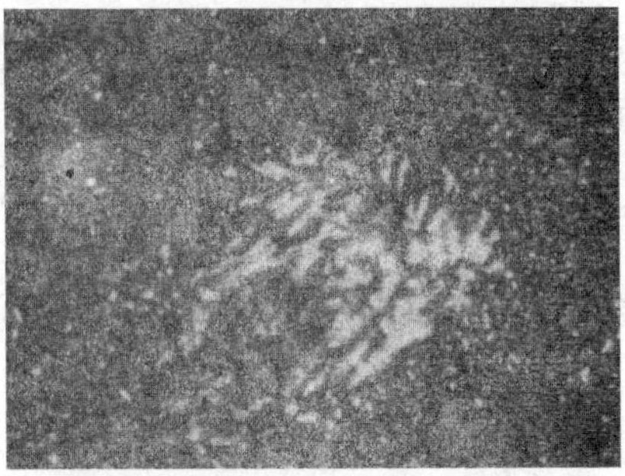

(e)碳化物液析(500 ×)

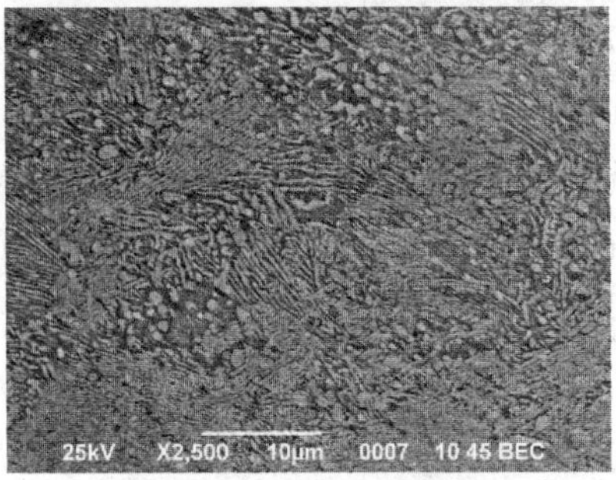

(f)片状 P(T)(SEM,2500 ×)

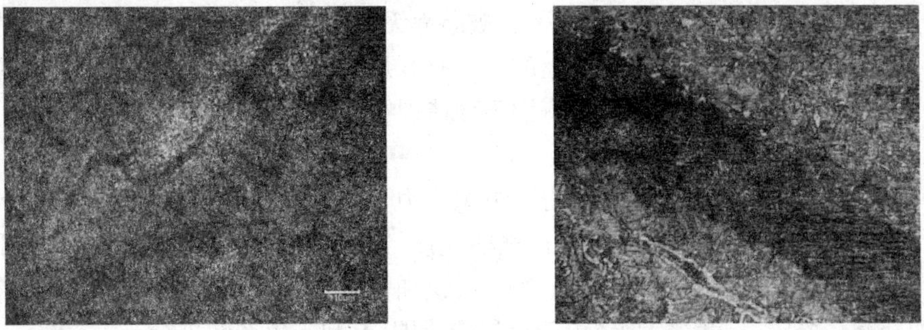

(g)锻造折叠

图 3-33 轴承零件热处理前后常见的缺陷组织

(h)表面脱碳(500×)

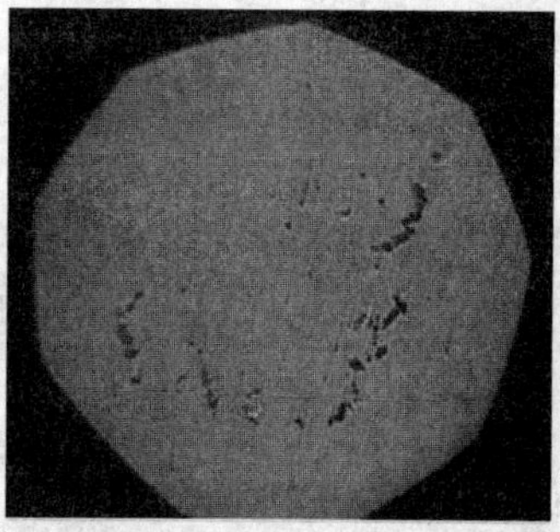

(i)非金属夹杂物

续图 3-33

2. 欠热

淬火温度偏低或冷却不良则会在显微组织中产生超过标准规定的屈氏体组织(有部分资料亦称为托氏体组织,如图 3-33(f)所示),称为欠热组织,它使硬度下降,耐磨性急剧降低,影响轴承寿命。

3. 淬火裂纹

轴承零件在淬火冷却过程中因内应力所形成的裂纹称淬火裂纹。造成这种裂纹的原因有:

(1)淬火加热温度过高或冷却太急,热应力和金属质量体积变化时的组织应力大于钢材的抗断裂强度;

(2)工作表面的原有缺陷(如表面微细裂纹或划痕等)或是钢材内部缺陷(如夹渣、严重的非金属夹杂物(如图 3-33(i)所示)、白点、缩孔残余等)在淬火时形成应力集中;

(3)严重的表面脱碳和碳化物偏析;

(4)零件淬火后回火不足或未及时回火;

(5)前道工序造成的冷冲应力过大、锻造折叠(如图 3-33(g)所示)、深的车削刀痕、油沟尖锐棱角等。

总之,造成淬火裂纹的原因可能是上述因素的一种或多种,而内应力的存在是形成淬火裂纹的主要原因。

淬火裂纹一般深而细长,其断口平直,破断面无氧化色。它在轴承套圈上往往是纵向的平直裂纹或环形开裂;在轴承钢球上的形状有 S 形、T 形或环形。淬火裂纹的组织特征是裂纹两侧无脱碳现象,这一点明显有别于锻造裂纹和材料裂纹。

4. 热处理变形

轴承零件在热处理时,存在热应力和组织应力,这种内应力能相互叠加或部分抵消,是复杂多变的,因为它能随着加热温度、加热速度、冷却方式、冷却速度、零件形状和大小的变化而变化,所以热处理变形是难免的。认识和掌握它的变化规律可以使轴承零件的变形(如套圈的椭圆、尺寸涨大等)置于可控的范围,有利于生产的进行。

当然,在热处理过程中的机械碰撞也会使零件产生变形,但这种变形是可以通过改进操作加以减少和避免的。

5. 表面脱碳

轴承零件在热处理过程中，如果是在氧化性介质中加热，表面会发生氧化作用使零件表面碳的质量分数减少，造成表面脱碳（如图 3-33（h）所示）。表面脱碳层的深度超过最后的加工留量就会使零件报废。

表面脱碳层深度的测定在金相检验中可用金相法和显微硬度法。以表面层显微硬度分布曲线测量法为准，可做仲裁判据。

6. 软点

由于加热不足、冷却不良、淬火操作不当等原因造成的轴承零件表面局部硬度不够的现象称为淬火软点。它像表面脱碳一样可以造成表面耐磨性和疲劳强度的严重下降。

3.3.5 轴承零件热处理中经常遇到的问题及对策

3.3.5.1 硬度

1. 退火硬度

轴承零件热处理前要检验退火状态零件的硬度及组织。对于 GCr15 钢，要求硬度在 HBS179 ~ 207（HRB88 ~ 94）的范围之内，其他高碳铬轴承钢为 HBS179 ~ 217。若退火组织硬度不合格（过高或过低），要认真分析原因，因为有可能对淬火产生影响，如硬度不够、脱碳、过热、椭圆度偏大等。

2. 淬回火硬度

零件壁厚≤12 mm 时，要求淬火后硬度≥HRC63，回火后硬度在 HRC60 ~ 65 范围内。正常淬火时，零件最终硬度值主要取决于回火温度。

硬度要满足标准规定的均匀性要求：

一般零件，要求硬度均匀性为 HRC1 左右；200 mm < 外径 ≤400 mm 时，为 HRC2 左右；外径 >400 mm 时，不大于 HRC3。

轴承钢淬回火硬度不正常的现象及可能原因见表 3-9。

表 3-9 轴承钢淬回火硬度不正常的现象及可能原因

不正常现象	可能原因
硬度偏高	淬火温度偏高或加热保温时间过长；淬火冷速过高；气氛碳势过高（有增碳）
硬度偏低	淬火温度偏低或加热保温时间过短；淬火冷速偏低；气氛氧势过高或碳势过低（有脱碳）
硬度不均匀	淬火温度偏低或加热保温时间过短；淬火冷速偏低；材料脱碳；遮挡效应

3.3.5.2 金相组织

1. 马氏体组织

正常情况下，GCr15 钢零件的淬火温度为 840 ℃左右，一般不超过 850 ℃；GCr15SiMn

钢的淬火温度为820 ℃左右，一般不超过835 ℃。淬火温度过高或过低会分别造成马氏体淬火组织的过热或欠热。马氏体组织的粗大程度主要由淬火加热温度及保温时间决定，标准规定一般轴承零件淬火后马氏体组织等级为1～5级时为合格，微型零件为1～3级。

2. 贝氏体组织

贝氏体等温淬火一般选用的是GCr15钢和GCr18Mo钢，前者加工的零件有效厚度应在30 mm以内；后者则可以放大到65 mm以内。

无论是GCr15还是GCr18Mo，其等温淬火的淬火加热温度一般为865～890 ℃；由于两种钢的M_s点也非常接近，均为225 ℃左右，因而其贝氏体淬火等温温度也基本一致，同为235～245 ℃。保温时间则一般不低于4 h。

淬火后得到的贝氏体组织按JB/T 1255标准评定为1～3级时为合格，其粗大程度主要由淬火加热温度、保温时间以及等温温度、等温处理时间决定。

3. 屈氏体组织

屈氏体在轴承钢组织中属于异常组织，是在加热或淬火冷却过程中工艺不当造成的，其产生原因要么是加热不足，要么是冷却不良，抑或二者兼有。

相关标准规定：零件有效壁厚≤12 mm时，芯部屈氏体组织不大于1～2级；有效壁厚在12 mm以上时，表面3 mm以内只允许出现少量屈氏体组织，而对更深的芯部不作控制。

淬火介质的冷却能力对屈氏体组织的影响较大。油淬芯部一般不出现屈氏体组织的有效壁厚为8 mm左右；盐淬芯部不出现屈氏体组织的有效壁厚则可至15 mm左右。

减少异常屈氏体组织出现的主要手段包括：加强介质流动；提高淬火温度；增加零件之间及零件与工装之间的间隙大小；换用冷却能力更强的介质等。

4. 残余奥氏体

轴承钢组织中的残余奥氏体是马氏体转变或贝氏体转变不完全造成的，一般马氏体淬回火后其比例可达7%～10%。适量的残余奥氏体对零件寿命是有利的，某些特殊要求的零件其残余奥氏体比例甚至高达15%～30%。但是，残余奥氏体的大量存在，会影响精密轴承的尺寸稳定性。

降低残余奥氏体比例主要依靠回火前的冷处理实现：冷处理温度越低，残余奥氏体就越少。此外，减少工件在淬火介质中的停留时间也有利于减少残余奥氏体。

冷处理一般通过在线上安装冷冻机或零件浸于干冰酒精溶液内实现。残余奥氏体比例要求低于5%的零件，要采用－70～－90 ℃深冷处理，处理后残余奥氏体比例在4%左右；要求一般或条件有限时，可在－40 ℃以下的冷水中处理，处理后残余奥氏体比例可降至5%～8%。

3.3.5.3 脱碳

如表3-10所示，新标准中将脱碳和贫碳统称为脱碳，按照标准轴承零件允许有一定程度的脱碳，但目前很多企业已要求达到零脱碳。

检验脱碳可采用硬度法或金相法，工厂一般采用金相法，通常要求普通件脱碳层深≤0.03 mm，大件则应≤0.06 mm。

表 3-10　国家新技术标准中规定的轴承套圈脱碳层深度

公称直径(mm)		脱碳层深度(mm)
超过	到	Max
—	30	0.05
30	80	0.06
80	120	0.08
120	180	0.10
180	250	0.12
250	—	0.20

零件脱碳一般与气氛异常有关,如炉体漏气、炉压偏低、碳势不足、氧势过高、甲醇含水量过高等,可逐一进行排除解决。

3.3.5.4　变形

轴承套圈的变形形态包括椭圆、翘曲、锥度及尺寸涨缩等。尽管形态各异,但原因类似,都是因零件加热、冷却不均或原始状态不好,造成应力分布不均匀的结果。

1. 椭圆

椭圆是工厂最为关注的变形形态,其原因很多,从原材料、退火、机加工、热处理设备、工装、模具到淬火加热的装料方法、工艺、炉温均匀性、油槽、淬火介质,乃至零件形状,均有可能成为造成椭圆变形的原因。

淬火介质温度越高,零件的椭圆变形越小,但同时其冷却能力也越差。加强介质的流动、改善流动方向,也可在一定程度上改善椭圆变形及锥度。

对于变形超差的产品,一般不建议进行整形;变形很大时,需要进行整形;对于尺寸稳定性高的产品,则不允许进行整形,直接报废处理。

在自动生产线上,整形往往采用模压淬火的方法。

一般情况下,高碳铬轴承钢套圈采用回火后整形,渗碳轴承钢套圈则采用模具整形,禁止砸形。回火后整形的步骤一般为:

内撑→带顶回火→卸顶→回火→检验

在此过程中决不能减少步骤,整形不当会导致磨削变形或成品变形。

2. 尺寸涨缩

正常的尺寸涨缩是轴承零件在热处理过程中经历热循环的正常现象。

一般在不进行外力约束时,套圈零件采用油淬外径涨大量为 0.8‰～1.2‰,采用盐淬时涨大量为 1.0‰～1.5‰。

零件尺寸越大,则涨大量越大(取上限)。零件壁厚很薄时,涨大量很小,甚至不涨大或缩小。

由于尺寸涨缩,还需要注意调整好机加工余量。

3.3.5.5　外观质量

影响轴承零件外观质量的因素较多,如气氛纯度及均匀性、炉压、碳势、炉体结构及密闭性、清洗处理、淬火介质等，正常情况下油淬后零件的外观应为银灰色，盐淬火后应为蓝褐色。

外观质量不好的表现有花脸、花斑、生锈、颜色不正等，其可能的原因可参考表3-11进行排查。

表3-11　轴承零件外观质量问题的现象及可能原因

不正常现象	可能原因
花脸	前清洗不干净；炉压偏低；甲醇流量过大或含水；氮气纯度低；油淬下料口密闭性差；炉体局部漏气
花斑	前清洗不干净；甲醇流量过大；油淬下料口密闭性差；炉体局部漏气；盐槽上部积盐；盐中有杂质
生锈	氧势过高；炉内积炭；后清洗防锈性差

3.4　航空航天类企业

3.4.1　航空发动机分类

3.4.1.1　活塞式航空发动机

早期在飞机或直升机上应用的航空发动机，用于带动螺旋桨或旋翼。大型活塞式航空发动机的功率可达2 500 kW，后来为功率大、高速性能好的燃气涡轮发动机所取代。但小功率的活塞式航空发动机仍广泛地用于轻型飞机、直升机及超轻型飞机。

3.4.1.2　燃气涡轮发动机

燃气涡轮发动机应用最广。包括涡轮喷气发动机、涡轮风扇发动机、涡轮螺旋桨发动机和涡轮轴发动机，都具有压气机、燃烧室和燃气涡轮。涡轮螺旋桨发动机主要用于时速小于800 km的飞机；涡轮轴发动机主要用作直升机的动力；涡轮风扇发动机主要用于速度更大的飞机；涡轮喷气发动机主要用于超声速飞机。

3.4.1.3　冲压发动机

冲压发动机的特点是无压气机和燃气涡轮，进入燃烧室的空气利用高速飞行时的冲压作用增压。它构造简单、推力大，特别适用于高速高空飞行。由于不能自行启动和低速下性能欠佳，限制了应用范围，仅用在导弹和空中发射的靶弹上。

上述发动机均由大气中吸取空气作为燃料燃烧的氧化剂，故又称吸空气发动机。其他还有火箭发动机、脉冲发动机和航空电动机。火箭发动机的推进剂（氧化剂和燃烧剂）全部由自身携带，燃料消耗太大，不适于长时间工作，一般作为运载火箭的发动机，在飞机上仅用于短时间加速（如启动加速器）。脉冲发动机主要用于低速靶机和航空模型飞机。由太阳电池驱动的航空电动机仅用于轻型飞机，尚处在试验阶段。

3.4.2　三大航空发动机生产商

世界三大航空发动机生产商分别是美国通用电气、英国罗尔斯·罗伊斯和美国普拉特·惠特尼。

通用电气,英文简写 GE,是世界上最大的综合性动力和设备制造商,它的发动机以可靠性强、性价比高而著称,被业内认为是“最好”的发动机,像世界上单台引擎推力最强的民航发动机 GE90、最优越的民用引擎 CF6-80C/E、最强大的涡轮轴发动机 CT7-8 系列都是 GE 的杰作,应用广泛的波音 737 使用的 CFM56 发动机也是 GE 牵头研发的。

罗尔斯·罗伊斯,也叫劳斯莱斯,英文简写 RR,是涡扇发动机领域里仅次于 GE 的品牌,英国主导的国际型企业。它的发动机市场占有率也相当高,包括像波音 787 使用的低噪声发动机“遄达”1000 系列、世界上噪声最小的客机产品 A330/340 系列使用的“遄达”500/700 系列都是 RR 的杰作,号称世界最先进中型直升机的 AW101 使用的 RTM332 也是 RR 的产品。

普拉特·惠特尼,简称普·惠,英文简写 PW,是世界知名的军用涡桨/涡扇发动机制造商、直升机用涡轮轴发动机及民航制造商,其生产的发动机以军用为主,例如 F-15、F-16的标配动力之一 F100 就是 PW 的,同时 F-22 的标配动力 F119 也是 PW 的。目前世界上最领先的6 t 级中型直升机 AW139 使用的发动机和我国武直-10 使用的PT6C-67C 都是 PW 的产品,中国最先进的支线客机新舟 600 的引擎也是 PW 的技术。

3.4.3 航空发动机工作原理

航空发动机工作原理图如图 3-34 所示。

涡轮喷气发动机简称涡喷发动机,通常由进气道、压气机、燃烧室、涡轮和尾喷管组成。部分军用发动机的涡轮和尾喷管间还有加力燃烧室。

涡喷发动机属于热机,做功原则同样为:高压下输入能量,低压下释放能量。工作时,发动机首先从进气道吸入空气。这一过程并不是简单的开个进气道即可,由于飞行速度是变化的,而压气机对进气速度有严格要求,因而进气道必须将进气速度控制在合适的范围。

压气机,顾名思义,用于提高吸入的空气的压力。压气机主要为扇叶形式,叶片转动对气流做功,使气流的压力、温度升高。随后高压气流进入燃烧室。燃烧室的燃油喷嘴射出油料,与空气混合后点火,产生高温高压燃气,向后排出。高温高压燃气向后流过高温涡轮,部分内能在涡轮中膨胀转化为机械能,驱动涡轮旋转。由于高温涡轮同压气机装在同一条轴上,因此也驱动压气机旋转,从而反复地压缩吸入的空气。从高温涡轮中流出的高温高压燃气,在尾喷管中继续膨胀,以高速从尾部喷口向后排出。这一速度比气流进入发动机的速度大得多,从而产生了对发动机的反作用推力,驱使飞机向前飞行。

冲压发动机由进气道(也称扩压器)、燃烧室、推进喷管三部分组成,比涡轮喷气发动机简单得多。冲压是利用迎面气流进入发动机后减速、提高静压的过程。这一过程不需要高速旋转的复杂的压气机,是冲压喷气发动机最大的优势所在。进气速度为 3 倍音速时,理论上可使空气压力提高 37 倍,效率很高。高速气流经扩张减速、气压和温度升高后,进入燃烧室与燃油混合燃烧。燃烧后温度为 2 000 ~ 2 200 ℃,甚至更高,经膨胀加速,由喷口高速排出,产生推力。因此,冲压发动机的推力与进气速度有关。以 3 倍音速进气时,在地面产生的静推力可高达 200 kN。

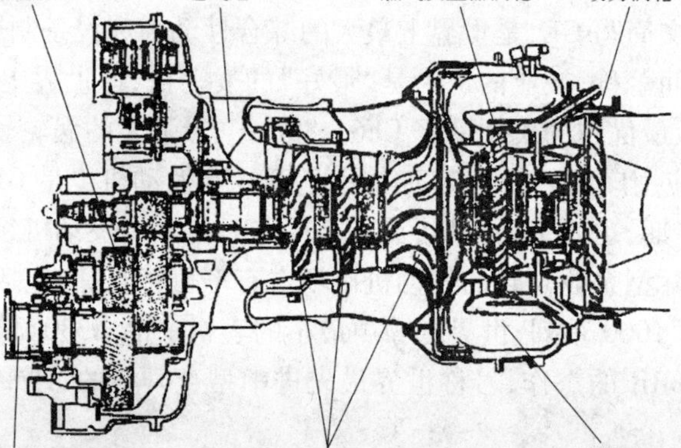

(a)

(b)

图 3-34　航空发动机工作原理图

冲压喷气发动机目前分为亚音速、超音速、高超音速三类。亚音速冲压发动机以航空煤油为燃料，采用扩散形进气道和收敛形喷管，飞行时增压比不超过 1.89。马赫数小于 0.5 时一般无法工作。超音速冲压发动机采用超音速进气道，燃烧室入口为亚音速气流，采用收敛形或收敛扩散形喷管。用航空煤油或烃类作为燃料。推进速度为亚音速至 6 倍音速，用于超音速靶机和地对空导弹。高超音速冲压发动机使用碳氢燃料或液氢燃料，是一种新颖的发动机，飞行马赫数高达 5 ~ 16，目前尚处于研制阶段。前两类发动机统称为亚音速冲压发动机，最后一种称为超音速冲压发动机。

3.4.4　航空发动机选材标准

3.4.4.1　高温合金标准

20 世纪 80 年代初，航空部门与冶金部门共同制定了一系列高温合金军工专用国家内部标准，包括母合金、棒材、板材、管材、丝材、圆饼、环坯等10项通用标准，其中各类变形产品标准是在20世纪60年代冶标基础上制定的，基本内容和技术指标基本沿用苏联20世纪50年代标准，并在1993年国家标准整顿中已调整为国标或冶标。高温合金国标的制定始于20世纪90年代初期，冶金与航空部门共同制定高温合金各类变形产品的通用标准，这些国标以原国家内部标准为基础，吸收借鉴了西方同类材料标准和俄罗斯现行标准的技术内容，纳入了先进的熔炼工艺、成熟的合金牌号和先进的质量控制要求，并在航空发动机用高温合金的订货生产中贯彻实施。高温合金材料航标中，19项单一牌号高温合金锭标准在航空行业内铸造高温合金的生产中实施；航空部门还与冶金部门共同制定了高温合金棒材、板材、管材、丝材、带材、圆饼、环坯、环形件、锻件等变形产品航标共31项，除早期的叶片用棒材、薄板为通用标准，且已提升为相应材料国军标外，均是一个合金牌号单一品种或相同产品类型有一项标准，这批变形高温合金航标大多以与冶金厂企标等效的方式贯彻实施。

3.4.4.2 钛合金标准

航空发动机一般用途零部件用钛合金板材、棒材、管材等采用国标，叶片等重要零部件用钛合金棒材、锻坯等采用军标，钛合金国军标的制定始于20世纪80年代末制定压气机叶片用TC4、TC11棒材标准，最初钛合金国军标基本适用于单一合金牌号、单一用途，以后陆续制定了饼环坯、熔模铸件、棒材和锻坯等不同品种的国军标。发动机用钛合金航标中，20世纪80年代初期制定的叶片用棒材、压气机盘用饼环坯标准均已提升为相应国军标，目前发动机用钛合金航标主要用于锻铸件的生产。

3.4.4.3 钢标准

航空发动机一般结构件用钢棒材、管材、板材、丝材、带材主要采用国标。20世纪90年代以前，发动机重要零部件用钢棒材、板材、管材按六七十年代制定的原冶金工业军用标准订货生产，冶标的技术内容是参照苏联五六十年代标准制定的。目前，除轴承用钢仍采用冶标外，重要零部件用钢的订货生产逐渐采用国军标，钢国军标的制定始于90年代初期，由冶金、航空部门共同在原冶金工业军用标准的基础上制定，发动机直接采用的钢国军标有棒材、管材、板材、丝材、带材、圆饼和环坯等原材料和锻坯标准，在这些国军标发布后，废止了相应的冶标。发动机用钢的航标中，80年代初期制定的棒材、管材标准技术内容已纳入相应的材料国军标，目前发动机用钢的航标主要用于铸钢及铸件的生产。

3.4.4.4 铝、镁合金标准

航空发动机用铝合金变形产品早期采用航空部门与材料供应部门于20世纪80年代共同制定的军工专用国家内部标准，其中板材标准已调整为有色标准，管材、型材标准已转化为相应国军标。目前发动机直接采用的铝合金国军标为薄板、棒材、管材、锻件标准，一般用途的铝合金棒材、线材、箔材、管材采用国标。镁合金国标用于棒材、铸造合金的订货生产。航空发动机用铝合金航标中，1982年制定的锻件、挤压棒材标准技术内容已纳入相应材料国军标，目前铝、镁合金航标主要用于铸造铝、镁合金及其铸件的生产，镁合金锻件也采用航标。

3.5 机床厂

机床是将金属毛坯加工成机器零件的机器，它是制造机器的机器，所以又称为“工作母机”或“工具机”，习惯上简称机床。现代机械制造中加工机械零件的方法很多：除切削加工外，还有铸造、锻造、焊接、冲压、挤压等，但凡属精度要求较高和表面粗糙度要求较细的零件，一般都需在机床上用切削的方法进行最终加工。在一般的机器制造中，机床所担负的加工工作量占机器总制造工作量的40% ~60%，机床在国民经济现代化的建设中起着重大作用。

3.5.1 机床分类

按加工方式或加工对象可分为车床、钻床、镗床、磨床、齿轮加工机床、螺纹加工机床、花键加工机床、铣床、刨床、插床、拉床、特种加工机床、锯床和刻线机床等。每类中又按其结构或加工对象分为若干组，每组中又分为若干型。

按工件大小和机床重量可分为仪表机床、中小型机床、大型机床、重型机床和超重型机床。

按加工精度可分为普通精度机床、精密机床和高精度机床。

普通机床包括普通车床、钻床、镗床、铣床、刨插床等。

精密机床包括磨床、齿轮加工机床、螺纹加工机床和其他各种精密机床。

高精度机床包括坐标镗床、齿轮磨床、螺纹磨床、高精度滚齿机、高精度刻线机和其他高精度机床等。

按自动化程度可分为手动操作机床、半自动机床和自动机床。

按机床的自动控制方式，可分为仿形机床、程序控制机床、数控机床、适应控制机床、加工中心和柔性制造系统。

其中，数控机床是数字控制机床的简称，是一种装有程序控制系统的自动化机床。该控制系统能够逻辑地处理具有控制编码或其他符号指令规定的程序，并将其译码，从而使机床动作并加工零件。

按机床的适用范围，又可分为通用机床、专门化机床和专用机床。

专用机床中有一种以标准的通用部件为基础，配以少量按工件特定形状或加工工艺设计的专用部件组成的自动或半自动机床，称为组合机床。

对一种或几种零件的加工，按工序先后安排一系列机床，并配以自动上下料装置和机床与机床间的工件自动传递装置，这样组成的一列机床群称为切削加工自动生产线。

柔性制造系统是由一组数字控制机床和其他自动化工艺装备组成的，用电子计算机控制，可自动地加工有不同工序的工件，能适应多品种生产。

3.5.2 机床组成

各类机床通常由下列基本部分组成：支承部件，用于安装和支承其他部件和工件，承受其重量和切削力，如床身和立柱等；变速机构，用于改变主运动的速度；进给机构，用于改变进给量；主轴箱，用以安装机床主轴；刀架、刀库；控制和操纵系统；润滑系统；冷却系统。

机床附属装置包括机床上下料装置、机械手、工业机器人等机床附加装置，以及卡盘、吸盘弹簧夹头、虎钳、回转工作台和分度头等机床附件。

机床附件的种类还有很多，包括柔性风琴式防护罩（皮老虎）、刀具刀片、钢板不锈钢导轨护罩、伸缩式丝杠护罩、卷帘防护罩、防护裙帘、防尘折布、钢制拖链、工程塑料拖链、机床工作灯、机床垫铁、JR－2型矩形金属软管、DGT导管防护套、可调塑料冷却管、吸尘管、通风管、防爆管、行程槽板、撞块、排屑机、偏摆仪、平台\花岗石平板\铸铁平板及各种操作件等。

3.5.3 发展方向

（1）虚拟机床：通过研发机电一体化的、硬件和软件集成的仿真技术，来提高机床的设计水平和使用绩效。

（2）绿色机床：强调节能减排，力求使生产系统的环境负荷达到最小化。

（3）智能机床：提高生产系统的智能化、可靠性、加工精度和综合性能。

（4）e－机床：提高生产系统的独立自主性以及与使用者和管理者的交互能力，使机床不仅是一台加工设备，而是成为企业管理网络中的一个节点。

其中，绿色机床将成为研究热点。将毛坯转化为零件的工作母机，在使用过程中不仅消耗能源，还会产生固体、液体和气体废弃物，对工作环境和自然环境造成直接或间接的污染。据此，绿色机床应该具有以下特点：机床主要零部件由再生材料制造；机床的重量和体积减少50%以上；通过减轻移动质量、降低空运转功率等措施使功率消耗减少30%～40%；使用过程中产生的各种废弃物减少50%～60%，保证基本没有污染的工作环境；报废后机床材料100%可回收。据统计，机床使用过程中用于切除金属的功率只占到25%左右，各种损耗和辅助功能占去大部分。机床绿色化的第一个措施，是通过大幅度降低机床重量和减少驱动功率来构建具有生态效益的机床。绿色机床提出一种全新的概念，大幅减少重量，力求节省材料，同时降低能耗。

3.5.4 锻压机床及工作原理

锻压机床是金属和机械冷加工用的设备，它只改变金属的外形状。锻压机床包括卷板机、剪板机、冲床、压力机、液压机、油压机、折弯机等。如图3-35所示为某大型锻压机床。

机械压力机床工作时，由电动机通过三角皮带驱动大皮带轮（通常兼作飞轮），经过齿轮副和离合器带动曲柄滑块机构，使滑块和凸模直线下行。锻压工作完成后滑块回程上行，离合器自动脱开，同时曲柄轴上的自动器接通，使滑块停在上止点附近（见图3-36）。

辊锻变形的实质是坯料的轧制延伸，坯料部分截面变小而长度增加。当截面变形较大时，需要由几道孔型经多次辊轧完成。其工艺设计主要是合理地决定各工步辊锻的压下量、展宽量和延伸变形量。它们取决于辊径的大小、孔型的形状尺寸、毛坯的温度和冷

图 3-35　大型锻压机床

却润滑等变形条件。有的双支承辊锻机在一端有辊轴伸出，这是悬臂式和双支承式结合的复合型辊锻机，它既能实现纵向辊锻又能在悬臂端完成横向展宽成形。在大批量辊锻生产中，广泛采用机械手传送工件，实现生产过程的自动化，提高生产率，减轻劳动强度。

挤压是指用凸模对放置在凹模中的坯料加压，使之产生塑性流动，从而获得相应于模具的型孔或凹凸模形状的制件的锻压方法。挤压时，坯料产生三向压应力，即使是塑性较低的坯料，也可被挤压成形。挤压，特别是冷挤压，材料利用率高，材料的组织和机械性能得到改善，操作简单，生产率高，可制作长杆、深孔、薄壁、异型断面零件，是重要的少无切削加工工艺。挤压主要用于金属的成形，也可用于塑料、橡胶、石墨和黏土坯料等非金属的成形。

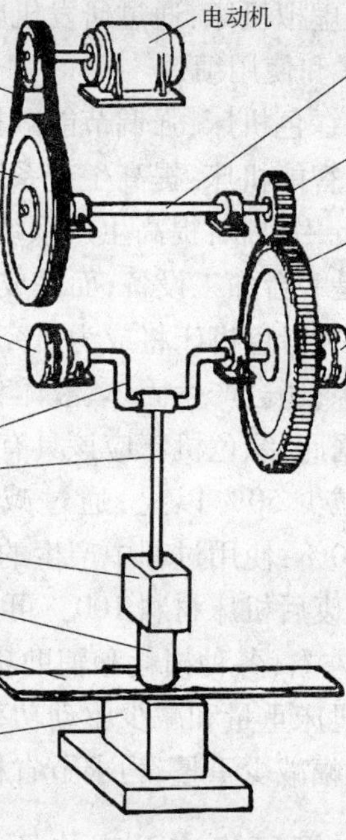

图 3-36　机械压力机工作原理图

每个曲柄滑块机构称为一个“点”。最简单的机械压力机采用单点式，即只有一个曲柄滑块机构。有的大工作面机械压力机，为使滑块底面受力均匀和运动平稳而采用双点或四点的。

机械压力机的载荷是冲击性的，即在一个工作周期内锻压工作的时间很短。短时的最大功率比平均功率大十几倍以上，因此在传动系统中都设置有飞轮。按平均功率选用的电动机启动后，飞轮运转至额定转速，积蓄动能。凸模接触坯料开始锻压工作后，电动机的驱动功率小于载荷，转速降低，飞轮释放积蓄的动能进行补偿。锻压工作完成后，飞轮再次加速积蓄动能，以备下次使用。

机械压力机上的离合器与制动器之间设有机械或电气联锁，以保证离合器接合前制动器一定松开，制动器制动前离合器一定脱开。机械压力机的操作分为连续、单次行程和寸动（微动），大多数是通过控制离合器和制动器来实现的。滑块的行程长度不变，但其底面与工作面之间的距离（称为封密高度），可以通过螺杆调节。

生产中，有可能发生超过压力机公称工作力的现象。为保证设备安全，常在压力机上装设过载保护装置。为了保证操作者人身安全，压力机上面装有光电式或双手操作式人身保护装置。

3.6 硬质合金厂

3.6.1 硬质合金简介

硬质合金的基体由两部分组成：一部分是硬化相；另一部分是黏结金属。

硬化相是元素周期表中过渡金属的碳化物，如碳化钨、碳化钛、碳化钽，它们的硬度很高，熔点都在2 000 ℃以上，有的甚至超过4 000 ℃。另外，过渡金属的氮化物、硼化物、硅化物也有类似的特性，也可以充当硬质合金中的硬化相。硬化相的存在决定了合金具有极高硬度和耐磨性。

黏结金属一般是铁族金属，常用的是钴和镍。

制造硬质合金时，选用的原料粉末粒度在1～2 μm，且纯度很高。原料按规定组成比例进行配料，加进酒精或其他介质在湿式球磨机中湿磨，使它们充分混合、粉碎，经干燥、过筛后加入蜡或胶等一类的成形剂，再经过干燥、过筛制得混合料。然后，把混合料制粒、压型，加热到接近黏结金属熔点（1 300～1 500 ℃）的时候，硬化相与黏结金属便形成共晶合金。经过冷却，硬化相分布在黏结金属组成的网格里，彼此紧密地联系在一起，形成一个牢固的整体。硬质合金的硬度取决于硬化相含量和晶粒粒度，即硬化相含量越高、晶粒越细，则硬度也越大。硬质合金的韧性由黏结金属决定，黏结金属含量越高，抗弯强度越大。

硬质合金烧结成形就是将粉末压制成坯料，再进烧结炉加热到一定温度（烧结温度），并保持一定的时间（保温时间），然后冷却下来，从而得到所需性能的硬质合金材料。

硬质合金烧结过程可以分为四个基本阶段：

（1）脱除成形剂及预烧阶段。在这个阶段烧结体发生如下变化：

成形剂的脱除，烧结初期随着温度的升高，成形剂逐渐分解或汽化，排除出烧结体，与此同时，成形剂或多或少给烧结体增碳，增碳量将随成形剂的种类、数量以及烧结工艺的不同而改变。

粉末表面氧化物被还原，在烧结温度下，氢可以还原钴和钨的氧化物，若在真空脱除成形剂和烧结，碳氧反应还不强烈。粉末颗粒间的接触应力逐渐消除，黏结金属粉末开始产生回复和再结晶，表面扩散开始发生，压块强度有所提高。

（2）固相烧结阶段（800 ℃～共晶温度）。

在出现液相以前的温度下，除继续进行上一阶段所发生的过程外，固相反应和扩散加剧，塑性流动增强，烧结体出现明显的收缩。

（3）液相烧结阶段（共晶温度～烧结温度）。

当烧结体出现液相以后，收缩很快完成，接着产生结晶转变，形成合金的基本组织和结构。

(4)冷却阶段(烧结温度～室温)。

在这一阶段，合金的组织和相成分随冷却条件的不同而产生某些变化，可以利用这一特点，对硬质合金进行热处理以提高其物理机械性能。

1923 年，德国的施勒特尔往碳化钨粉末中加进 10% ～20% 的钴做黏结剂，发明了碳化钨和钴的新合金，硬度仅次于金刚石，这是世界上人工制成的第一种硬质合金。用这种合金制成的刀具切削钢材时，刀刃会很快磨损，甚至刃口崩裂。1929 年美国的施瓦茨科夫在原有成分中加进了一定量的碳化钨和碳化钛的复式碳化物，改善了刀具切削钢材的性能。这是硬质合金发展史上的又一成就。

硬质合金具有硬度高、耐磨、强度和韧性较好、耐热、耐腐蚀等一系列优良性能，特别是它的高硬度和耐磨性，即使在 500 ℃的温度下也基本保持不变，在 1 000 ℃时仍有很高的硬度。硬质合金广泛用作刀具材料，如车刀、铣刀、刨刀、钻头、镗刀等，用于切削铸铁、有色金属、塑料、化纤、石墨、玻璃、石材和普通钢材，也可以用来切削耐热钢、不锈钢、高锰钢、工具钢等难加工的材料。现在新型硬质合金刀具的切削速度等于碳素钢的数百倍。

硬质合金还可用来制作凿岩工具、采掘工具、钻探工具、测量量具、耐磨零件、金属磨具、汽缸衬里、精密轴承、喷嘴等。

3.6.2 常用的硬质合金

常用的硬质合金以 WC 为主要成分，根据是否加入其他碳化物而分为以下几类：

(1)钨钴类(WC + Co)硬质合金(YG)。

它由 WC 和 Co 组成，具有较高的抗弯强度的韧性，导热性好，但耐热性和耐磨性较差，主要用于加工铸铁和有色金属。细晶粒的 YG 类硬质合金(如 YG3X、YG6X)，在含钴量相同时，其硬度耐磨性比 YG3、YG6 高，强度和韧性稍差，适用于加工硬铸铁、奥氏体不锈钢、耐热合金、硬青铜等。

(2)钨钛钴类(WC + TiC + Co)硬质合金(YT)。

由于 TiC 的硬度和熔点均比 WC 高，所以和 YG 相比，其硬度、耐磨性、红硬性增大，黏结温度高，抗氧化能力强，而且在高温下会生成 TiO_2，可减少黏结。但导热性能较差，抗弯强度低，所以它适用于加工钢材等韧性材料。

(3)钨钽钴类(WC + TaC + Co)硬质合金(YA)。

在 YG 类硬质合金的基础上添加 TaC(NbC)，提高了常温、高温硬度与强度，抗热冲击性和耐磨性，可用于加工铸铁和不锈钢。

近 20 年来，涂层硬质合金也问世了。1969 年瑞典研制成功了碳化钛涂层刀具，刀具的基体是钨钛钴硬质合金或钨钴硬质合金，表面碳化钛涂层的厚度不过几微米，但是与同牌号的合金刀具相比，使用寿命延长了 3 倍，切削速度提高了 25% ～50%。20 世纪 70 年代已出现第四代涂层工具，可用来切削很难加工的材料。

世界上有 50 多个国家生产硬质合金，总产量可达 27 000～28 000 t，主要生产国有美国、俄罗斯、瑞典、中国、德国、日本、英国、法国等，世界硬质合金市场基本处于饱和状态，市场竞争十分激烈。中国硬质合金工业是20世纪50年代末期开始形成的,60～70年代中国硬质合金工业得到了迅速发展,90年代初中国硬质合金总生产能力达6 000 t,硬质合金总产量达5 000 t,仅次于俄罗斯和美国,居世界第3位。

表3-12列出了常用的硬质合金牌号及各自的应用场合,图3-37是部分硬质合金的实物照片。

表3-12 硬质合金常用牌号及用途介绍

牌号	相当标准 ISO	抗弯强度 (N/mm^2)	硬度 HRA	用途
YG3X	K01	1 420	92.5	适于铸铁、有色金属及合金、淬火钢合金钢的小切削断面高速精加工
YG6	K20	1 900	90.5	适于铸铁、有色金属及合金、非金属材料在中等切削速度下的半精加工和精加工
YG6X	K15	1 800	92.0	适于冷硬铸铁、球墨铸铁、灰铸铁、耐热合金钢的中小切削断面高速精加工、半精加工
YG6A	K10	1 800	92.0	适于冷硬铸铁、球墨铸铁、灰铸铁、耐热合金钢的中小切削断面高速精加工
YG8	K30	2 200	90.0	适于铸铁、有色金属及合金、非金属材料低速粗加工
YG8N	K30	2 100	90.5	适于铸铁、白口铸铁、球墨铸铁以及铬镍不锈钢等合金材料的高速切削
YG15	K40	2 500	87.0	适于镶制油井、煤炭开采钻头、地质勘探钻头
YG4C		1 600	89.5	适于镶制油井、煤炭开采钻头、地质勘探钻头
YG8C		1 800	88.5	适于镶制油井、矿山开采钻头一字、十字钻头、牙轮钻齿、潜孔钻齿
YG11C		2 200	87.0	适于镶制油井、矿山开采钻头一字、十字钻头、牙轮钻齿、潜孔钻齿
YW1	M10	1 400	92.0	适于钢、耐热钢、高锰钢和铸铁的中速半精加工
YW2	M20	1 600	91.0	适于耐热钢、高锰钢、不锈钢等难加工钢材的中、低速粗加工和半精加工
GE1	M30	2 000	91.0	适于非金属材料的低速粗加工和钟表齿轮耐磨损零件
GE2		2 500	90.0	硬质合金顶锤专用牌号
GE3	M40	2 600	90.0	适于制造细径微钻、立铣刀、旋转锉刀等
GE4		2 600	88.0	适于打印针、压缸及特殊用途的管、棒、带等
GE5		2 800	85.0	适于轧辊、冷冲模等耐冲击材料
YT30	P01		92.5	适合碳钢、合金钢的精加工,小断面的精车、精镗、精扩等

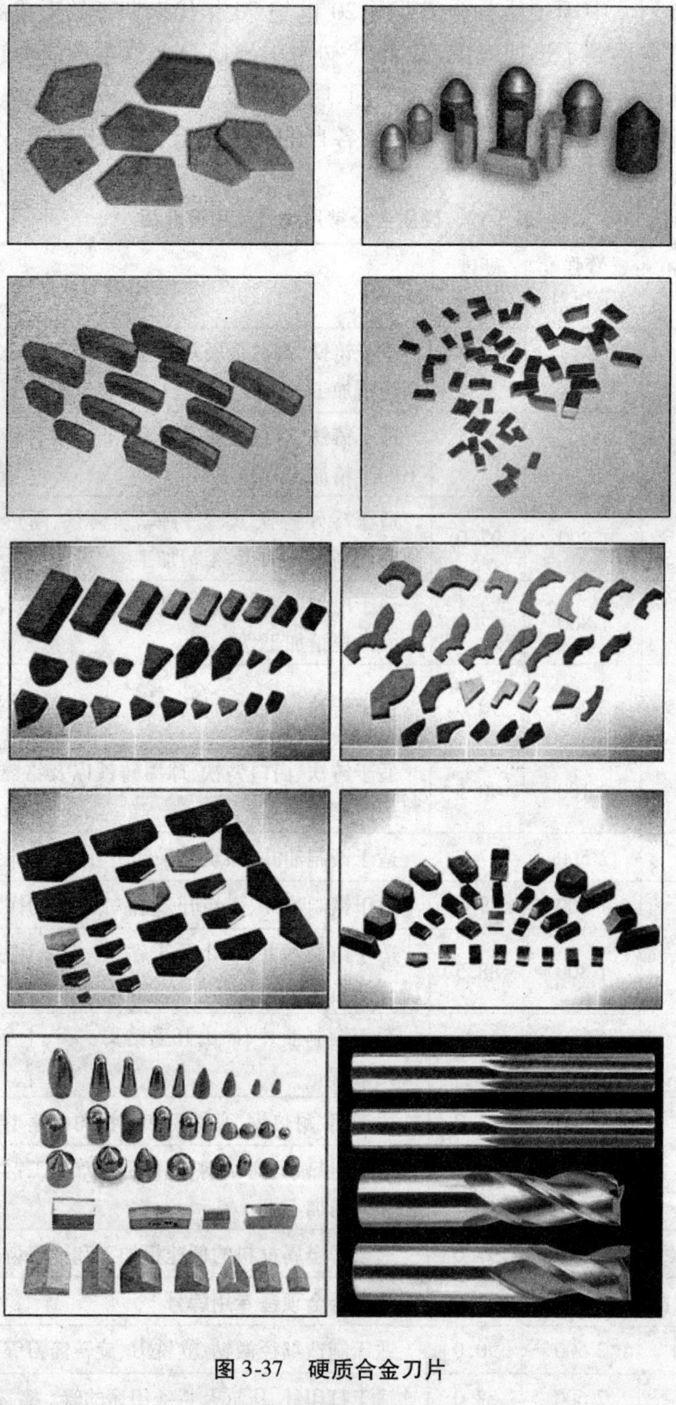

图 3-37　硬质合金刀片

3.6.3　株洲硬质合金集团有限公司简介

株洲硬质合金集团有限公司(以下简称“株硬集团”,见图 3-38)是国家“一五”期间建设的 156 项重点工程之一。主要生产金属切削工具、矿山及油田钻探采掘工具、硬质材料、钨钼制品、钽铌制品、稀有金属粉末制品等六大系列产品。硬质合金号称"工业的牙齿",广泛应用于冶金、机械、地质、煤炭、石油、化工、电子、轻纺及国防军工等领域,是一个基础性产业,关系到国民经济发展的质量和水平。公司目前下设2个产品专业事业部、12个生产厂、6家控股子公司,是国内最大的硬质合金生产、科研、经营和出口基地,被湖南省认定为"十大标志性工程"企业。2009年12月,中国五矿集团公司对湖南有色金属控股集团实施战略重组,公司成为中国五矿旗下企业。

图3-38 株硬集团办公大楼

公司拥有较强的技术创新能力。拥有国家级技术中心、分析测试中心和具有国际先进水平的研发中心。技术创新投入达到销售收入的4%,新产品对销售收入的贡献率达到25%以上。"十五"以来,累计投资20亿元,重点建设了以金属切削工具为主的钻石工业园、以钨冶炼为主的郴州钨制品有限公司和以印刷电路板微钻为主的深圳金洲科技园,同时组织实施了钨钼、钽铌和硬质合金老系统等10多项技术改造,多项生产技术达到或接近当代世界先进水平。通过了质量、职业健康安全和环境管理体系认证,采用国际标准和国际先进标准的产品超过80%。2012年公司员工总人数7 471人,销售收入55.8亿元。

公司拥有健全的营销网络。前移营销平台,着力构建以点带面、点面结合、多层次、多渠道的立体营销网络,产品国内市场占有率30%左右,并销往世界70多个国家和地区。"钻石牌"商标1999年被国家工商行政管理局认定为中国驰名商标,并相继在英国、丹麦、韩国、澳大利亚、以色列、加拿大等47个国家与地区注册。"钻石牌"硬质合金于2004年、2007年两次被国家技术监督局评为"中国名牌"产品。

公司秉承"世界工具,财富利器"的经营理念,持守"精诚创造价值"的核心价值观,坚持"以心为本"的管理理念,遵从"精以敬业,诚以待人"的行为基准,大力弘扬"追求过硬,进取无限"的企业精神,始终把"重科技,严管理,质量第一,钻石牌产品全力满足顾客需求"作为质量方针,追求"打造国际知名品牌,跻身世界硬质合金强势企业"的目标。不断发展和丰富的企业文化,形成了推动企业前进的强大合力。

株硬集团"十二五"发展战略目标是"打造国际知名品牌,跻身全球行业四强"。"十二五"经济发展目标:营业收入100亿元,资产总额100亿元,利润总额6亿元。

3.7 陶瓷企业

3.7.1 唐山陶瓷股份有限公司

3.7.1.1 企业简介

唐山陶瓷股份有限公司成立于1998年,并于当年在深圳证券交易所上市发行了唐山陶瓷股份有限公司股票。

唐山陶瓷股份有限公司，集科工贸和产供销于一体，是我国陶瓷产品重点生产和出口企业，有控股子公司5个、分公司5个和1个研究院。总资产11亿人民币，主导产品为日用瓷，年生产能力1.6亿件；特种陶瓷，年生产能力1 000万件；卫生洁具，年生产能力200万件；陶瓷墙地砖，年生产能力300万 m^2；耐火材料，年生产能力90 000 t，及各类工艺美术陶瓷。现已发展成为我国重要的陶瓷生产和研发基地，有专营对外业务的进出口公司。

通过不断进行技术改造和产品技术创新，唐山陶瓷股份有限公司的技术装备已达到国际先进水平，产品质量和档次显著提高，市场竞争力进一步增强，产品外销欧美、澳洲、亚洲等30多个国家和地区，内销全国各大省、市、自治区。

3.7.1.2 主要产品介绍

1. 骨质瓷

唐山陶瓷股份有限公司骨质瓷分公司是中国最大的高档骨质瓷生产企业，拥有固定资产8 000余万元，占地面积10.6万 m^2，现有员工1 000余名，主要生产高档骨质瓷和中档新骨瓷两个瓷种。

骨质瓷是世界公认的最高档瓷种。骨质瓷分公司生产的“红玫瑰”牌骨质瓷具有质细、色白、釉亮、胎薄的特点。它华贵典雅，卓尔不群，具有超凡脱俗的贵族气质，是身份的标志、品位的象征。从1973年诞生至今，“红玫瑰”品牌历经四十载的风雨磨砺，幽香独具，风采依然，谱写了“五个历史之最”的瑰丽传奇。

骨质瓷是以磷酸盐为基础的陶瓷，是以磷酸钙为熔剂的“磷酸盐－高岭土－石英－长石”的系统陶瓷。坯料中骨灰含量50%左右，过多会导致瓷质发黄，坯料的可塑性变差。一般在坯料中保持一定量的可塑性好的黏土；长石和石英含量在20%～25%。骨质瓷坯料一般采用可塑法和注浆法成形。骨质瓷一般为二次烧成，第一次为高温素烧，温度为1 200～1 250 ℃；第二次为低温釉烧，温度为1 100～1 150 ℃，烧成后的瓷主要由钙长石、磷酸三钙、残余石英和玻璃相组成。该瓷器的白度高、透明性能好、瓷质软、光泽柔和，然而其脆性大，热稳定性差，烧成范围较窄，不好控制。

2. 卫生瓷

唐山陶瓷股份有限公司卫生陶瓷分公司是以外销为主导的大型出口企业，年产中高档卫生洁具100万件，是唐山陶瓷股份有限公司（上市公司）骨干企业。本公司秉承“创新精益”的企业精神，十分注重产品的提质上档，并以先进的技术装备为后盾，引进美国和意大利两条宽断面全自动节能隧道窑，为保证产品品质更优良、更完美，奠定了坚实基础。

卫生洁具制品多用半瓷质坯体制成，而浴盆等大件和壁厚的产品，为减少其收缩，则用熟料精陶，其坯料由黏土、长石、石英配成。卫生瓷泥浆中，通常存在着一定含量的空气，一般采用搅拌和真空处理可减少空气含量，提高吸浆速度，减少棕眼和气泡缺陷，降低收缩率，提高致密度和机械强度。泥浆通常含有9%～25%高塑性黏土，以提高其流动性、可塑性和干燥强度；同时采用大量低塑性黏土，增加透水性，提高吸浆速度，缩短注浆时间。目前注浆成形已由手工注浆发展为自动化管道注浆、压力注浆和成组浇注。最后采用隔焰或半隔焰（无钵）和明焰（有钵、无钵）一次烧成，烧成气氛为氧化气氛。

1996 年企业在全国同行业首家通过 ISO9002 质量体系和产品质量的双重认证。2001 年 10 月又顺利通过 ISO9001 质量体系新版认证和国家首批卫生洁具节水认证。先后被国家、河北省命名为全国质量管理先进企业、国家权威检测达标产品、国家小康住宅建设推荐产品、河北省质量效益型企业、河北省用户满意产品、免检产品、八大名瓷和重点名牌产品等荣誉称号。产品远销美国、加拿大、法国、意大利、韩国等十几个国家和地区。目前,产品出口量已达 90% 以上。图 3-39 是其生产的卫生陶瓷。

图 3-39　卫生瓷器

3. 特种陶瓷

唐山陶瓷股份有限公司特种陶瓷分公司(原唐山市第十瓷厂)隶属于上市公司唐山陶瓷股份有限公司,创建于 1938 年,是集产品设计、开发、生产、检测为一体的中型企业,企业现有员工 358 人,占地面积 5 000 m^2,是我国生产工业理化陶瓷、特种陶瓷、陶瓷纤维及制品最大的企业。"铁锚牌"产品以品种齐全、质量优良、性能稳定、价格合理居全国之首,曾荣获国家银质奖、国家质量奖、轻工部产品质量奖、省优产品奖、市优产品奖。

该企业研制的高新技术陶瓷产品,在我国特种陶瓷领域享有很高的声望,具有高强度、高硬度、耐高温、耐腐蚀等一系列优良特性,广泛应用于冶金、煤炭、化工、机械、石油、电子、纺织等行业和国防、科学研究等部门。图 3-40 ~ 图 3-42 和表 3-13 ~ 表 3-15 给出部分特种陶瓷的外观形貌和性能指标。

图 3-40　蜂窝陶瓷

图 3-41　氧化铝陶瓷

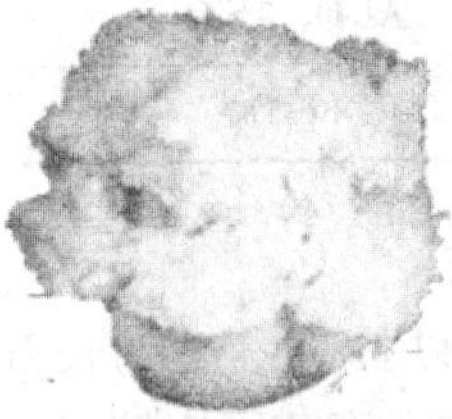

图 3-42　陶瓷纤维

表 3-13　蜂窝陶瓷的性能指标

种类	Al_2O_3 含量（%）	热膨胀系数（室温～800 ℃）×10^{-6}（℃）	抗压强度（MPa）	耐火度（℃）
堇青石质	33～37	<2.0	20	>1 400
堇青石－莫来石质	50～70	<3.0	30	>1 500
莫来石－高铝质	70～80	<6	45	>1 650
高铝质	85～95	<7	60	>1 750

表 3-14　氧化铝陶瓷的性能指标

氧化铝系列陶瓷	刚玉制品	普通氧化铝制品
密度	3.6～3.8 g/cm³	3.0～3.6 g/cm³
使用温度	1 600 ℃以下	1 400 ℃以下
硬度	HRA85～89	HRA80～85
吸水率	<0.1%	<0.1%
抗折强度	<300 MPa	<200 MPa

表 3-15　陶瓷纤维的性能指标

型号		78－1	84－3
耐火度（℃）		≥1 770	≥1 790
最高使用温度（℃）		1 150	1 260
纤维平均直径（μm）		2～4	2～4
高温线收缩（%）		1 160 ℃　≤4	1 400 ℃　≤4
渣球含量（>0.25 mm）	棉	≤15%	≤15%
	制品	≤5%	≤5%
体积密度（g/cm³）		0.13～0.25	0.15～0.30
导热系数（kJ/（m·h·℃））		900 ℃　0.347 1 000 ℃　0.476 1 300 ℃　0.597	1 100 ℃　0.447 1 200 ℃　0.484 1 300 ℃　0.539
Al_2O_3		≥45%	≥57%
$Al_2O_3+SiO_2$		≥96%	≥99%
Fe_2O_3		≤1.2%	≤0.13%

4. 日用瓷

唐山的日用瓷的瓷质为长石瓷，是以长石为熔剂的长石－石英－高岭土三组分瓷器，其特点是烧成温度范围比较宽，一般为 1 250～1 350 ℃。瓷坯组成中主要是钾长石，它的特点是高温黏度大，熔融范围宽，有利于成瓷，可防止产品变形。长石质瓷的瓷胎由玻璃相、莫来石晶相、残余石英晶相及微量气孔构成。其瓷质洁白，薄层呈半透明，断面呈贝壳状，不透气，吸水率低，质地坚硬，力学强度高，化学稳定性和热稳定性好。

公司始建于1964年，当时称唐山市第二瓷厂，1989年与香港凌志公司股份重组后，更名为河北长城陶瓷有限公司。

公司是以科研、开发、制造于一体的大型企业，现有员工2 200人，主要生产酒店瓷、西餐具、咖啡具等，瓷种分为青瓷和高白瓷，同时产品以白胎、釉中彩、釉上大膜、小膜和浮雕等丰富多彩的装饰方法和优良的品质而闻名中外，日用瓷的浮雕产品在我国是由该公司率先研究和发展的，至今仍享有“浮雕之父”之称。年生产能力4 200万件，产品90%以上出口到美国、加拿大、德国、意大利、法国、西班牙、希腊等40余个国家，品种以厚胎瓷、方型、异型、圆型等为主，以辊压成形和冷压成形、注浆成形等工艺为主导，交货能力强，范围广泛。

企业占地面积14.59万m^2，其中建筑面积7.92万m^2，现有设备、链式19条，窑炉5条，烤花窑3条，1996年在日用陶瓷行业中率先通过了ISO 9001:1994质量体系认证。

追求产品的高质量是长城陶瓷永恒的主题，满足顾客需求是长城员工永远的焦点。“以人为本，开拓创新，实施持续改进；质量第一，顾客满意，实现双赢发展”是企业的质量方针，也是长城陶瓷进入新世纪的经营理念。

5. 艺术陶瓷

唐山陶瓷股份有限公司研究院的前身是唐山陶瓷工业公司研究所，最早成立于1958年1月，于1999年改所建院，隶属于唐山陶瓷股份有限公司，唐山陶瓷研究院是我国陶瓷领域最负盛名的综合性研究院之一。下辖工艺研究室、艺术研究室、装饰材料研究室等6个专业研究部门和金水车间、高档艺术瓷厂、特种陶瓷厂、窑炉公司等专业生产单位，河北省陶瓷工业科技情报站等权威机构设在这里。

该院拥有全国一流的陶瓷科技专家和陶瓷美术艺术家。其中，中国陶瓷艺术大师2名，河北省陶瓷艺术大师9名，高中级工程师40名，每年在专业期刊上发表专论数十篇。该院在国内外陶瓷界久负盛名。

60年来，该院为我国陶瓷工业的发展进步作出了突出贡献，先后完成重大科研课题127项，获省部级以上奖励20余项。该院自主研制的骨质瓷、白玉瓷、白兰瓷、玉兰瓷，在我国不同历史时期都代表了我国陶瓷工业的最高水平，被誉为“四朵金花”，享誉神州，蜚声海外，特别是骨质瓷已在国内形成庞大的产业规模，在国际市场上成为最具竞争力的产品。该院于20世纪80年代初研制成功的铁红金圈结晶釉是宋代曜变天目釉的同类结晶体，原已失传700余年，重新研制成功后引起轰动，被誉为“国宝”和“可遇而不可求的珍品”，获“国家发明奖”，代表作品被北京故宫博物院收藏。以骨质瓷艺术瓷和色釉雕金装饰技法为代表的一批艺术创新成果在国内取得领先地位。该院是国家陶瓷装饰用金水重点生产单位，20世纪70年代开始金水生产，经过30多年的艰苦努力，形成高水平的系列化品种系列，可以充分满足客户不同品质要求，在国内具有极高的知名度。

该院研发生产的高档艺术陈设瓷处于国内一流水平。院内汇集了以国家级陶瓷艺术大师刘希舜为首的一批老中青技术骨干，艺术创作在国内独树一帜，代表作品“三月藤花”、“北国风光”等被《当代中国陶瓷精品选》等画册收录。他们精研的釉下青花、釉下五彩、釉上新彩、雕金、喷彩等绘画技法在传统继承中不断创新，形成独特的艺术风格。异彩纷呈、琳琅满目的高档艺术瓷畅销全国，远销海外。

6. 建筑陶瓷

建筑陶瓷主要包括釉面砖、外墙砖和地砖。釉面砖属多孔性的精陶产品，有长石质、石灰质及叶蜡石质面砖，目前以石灰质为主，以白云石或滑石代替部分石灰石，可扩大烧成范围，增大机械强度和坯体的热膨胀系数。和长石面砖相比较，其烧成温度稍低、收缩及吸湿膨胀均较小。釉面砖成形一般采用半干压法，水分控制在7%～9%。所用釉料通常为熔融温度较低的低温熔块釉。釉面砖大多采用二次烧成，第一次为素烧，烧成温度1 200 ℃左右；第二次为釉烧，烧成温度1 000～1 100 ℃。周期由传统的70 h以上缩短到2～4 h，甚至1 h以内。燃料消耗减少40%，成本降低1/3左右。

外墙砖和地砖一般也是以黏土、长石、石英等为主要原料。釉面砖要求尺寸准确，收缩小，所以吸水率大，强度要求不高；地砖收缩大，吸水率小，耐磨，强度高，高级磨光、抛光（玻化砖）；外墙砖不仅要美观，还要耐蚀，抗冻性要好，吸水率不高，收缩较大。

唐山陶瓷股份有限公司建华分公司（唐山市建华陶瓷厂），始建于1984年，系唐山陶瓷股份有限公司中唯一生产高档墙地砖的大型国有企业。该厂拥有成套引进设备，技术雄厚，工艺先进。总资产1.2亿元，年生产能力500万m^2。厂区占地面积10万m^2（约150亩），拥有职工1 000多名。该厂生产的“建华牌”、“红玫瑰牌”、“华龙牌”高档水晶内墙砖、高档亚光内墙砖、高档防滑地砖、高档地爬壁套砖和响誉世界的“三环牌”高档彩釉外墙砖、高档仿石外墙砖等系列产品，具有抗冻、抗折、耐酸、耐碱、阻止渗污、吸水率低、抗后期龟裂、规格齐全等特点。该厂产品质量检验标准及各项理化指标均高于“国标”规定。先后荣获国家、省、市授予的“优秀产品”、“驰名品牌”、“先进企业”等称号。通过了ISO9001产品质量认证和质量管理体系认证双重证书，并获得了国际质量认证联盟颁发的“IQNET”质量管理体系认证证书，以及“绿色建材”推荐证书。在信息世纪到来之际，作为一个现代化的建筑陶瓷生产企业，建华陶瓷厂力求完善自我，在万维科技有限公司大力协作下，成立了电子商贸部，直接进行网上销售，大大提高了产品的销售量，给企业注入了新的活力，使企业成为本行业的典范。

3.7.2 西安高压电瓷厂

3.7.2.1 企业概况

西安西电高压电瓷有限责任公司（原西安高压电瓷厂），是“一五”期间由苏联援建我国156项重点建设项目中的两项（高压电瓷和避雷器）合并而建的，于1953年筹建，1959年投产。2001年9月以“债转股”的方式改制为西安西电高压电瓷有限责任公司，隶属于中国西电集团，注册资金为31 865万元，占地面积295 143 m^2，2008年产值4.8亿元。1995年投资组建了西安双佳高压电瓷电器有限公司。2008年按中国西电集团产业结构调整的整体规划，将避雷器产品与电容套管产品制造业务划转组建成立了西安西电避雷器有限责任公司与西安西电高压套管有限公司，2008年西安西电高压电瓷有限责任公司（西瓷公司）吸收合并了西安双佳高压电瓷电器有限公司。随着避雷器生产线与电容套管生产线从西瓷公司的剥离，西瓷公司的主业已从多元化发展进入到专业化（电瓷绝缘子)的发展,目前已成为我国超(特)高压输配电设备配套用电瓷绝缘子产品生产、研制的主要基地,是国内最大的电瓷绝缘子专业生产公司。

西瓷公司主要产品有 126 ~ 1 100 kV 各类棒形支柱绝缘子产品、126 ~ 1 100 kV 各类电器瓷套产品。产品品种齐全,除生产标准型产品外,还生产各种耐污型、高原型、耐震型等特殊地区用产品。产品全部采用国家标准和 IEC 标准,重点产品还制定了高于 IEC 标准的内控标准。

西瓷公司拥有国内一流的电瓷生产工艺和装备,自改革开放以来,先后引进了美国贝克莱窑炉公司的等温高速喷嘴抽屉窑、瑞典 IFO 公司的等静压成形制造技术及关键制造设备,德国 ϕ 750 立式练泥机,棒形、瓷套成形全面采用数控修坯机,所有窑炉均为全自动天然气窑炉。西瓷公司拥有全国最大的等静压瓷套生产线,可一次成形高 2.5 m,直径 0.8 m 的整体瓷套,同时拥有技术先进的高压试验站。一流的装备保证了西瓷公司可以生产百万伏的棒形绝缘子和各类电器瓷套。

3.7.2.2 高压电瓷发展进程与未来

1. 高压电瓷材料的发展历史

1849 年德国西门子公司首次使用瓷绝缘子,至今已经有 150 多年的历史。我国电瓷材料的生产也已经有 100 多年的历史,经过了长石质瓷、高石英瓷和铝质瓷(高强瓷)三个阶段。

目前代表产品发展方向和具有更广阔前景的是铝质高强度电瓷。长石质电瓷材料的抗折强度为 30 ~ 50 MPa。20 世纪 60 年代初,日本人发明了高石英陶瓷,它是利用日本特有的含微细石英的陶石烧制而成的,其特点是瓷质中含有大量的方石英(15% ~ 40%),它具有很微细而均匀的显微结构,材料的机械强度达到长石质瓷的 1.5 倍左右。20 世纪 60 年代末我国生产出高石英瓷的悬式绝缘子,但普遍存在早期严重劣化的现象。主要原因是由于工艺和配方不相适应,石英/方石英颗粒引发的微裂纹使承受负荷的绝缘子因裂纹增大而丧失强度,石英的方石英化并未形成所希望的压应力,而是存在有害应力和过大的热膨胀系数。20 世纪 30 年代以来,西门子公司将氧化铝陶瓷用于制造火花塞绝缘子,引发了对氧化铝陶瓷所用原料、配方、添加剂、制造工艺、烧结理论及显微结构等的研究,氧化铝质陶瓷材料开始应用于电力行业。我国在 20 世纪 50 年代末开始试制高铝质电瓷,80 年代末国内已能小批量生产,90 年代实现了规模化生产。在铝质瓷中,刚玉取代石英构成了具有高弹性模量的结构组分,瓷质的热膨胀系数和内在应力变小,耐电弧性能提高,目前应用于电工陶瓷的铝质高强瓷材料抗折强度可达到 200 MPa,稳定性也大大提高。

2. 高压电瓷材料的研发和生产现状

瓷绝缘子的性能是由其瓷质材料的结构所决定的。氧化铝陶瓷由于具有稳定的理化性能和十分优异的机电性能,近年来在各个领域得到了广泛应用,从而也带动了对氧化铝陶瓷广泛和深入的研究。在配方组成方面,氧化铝含量在 40% ~ 60% 的氧化铝陶瓷主要作为电工绝缘陶瓷使用;含量在 65% ~ 92% 的氧化铝陶瓷则主要作为高强度和抗磨材料应用于机械等行业;含量在 94% ~ 96% 的氧化铝陶瓷则主要应用于电子、电工行业;含量在 96% 以上的氧化铝陶瓷应用于医学、军事、化工及其他尖端行业。

在材料的显微结构方面,通常的研究结论是刚玉相增加,氧化铝陶瓷材料的强度、断裂韧性、冲击强度、断裂表面能均增加；材料的气孔率、杂质含量越少，材料的机械和电性能更加稳定。随着电力工业输配电向超高压、特高压方向的发展，对瓷绝缘子的强度要求也进一步提高。国内铝质高强瓷的材料性能已经达到世界同类产品的最高水平，但瓷绝缘子产品却存在一定的差距。

目前国内高压电瓷的生产主要存在湿法和干法两种生产方式。前者的成形工艺采用榨泥、挤坯、阴干后成形；后者则采用先进陶瓷的主要成形方式——喷雾造粒和等静压成形。等静压成形的产品具有材质均匀、工艺可控性好和生产周期短的特点，产品性能及质量更加稳定，干法成形是更加先进的生产方式，也成为高强度高电压等级电瓷的主要生产方式。

除材料配方外，生产工艺是决定电瓷材料结构和性能的另一重要因素。研究表明，我国实际应用于的绝缘子的高压电瓷材料存在物相分布不均匀、晶体粒径偏大及大小悬殊、气孔较大且形状不规则、杂质含量偏多等弱点。我国高压电瓷的材料性能基本达到国外水平，但材料的实际利用率（主要是机械强度）却远低于国外同类水平，实际应用的瓷绝缘子断裂和裂化率均高于国外产品。分析原因为国内大多数企业刚刚从传统陶瓷的生产方式转化而来，工艺技术和控制水平与国外企业还存在一定的差距。其中料浆制备工艺中，氧化铝在我国主要是通过高温锻烧加工后的铝矾土粉引入；国外是以纯度更高的高温锻烧氧化铝粉引入，其组分和性能的稳定性更高。另外，料浆颗粒粒度的控制、料浆杂质的控制，烧成工艺、胶装工艺的控制等手段也需要进一步完善。

作为主要电工绝缘材料的高压电瓷近年来随着材料工业的发展受到来自硅橡胶复合材料的挑战。硅橡胶复合材料以其耐污性好、电气性能优异、重量轻等优点成为新一代绝缘材料的新宠，在悬式绝缘子中成为有力的竞争者，但其使用寿命远低于瓷绝缘子。另外，高压电瓷具有高强度、耐热性和抗风化性强等优点，未来环境污染的治理将更加巩固电瓷材料在绝缘子中的主导地位。

3. *高压电瓷的未来发展方向——高压电瓷的机遇与未来*

高压电瓷的发展与电力工业同步。近年来我国先进陶瓷有长足的发展，尤其是氧化铝陶瓷的工艺技术和产品质量已达到国际先进水平，在国际上具有很强的竞争力。随着电瓷行业新技术和管理的引入，国内瓷绝缘子产品预计将很快达到世界先进水平。所以，推行先进陶瓷的生产工艺和管理，是促进高压电瓷发展的重要手段。

国内生产高压电瓷的企业众多，但集研发、设计和生产于一体的企业不多，这与国内电瓷市场的需求是极不相称的，也阻碍了高压电瓷生产企业的长足发展。建立企业为主的技术创新体系，提高电瓷制造企业的研发能力是保证企业长久发展的当务之急。

高压电瓷向高电压等级、高强度、高均匀性、大尺寸方向发展，产品的技术密集程度进一步提高。随着我国加快调整原材料工业结构和布局，高压电瓷产业也必将向低耗、少污染、高技术含量的方向发展。高压电瓷的产业模式将由粗放生产向集约生产转变，产业结构将进一步优化。总之，电力工业的发展为高压电瓷产品的发展提供了广阔的空间，先进陶瓷研发、生产方式的应用将极大地促进高压电瓷产业的发展。

3.7.2.3 生产工艺流程

1. 制泥

采用二次配料球磨，料：球：水 = 1:2:0.65，头料加入矾土、长石和黏土，细度控制 63

μm 筛的筛余为 0.2% ~0.3%，二料加入软质黏土，细度控制 63 μm 筛的筛余为 0.8% ~1.0%，球磨时间分别为：头料 8 ~8.5 h，二料 1 ~1.5 h。新旧料浆配比为 2∶8 ~3∶7，泥浆过孔径 100 目的振动筛 4 次，经 1 ~2 遍电磁除铁器除铁，混合浆水分为 55% ~60%，筛余为 0.35% ~0.40%，榨泥压力≤1.5 MPa，单车每榨 60 min，双车每榨 80 ~90 min。泥饼水分：棒形绝缘子为 18.5% ~19.5%，瓷套为 17.5% ~18.5% 泥饼经粗炼陈腐 48 h 后挤制。

2. 成形

用练泥机挤制毛坯，真空度为 -0.095 MPa。棒形绝缘子的挤制水分为 18% ~19%，瓷套的挤制水分为 17% ~18%。棒形毛坯电阴干 2 h，累积充电 10 ~12 h，每 2 h 翻身 90°，电阴干水分为 16.3% ~16.7%，毛坯直放一段时间后修坯。瓷套毛坯卧放自然阴干，每 2 ~3 h 翻身一次，阴干 4 ~5 h。棒形绝缘子和瓷套均采用硬质合金刀具立仿修坯，棒形绝缘子的修坯水分为 16% ~16.5%，瓷套的修坯水分为 16% ~16.5%。

3. 干燥、施釉、上砂

干燥在间歇式热风烘房中进行，依干燥曲线，棒形绝缘子烘 9 ~10 h，瓷套烘 5 ~6 h，最高温度为 80 ℃，棒形绝缘子的出烘水分为 2% ~2.5%，瓷套的出烘水分为 1.5% ~2.0%。棒形绝缘子采用自动施釉机浇釉，手工上砂、喷同砂釉。棕釉密度为 1.42 ~1.45 g/cm^3，大瓷套卧式浸釉。

4. 烧成及装配

棒形绝缘子、瓷套均采用先坐后吊装烧工艺，棒形抽屉窑烧成 3 h，氧化保温 25 h，止火温度 123 ℃，保温 1 h，冷却 30 h。瓷套抽屉窑烧成 90 h，氧化保温 16 h，止火温度 123 ℃，保温 30 min，冷却 30 h。棒形绝缘子和瓷套切割研磨后，棒形绝缘子采用 525 硅酸盐水泥胶合剂振动胶装，瓷套采用硫铝酸盐水泥胶合剂胶装，均采用热水养护。

3.7.3 陕西蓝星玻璃有限公司

3.7.3.1 公司简介

陕西蓝星玻璃有限公司即原陕西玻璃厂。陕西玻璃厂是 20 世纪 80 年代由中央、地方联合投资兴建的国有大型二级企业，是陕西唯一集生产及深加工于一体的平板玻璃生产企业。采用九机有槽垂直引上工艺生产的 2 mm、3 mm、5 mm 优质平板玻璃，广泛应用于建筑、制镜、仪表、手工艺品等行业，畅销国内 21 个省市、自治区，并出口中东地区。从意大利引进国际一流水平的产品深加工设备；进行各色镀膜、镀镜、磨边、喷雕、抛光、钻孔，被誉为装饰业中的“精品”，填补了西北地区的空白，年产值 6 700 万元。

现陕西玻璃厂与山东威海蓝星集团合作重组为陕西蓝星玻璃有限公司。地处西安咸阳一体化的中心地带，地理位置十分优越，铁路专用线进入全国铁路网，距陕西高速公路网咸阳东出口仅 1 km，距西安咸阳国际机场 8 km，交通十分便利。陕西蓝星玻璃有限公司是以威海蓝星玻璃集团为主要出资者参与重组陕西玻璃厂组建的，以在线镀膜玻璃及玻璃深加工为主要产业的全新机制和全新体制的公司制企业。现有固定资产 22 900 万元。

公司现有一条设计年产平板玻璃 130 万重量箱的九机有槽垂直引上生产线，近几年来实际产量已经超设计能力，并相继开发了磨边、彩绘、喷雕、制镜等玻璃深加工产品。企业九机有槽垂直引上工艺改浮法工艺生产线于2005年5月投产，拟建的浮法二线和一至二条玻璃深加工生产线于2005年底投产，年生产浮法玻璃450万重量箱，玻璃深加工产品37万 m^2，并以拥有自主知识产权的阳光控制在线镀膜技术为依托，以功能玻璃及玻璃深加工产品为主导，提升了企业的市场竞争力。

3.7.3.2 浮法玻璃生产线

利用浮法工艺生产出的平板玻璃称之为浮法玻璃。浮法玻璃是用海沙、石英砂岩粉、纯碱、白云石等原料，按一定比例配制，经熔窑高温熔融，玻璃液从池窑连续流至并浮在金属液面上，摊成厚度均匀平整、经火抛光的玻璃带，冷却硬化后脱离金属液，再经退火切割而成的透明无色平板玻璃，有玻璃表面特别平整光滑、厚度非常均匀、光学畸变很小的特点。浮法玻璃按外观质量分为优等品、一级品、合格品三类。按厚度分为3 mm、4 mm、5 mm、6 mm、8 mm、10 mm、12 mm七种。浮法工艺过程是：熔融的玻璃液从融窑连续地流入有保护气氛保护的熔融金属锡槽中，由于玻璃液与锡液的密度不同，玻璃液漂浮在锡液的表面上，由于重力和液体表面张力的同时作用，玻璃液在锡液表面上自由展平，从而成为表面平整、厚度均匀的玻璃液带，通过外力拉引作用，向锡槽的后部移动。在移动的进程中，经过来自炉顶上方的火焰抛光、拉薄、冷却、硬化后引上过渡辊台。辊子转动把玻璃带送进退火窑，经过降温、退火，切裁，形成平板玻璃产品。浮法玻璃厚度均匀性好，纯净透明。经过锡面的光滑作用和火焰抛光作用，玻璃表面平滑整齐，平行度好，具有极高的光学性能。浮法玻璃的装饰特性是透明、明亮、纯净，室内光线明亮，视野广阔，可应用于建筑门、窗、幕墙、屋顶等，是建筑天然采光的首选材料，几乎应用于一切建筑，在建筑装饰玻璃中用量最大，也是玻璃深加工行业中的重要原片，其透明和纯净性更是无以复加。浮法玻璃生产工艺与其他成形方法比较，其优点是：

(1)适合于高效率制造优质平板玻璃，如没有波筋、厚度均匀、上下表面平整、互相平行；

(2)生产线的规模不受成形方法的限制，单位产品的能耗低；

(3)成品利用率高；

(4)易于科学化管理和实现机械化、自动化，劳动生产率高；

(5)连续作业周期可长达几年，有利于稳定地生产；

(6)可为在线生产一些新品种提供适合条件，如电浮法反射玻璃、退火时喷涂膜玻璃、冷端表面处理等。

浮法玻璃生产能力占到了我国玻璃总生产能力的86%以上，我国已经建成了亚洲最大规模的日熔化量900 t的先进浮法玻璃生产线。

浮法玻璃生产流程简介：

配料：用高精度称量系统，称量、混合加入碎玻璃，多种原料进行混合并加入一定量的熟料。

投料：将合格的原料投入熔窑中，开始加热、最高加温1 600 ℃。

燃烧：可由买方选用燃料，如重油、天然气、煤气，为熔窑提供热能熔化玻璃。

熔化：将原料熔化制备成合格的玻璃液。

搅拌：对玻璃液进行均匀搅拌、澄清。

流入锡槽:由流道可控制的玻璃液流入成形锡槽内。

保护气制备:H_2 和 N_2 用于保护锡槽中的高温锡不与氧气反应。

成形拉引:用拉边机、电加热等设备,在锡槽中将玻璃液拉引成玻璃板。

玻璃退火:对玻璃板成形中产生的温度应力进行消除,600 ~ 700 ℃。

检测:对玻璃板进行检验,制定等级。

切割:将合格的玻璃板切割成客户需要的尺寸。

原片装箱:用设备或人工对成品玻璃由生产线上解下,并装入包装箱中。

主要生产流程如下。

(1)原料制备。

①玻璃成分。

玻璃的成分包括 SiO_2、Al_2O_3、CaO、MgO、Na_2O 和 K_2O。由于一些原料有其特殊之处,所以在各个工序中都要对其加以克服才能顺利而又合理地制作出合乎要求的玻璃。由于 SiO_2 的熔点过高,大约在 1 710 ℃,所以要加入适量的 CaO 和 K_2O 来降低熔点,而这两种原料都相对比较贵,容易提高制作成本,就适量加一些 Al_2O_3,还有其他的一些原料加入,每一种原料的加入都是有原因的。

②玻璃原料。

主要有:石英砂、石灰石、长石、纯碱、硼酸等。

辅助原料:着色剂、金属氧化物。

助熔剂:萤石、CaF_2。

澄清剂:碳。

③配合料的制备。

a. 粉料仓:

上部:立方体、钢筋混凝土结构。

下部:角锥体、钢板结构。

b. 输送设备:

间歇式:汽车、叉车、铲车、吊车。

连续式:机械输送,采用皮带输送机、斗式提升机、溜管;气力输送,采用压送式、吸入式。

c. 称量设备:

电子称:特点是快速准确。

误差值:减量称量法。

减量称量法是根据具体操作实践中反复地修改而得出来的最合适的方法以进行误差最小化。

(2)玻璃的熔化。

玻璃的熔化过程是一个很复杂的物理、化学过程,大体上可分为:烧结物的形成、玻璃液的形成、玻璃液的澄清、玻璃液的均化和玻璃液的冷却五个阶段。

烧结体的形成:质量合乎要求的配合料加入玻璃窑炉中,在高温作用下,发生一系列物理、化学反应,形成不透明烧结物。对于普通钠 - 钙硅酸盐水泥来说,这一阶段结束后配合料转变为硅酸盐和残余石英颗粒组成的烧结体。

玻璃液的形成:不透明烧结体经进一步加热,未完全熔化的配合料残余颗粒溶解,烧结体开始熔融、扩散,并最终由不透明烧结体变为透明玻璃液。但此时的玻璃液含有大量气泡,且玻璃液的成分很不均匀。

玻璃液的澄清:玻璃液的澄清是指气体夹杂物从玻璃液中消除的过程。对玻璃配合料的气体率、玻璃的产率的计算可知在玻璃熔化过程中,放出的气体的质量为配合料质量的15%~20%。

玻璃液的均化:均化过程是为了消除玻璃液中条纹和其他化学组成与玻璃液组成的不均匀体,从而获得化学组成均匀一致的玻璃液。均化过程就是不均匀体在玻璃液中的溶解、扩散过程。由于扩散速度明显低于溶解速度,故均化过程的快慢取决于不均匀体的扩散速度的大小。不均匀体与玻璃液组成间的浓度差是不均匀体溶解和扩散的源动力。熔窑不同部位玻璃液的浓度差引起的自然对流也有助于不均匀体的扩散。除此之外,搅拌、鼓泡等辅助措施引起的玻璃液的强制对流也促进了不均匀体的溶解和扩散。

玻璃液的冷却:为使玻璃液满足成形所需的黏度要求,经高温澄清、均化后的玻璃液需进一步降温冷却。整个冷却过程应力求平稳进行,以保证玻璃液的热均匀性,并防止出现温度波动,以免引起二次气泡。

玻璃熔化的五个阶段在实际生产中是难以完全分开的,有时甚至是同步发生的。

(3)玻璃的成形。

玻璃的浮法成形原理是玻璃液从池窑连续流入并浮在有还原气氛保护的锡液上,由于各物相界面张力和应力的综合作用,摊成厚度均匀、上下两表面平行、平整和火抛光的玻璃带,经冷却硬化后脱离锡液,再经退火,切割而得浮法玻璃。浮法生产的成形过程是在锡槽中进行的。

高温(1 050 ℃)锡液面上的玻璃液,在没有外力作用下,其所受重力和表面张力达到平衡时,玻璃带的厚度有一个固定值,称为平衡厚度,数值为6~7 mm。因为玻璃的表面张力随玻璃液的温度而变化,所以平衡厚度也随具体条件的不同有所差异。实际上由于外加纵向拉力,此值略小。欲使玻璃带厚度薄于或厚于平衡厚度,应采取相应措施。如生产浮法玻璃时采用机械拉边法,即在锡槽中段玻璃带的两边放置若干横向拉边器,拉边主要起横向拉边作用和阻止退火窑辊子的纵向拉力传递到高温区的玻璃带上,以减少其横向收缩,当提高拉引速度后,玻璃带逐渐被拉薄,宽度也有所减小。而生产浮法厚玻璃时则在锡槽高温区两侧设置石墨挡边器,以阻止玻璃液摊薄。

(4)玻璃的退火。

玻璃的成形过程中经受了剧烈的温度变化和形状变化,这种变化在玻璃中留下了热应力。这种热应力会降低玻璃制品的强度和热稳定性。如果直接冷却,很可能在冷却过程中或以后的存放、运输和使用过程中自行破裂(俗称玻璃的冷爆)。为了消除冷爆现象,玻璃制品在成形后必须进行退火。退火就是在某一温度范围内保温或缓慢降温一段时间以消除或减小玻璃中热应力到允许值。

(5)玻璃板的切割。

玻璃板的切割是采用金刚石刀具直接切割或划痕后施加外力使伤痕处收到张应力而

切断。平板玻璃生产时，使用超应力砂轮在线切割；而平板玻璃在深加工时的进一步切割是在大型自动切割机上完成的。

玻璃板在切割时常加入煤油、水或研磨液等液体，起到提高切割效率和保护刀具的作用。

(6)原片装箱。

采用水平堆垛机将玻璃板从工作台移至木质玻璃箱内。

3.7.3.3 **玻璃纤维生产线**

玻璃纤维是一种人造无机纤维。先熔制成玻璃态，再以外力拉制、喷吹或以离心力甩成极细的纤维状材料。它的基本性能为：不燃、不腐、耐高温、吸声、隔热、吸湿性小、伸长小、电绝缘性能好、质量轻、强度高、化学稳定性好，但性脆。可采用不同的玻璃组成，使其某方面性能突出，以满足使用要求。它可以制成纱、布、带、毡、板、管壳等各种形状的制品；也可用作增强材料，与各种有机、无机材料制成复合制品；又可以用有机物被覆处理，以改善脆性，增进柔性、耐磨性及手感。由于它具有其他纤维材料所不兼备的优异特性，因而得到广泛应用。玻璃纤维于 20 世纪 30 年代才形成工业性生产，是一类新兴材料，发展很快，制品品种已达数千种，用途越来越广。

玻璃纤维是最为典型的一种延续玻璃制品，它不仅是连续拉伸成形，且其横断面呈简单圆形，故其有关机制的分析研究都比较易于进行，并已取得了一定成果，这对玻璃平板、玻璃管棒等，都具有先导作用和参考意义。连续玻璃纤维成形属于熔体拉丝范畴，实际上，其中还包括有激发高分子材料以及其他无机非金属材料的拉丝成形。国际上从 20 世纪 50 年代末就开始大量进行对拉丝机制的科学研究。到目前为止，其中有些研究成就是带有突破性的，对上述各种材料纤维的生产都有着指导作用。纤维的直径及其变化是主要的形状标志。

3.8 钢铁公司

3.8.1 太钢简介

太原钢铁(集团)有限公司(简称太钢，英文简称 TISCO)始建于 1934 年，称作西北炼钢厂，地处汾河之滨龙城太原。太钢是以板材为主的特大型钢铁联合企业和最大的不锈钢生产企业，拥有铁矿石等钢铁冶炼原料的采掘与加工、冶炼及冶金设备及备品备件制造等方面先进技术装备，拥有国际先进水平的冶炼—精炼—连铸—热轧—冷轧全流程不锈钢生产线。太钢也是目前全球最大、工艺技术装备水平最高、品种规格最全的不锈钢企业，具备年产 1 000 万 t 钢(其中 300 万 t 不锈钢)的能力，营业收入连续五年超过 1 000 亿元。

2002 年以来，太钢经过大规模的技术改造和新不锈钢工程的建设，主要生产装备达到了世界领先水平，炼铁系统有 1 座 4 350 m^3 高炉、1 座 1 800 m^3 高炉、1 座 1 650 m^3 高炉；炼钢系统有世界先进的、具有专利技术的 90 t K－OBM－S 顶底复吹不锈钢转炉、90 t LF 不锈钢精炼炉、90 t VOD 精炼炉、连铸机及配套工程，新不锈钢系统又建成了 150 t 电炉、160 t 转炉、160 t AOD 炉、160 t LF 炉，以及直弧型板坯连铸机，形成了完整的转炉炼不锈钢生产线；热连轧系统主要有1549和2250两条先进的生产线；不锈钢冷轧有两个生产区域，年产能力分别为90万t和150万t，装备均为当今世界最先进的设备，有11台先进的冷板带轧机以及30多条各种钢卷处理线。

太钢坚持绿色发展，以科技创新和技术进步为支撑，大力倡导节约、环保、文明、低碳的生产和生活方式，坚持走新型工业化道路，走可持续发展之路，先后成功实施了干熄焦、煤调湿、焦炉煤气脱硫制酸、烧结烟气脱硫脱硝制酸、高炉煤气联合循环发电、高炉煤气余压发电、饱和蒸汽发电、钢渣处理、膜法工业用水处理、城市生活污水处理、酸再生、冶金除尘灰资源化、钢渣肥料制造等节能环保项目，万元产值能耗、吨钢综合能耗、新水消耗、烟粉尘排放、二氧化硫排放、化学需氧量排放等主要指标居行业领先水平。

3.8.2 太钢的生产流程及工艺

太钢整体生产流程及工艺，主要可以分为四部分：铁前生产系统、炼铁生产系统、炼钢生产系统和轧钢生产系统。

3.8.2.1 铁前生产系统

1. 焦化厂

按适当比例制成配合煤，储备在备煤车间，需要时将配合煤装入煤塔，由装煤车按需计量从煤塔取煤，装入炭化室，煤料在炭化室内高温干馏炼制成焦炭和荒煤气。

焦炭：炭化室生成焦炭后，由推焦机推出，经拦焦机导入CSQ/CDQ熄焦车内。

荒煤气：荒煤气（夹杂焦油）汇集到炭化室顶部空间，鼓风机形成低压，将荒煤气（夹杂焦油）吸进集气管，然后在桥管内经氨水喷洒冷却冷凝，冷却冷凝下来的煤气和焦油同氨水一起经吸煤气管道送入煤气净化车间。

焦化工艺流程如图3-43所示。

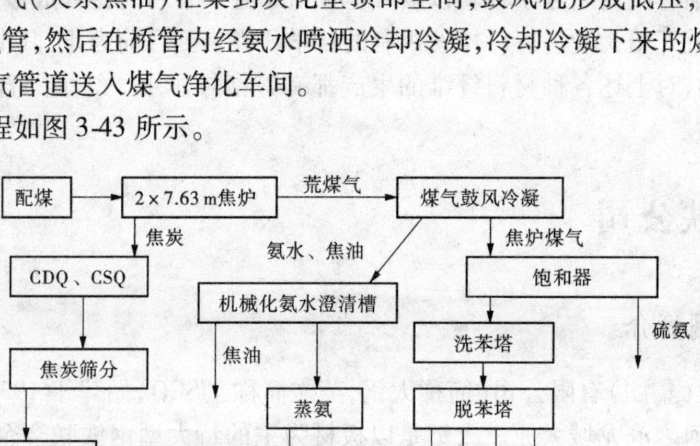

图3-43 焦化工艺流程图

2. 烧结车间

烧结过程就是指将各种粉状铁，配入适宜的燃料和熔剂，均匀混合，然后放在烧结机点火烧结。在燃料燃烧产生高温和一系列物理化学变化作用下，部分混合料颗粒表面发生软化熔融,产生一定数量的液相,并润湿其他未融化的矿石颗粒。冷却后,液相将矿粉颗粒黏结成块。烧结工艺流程如图 3-44 所示。

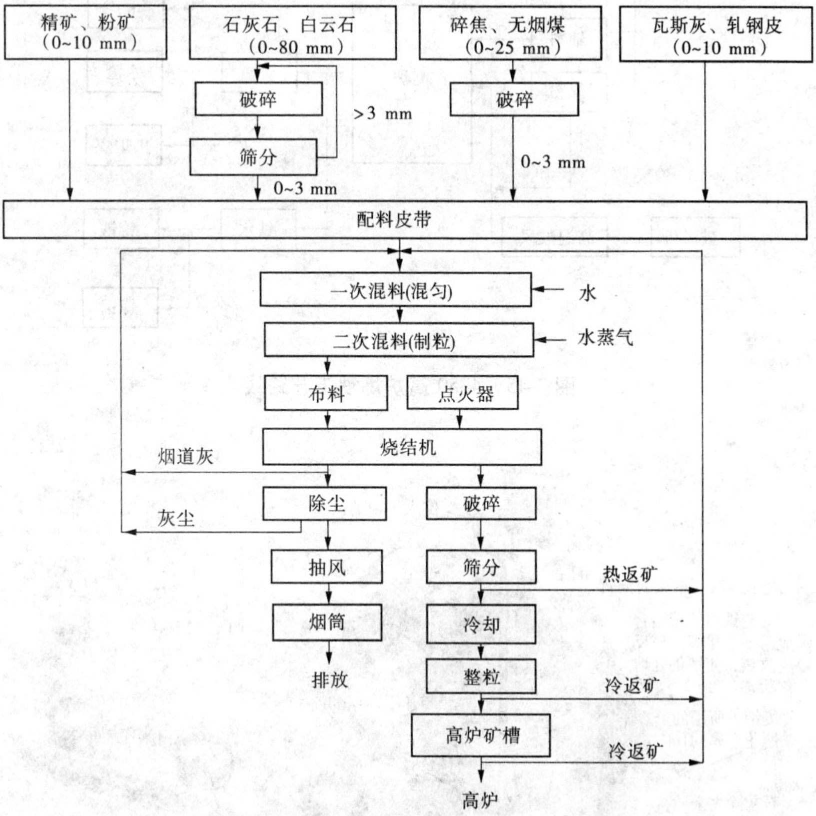

图 3-44　烧结工艺流程图

值得一提的是太钢的烧结烟气活性炭法脱硫脱硝与制酸技术。该技术的有效应用,不仅有效解决了脱硫脱硝的环保问题,同时年产副产品浓硫酸 9 000 t,全面用于太钢轧钢酸洗工序和焦化硫氨生产,变废为宝。

3.8.2.2　炼铁生产系统

4350 高炉以高产、长寿为目标,采用"现金、使用、优质、节能降耗、长寿、可靠、环保"的工艺技术,配置四座新日铁外燃式热风炉、PW 串罐无钟装料设备、新型大能力 TMT 液压泥炮和开口机、环保英巴水泥冲渣工艺、毕肖夫煤气清洗系统、余压发电、余热回收、干除尘等先进生产工艺,高炉综合水平达到国际先进水平。4350 高炉炼铁工艺路线如图 3-45所示。

3.8.2.3　炼钢生产系统

炼钢生产系统包括不锈钢生产线和碳钢生产线两条。不锈钢生产线包括 1 座 180 t 转炉、2 座 160 t 电炉、2 座 180 t AOD 炉、1 座双功位 LF 炉、2 台单机单流板坯连铸机。碳钢生产线包括 1 座双功位脱硫站、1 座 180 t 转炉、1 座双功位 LF 炉、1 座 RH 处理站、1 台双机双流板坯连铸机。具体如图 3-46 和图 3-47 所示。

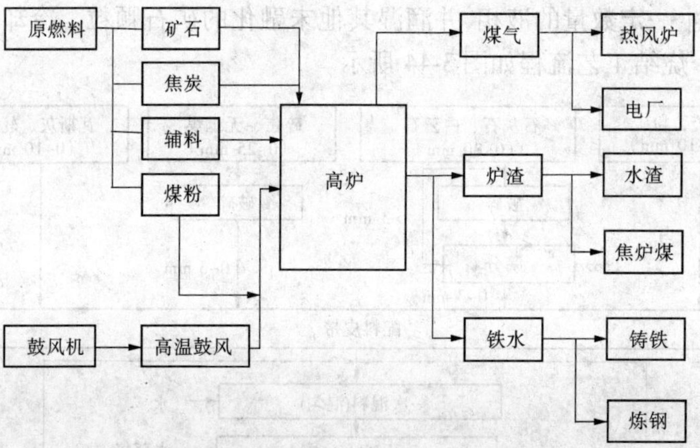

图 3-45　4350 高炉炼铁工艺路线

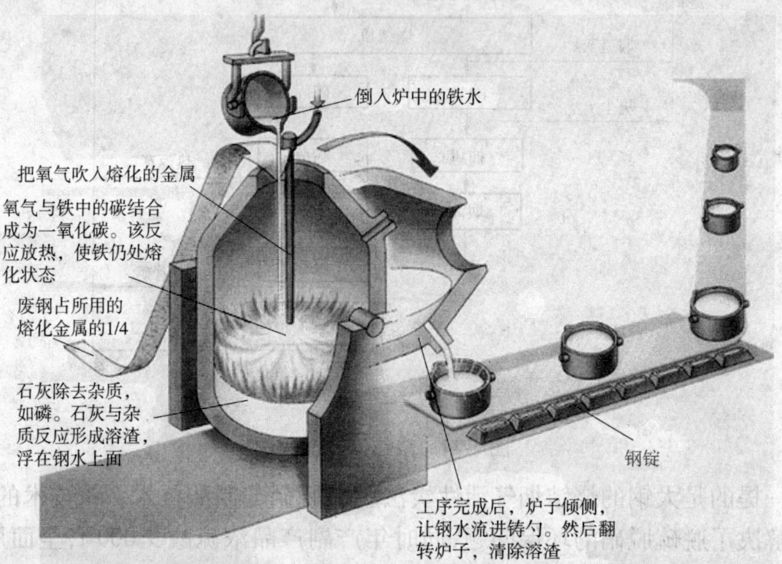

(a)

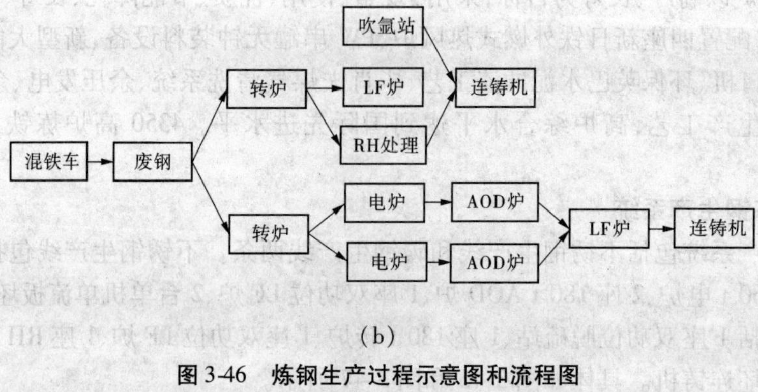

(b)

图 3-46　炼钢生产过程示意图和流程图

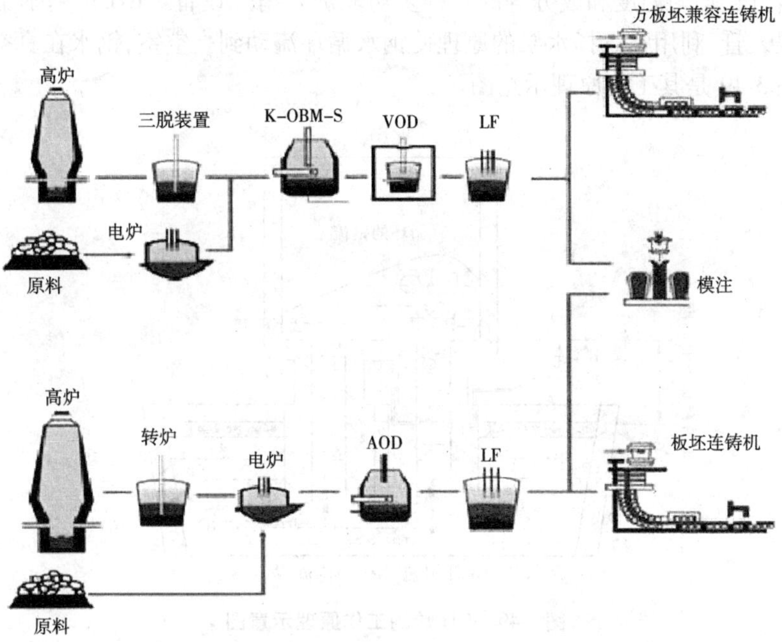

图 3-47　太钢的炼钢生产流程

这里的 VOD 法由 Witten 等创立，将钢水包放进真空精炼室，并向钢水中吹入氧气，使碳被氧化成 CO 而脱碳，杂质则被氧化成渣而净化。VOD 可根据钢种的需要及钢液的状况，利用真空处理的手段，降低碳、氧、氮和氩，并且能将碳脱到很低的含量。图 3-48 是 VOD 炉的结构示意图。

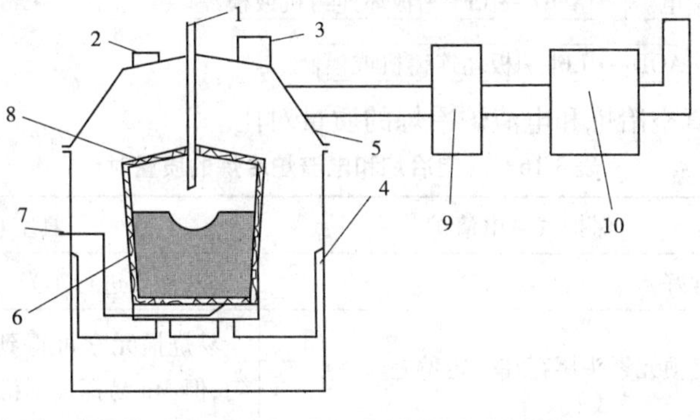

1—氧枪；2—测温、取样；3—合金加入；4—真空罐；5—罐盖；6—钢包；
7—底吹氩；8—防溅盖；9—真空泵系统；10—蒸汽冷凝器

图 3-48　VOD 炉的结构示意图

AOD 法为美国 UCC 公司创立，是将氧和大量氩气吹入钢水，用氩气稀释 CO 而脱碳、净化，它不需要真空室，实施较容易。

RH 炉是真空循环脱气精炼炉，主要是利用真空条件脱除氢气的，对钢质量要求高的时候使用。RH 炉由最初单一的脱气设备发展成为包含真空脱气、脱碳、吹氧脱碳、喷粉脱硫、温度补偿、均匀温度和成分等的一种多功能炉外精炼设备。RH 炉基本工作原理是使用两根浸入管,利用空气扬水泵的原理使钢水循环流动到真空室,钢水在真空状态下进行处理。图 3-49 是其工作原理示意图。

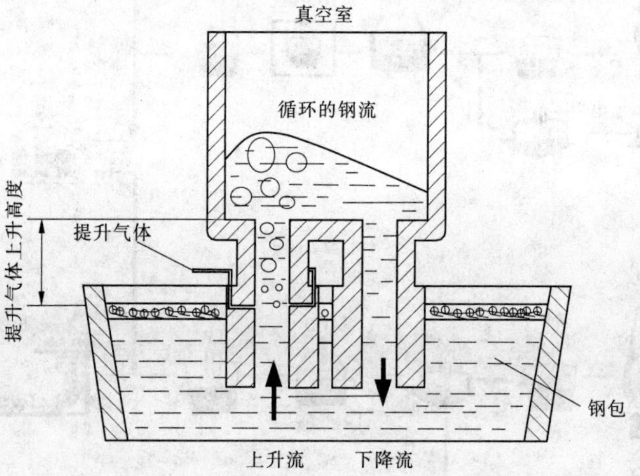

图 3-49　RH 炉的工作原理示意图

LF(LADLE FURNACE)炉是钢包精炼炉,是钢铁生产中的炉外精炼设备,利用电极加热,主要任务是脱硫,温度调整,改善钢水纯净度,造渣,精确地成分微调。

不锈钢冶炼工艺路线:

高炉→三脱装置→K-OBM-S→VOD→LF→方板坯兼容连铸机或模注

原料→电炉→K-OBM-S→VOD→LF→方板坯兼容连铸机或模注

高炉→转炉→电炉→AOD→LF→板坯连铸机或模注

原料→电炉→AOD→LF→板坯连铸机或模

表 3-16 给出真空冶炼和电渣炉冶炼的质量对比。

表 3-16　真空冶炼和电渣炉冶炼的质量对比

项目	保护气氛电渣炉	真空自耗炉
表面质量	非常好	差,需要进行车光
成分控制	易烧损元素头尾存在一定偏差	易烧损元素可得到准确控制,且成分均匀,但 Mn 易挥发不稳定
脱硫效果	通过钢液与渣系反应,可使钢中硫降至最低	不能脱硫,但可将硫控制在一定范围内
气体含量	通过去除氧化物夹杂降低总氧,氢、氮基本不变	脱气效果显著,氢、氧含量低

3.8.2.4　轧钢生产系统

不锈热轧有中板精整线、热处理线、连续酸洗线、不锈钢研磨生产线。主体设备包括

2300 二辊可逆式轧机、2300 四辊可逆式万能轧机、1700 炉卷轧机各一架。具体生产工艺流程如图 3-50 和图 3-51 所示。

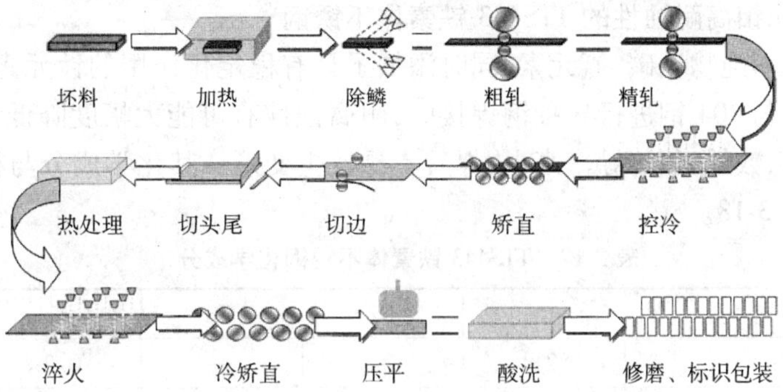

图 3-50　不锈钢热轧中板

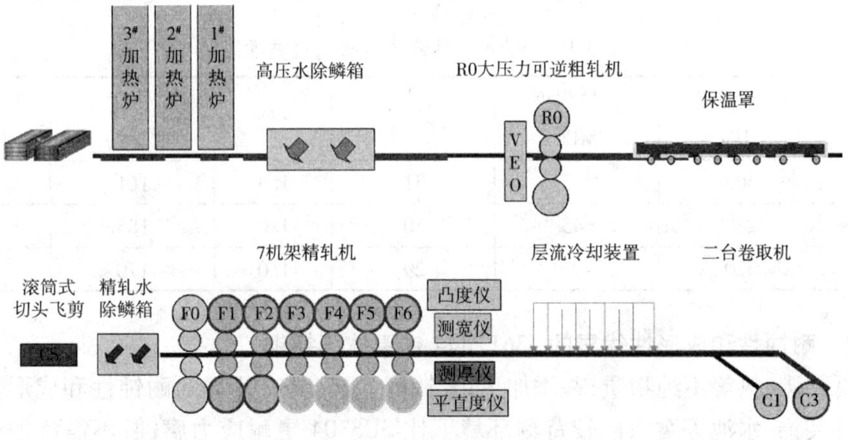

图 3-51　不锈钢热轧卷板

不锈线材厂主体设备为：1 架 650 横列式轧机、4 架 480 水平式二辊粗轧机、S4 切头切尾碎断事故剪、4 架 360 水平式二辊中轧机、4 架 270 平立交替式预精轧机、S12 切头碎断剪、10 架 15 度 75 度平立交替式精轧机、延迟型控制冷却线、国产 P－F 运输线、瑞典森德氏进口打包机、瑞典 ABB 公司进口的电气主控系统。主要工艺流程如下：

加热—650 轧制—ϕ 480 mm 轧机轧制—S4 切头切尾碎断事故剪—水平活套、立活套—4 架 360 水平式二辊中轧机—4 架 270 平立交替式预精轧机—S12 切头碎断剪—10 架 15 度 75 度平立交替式精轧机—水冷段—吐丝机—风冷辊道—P－F 运输线—打包机—检验交库。

3.8.3　太钢主要产品

太钢致力于不锈钢、特殊钢和高等级碳素钢的研究开发和生产加工，拥有雄厚的研发实力和可靠的质量保障能力。太钢技术中心在全国 729 家国家认定企业技术中心中排名第二。目前已形成了以不锈钢、冷轧硅钢、高强韧系列钢材为主的高效节能长寿型产品集群，重点产品批量进入石油、化工、造船、集装箱、铁路、汽车、城市轻轨、大型电站、“神舟”

系列飞船等重点领域和新兴行业。铁路行业用钢、双相钢、耐热钢、车轴钢、9% Ni 钢等 30 多个品种国内市场占有率第一。

3.8.3.1 无镍无钼高耐蚀性的 TTS443 铁素体不锈钢

由于减少了不纯物质碳、氮元素,同时添加了具有稳定化作用的钛元素,焊接部耐腐蚀性十分优越。与 304 钢进行异种钢焊接时,耐腐蚀性有可能大幅度降低。与 304 钢相比,因为热膨胀系数低,热传导率高,故焊后不易发生变形。其化学成分与机械性能分别列于表 3-17和表 3-18。

表 3-17 TTS443 铁素体不锈钢化学成分

钢种	Cr	Ni	Mo	Ti	Cu
TTS443	21	—	—	0.3	0.4
0Cr17(430)	17	—	—	—	—
00Cr18Ni9(304)	18.2	8.2	—	—	—

表 3-18 TTS443 铁素体不锈钢机械性能

钢种	屈服强度 (MPa)	抗拉强度 (MPa)	延伸率 (%)	r 值	硬度 (HV)	圆锥杯突 (mm)
TTS443	305	483	31	1.3	161	38.6
304	260	645	60	1.0	185	37.7
430	320	490	29	1.0	170	35.0

3.8.3.2 耐蚀性和成形性优异的 436L/444 铁素体不锈钢

降低了碳、氮等不纯物质,并添加了钼、钛等元素,具有优异的耐蚀性和成形性;在沿海大气外装饰、水池等腐蚀性较苛刻环境下比 SUS304 更耐应力腐蚀;不需添加镍,价格比 SUS304 便宜。表 3-19 给出具体的化学成分。

表 3-19 436L/444 铁素体不锈钢化学成分(执行标准 GB、AISI、JIS、EN)

钢种	C	Si	Mn	P	S	Cr	Ni	Mo	Ti	Nb	N
SUS436L	0.007	0.47	0.24	0.016	0.003	17.5	0.12	1.09	0.15	0.22	0.013
SUS444	0.010	0.25	0.14	0.014	0.003	18.3	0.18	1.99	0.16	0.32	0.013
304	0.05	0.5	1.0	0.023	0.002	18	8.0	—	—	—	0.06

3.8.3.3 经济实用型 301 奥氏体不锈钢

301 奥氏体不锈钢强度较 304 钢高,特别适合于制作车辆、电子元件、弹簧元件、结构件及轮罩等;在耐蚀性、成形性、焊接性方面与 304 基本相当,且具有良好的表面加工性能;镍含量较 304 低 1% ~2% ,制造成本较低;301 耐大气和多种介质腐蚀,且具有非常光亮的表面,使其成为装饰结构件极佳的选用材料。其主要用途还包括:汽车压制件、装饰件和轮罩,传送带,厨房用具,屋顶排水系统,软管夹具,弹簧,货车和拖车车身,铁路和地铁车辆等。表 3-20 列出其具体的化学成分。

表 3-20　301 奥氏体不锈钢化学成分

牌号	C	Si	Mn	P	S	Cr	Ni
301	≤0.15	≤1.00	≤2.00	≤0.045	≤0.030	16.00～18.00	6.00～8.00
304	≤0.08	≤1.00	≤2.00	≤0.045	≤0.030	18.0～20.0	8.0～10.5

3.8.3.4　新产品新材料

- 超级双相不锈钢 2507
- 耐热不锈钢 253MA
- 新型铁路货车车辆用 T4003 不锈钢
- 抗菌不锈钢
- 电站锅炉用超级奥氏体不锈钢
- 核电用不锈钢
- 石化行业油气管线用超级 13Cr 马氏体不锈钢
- S32101 双相不锈钢中板
- 超级奥氏体不锈钢
- 超级铁素体不锈钢 446
- 不锈钢焊带
- 新型耐热不锈钢 305B
- 汽车排气系统用超低 C、N 铁素体不锈钢 441、429、439
- 其他新产品

太钢的主要产品如表 3-21 所示。

表 3-21　太钢的主要产品

钢碳钢种	代表钢号	不锈钢钢种	代表钢号
碳结钢	Q195～Q275	AISI300	304、321、316
低合金结构钢	Q295～Q345A		
造船板	A、B、D		
优碳钢	08、10、20	AISI400	430 系、409/409L 系
汽车大梁钢	T510L		
管线钢	X56～X80	双相钢	00Cr25Ni6Mo3N、S31803
集装箱钢	SPA－H		

3.9　其他企业（东方汽轮机公司）

3.9.1　国际上汽轮机发展状况

（1）1883 年瑞典工程师拉瓦尔设计制造出了第一台单级冲动式汽轮机，随后在 1884

年英国工程师帕森斯设计制造了第一台单级反动式汽轮机，虽然当时的汽轮机和我们现在的汽轮机相比结构非常简单，但是从此推动了汽轮机在世界范围内的应用，被广泛应用在电站、航海和大型工业中。

(2)在 20 世纪 60 年代，世界工业发达的国家生产的汽轮机已经达到 500 ~ 600 MW 等级水平。1972 年瑞士 BBC 公司制造的 1 300 MW 双轴全速汽轮机在美国投入运行，设计参数达到 24 MPa，蒸汽温度 538 ℃，3 600 r/min；1974 年西德 KWU 公司制造的 1 300 MW 单轴半速(1 500 r/min)饱和蒸汽参数汽轮机投入运行；1982 年世界上最大的 1 200 MW 单轴全速汽轮机在苏联投入运行，压力 24 MPa，蒸汽温度 540 ℃。

(3)目前世界各国都在进行大容量、高参数汽轮机的研究和开发，如俄罗斯正在研究 2 000 MW 汽轮机。大容量汽轮机主要有如下特点：

①降低单位功率投资成本。如 800 MW 机组比 500 MW 汽轮机的千瓦造价低 17%；1 200 MW 机组比 800 MW 机组的千瓦造价低 15% ~20%。

②提高运行经济性。如法国的 600 MW 机组比国产的 125 MW 机组的热耗率低 276 kJ/(kW · h)，每年可节约燃煤 4 万 t。

(4)汽轮机按照工作原理分为冲动式汽轮机和反动式汽轮机。

汽轮机是一种以蒸汽为动力，并将蒸汽的热能转化为机械功的旋转机械，是现代火力发电厂中应用最广泛的原动机。汽轮机具有单机功率大、效率高、寿命长等优点。

冲动式汽轮机蒸汽主要在静叶中膨胀，在动叶中只有少量的膨胀。

反动式汽轮机蒸汽在静叶和动叶中膨胀，而且膨胀程度相同。

由于反动级不能做成部分进气，因此第一级调节级通常采用单列冲动级或双列速度级。如我国引进美国西屋(WH)技术生产的 300 MW、600 MW 机组。

目前世界上生产冲动式汽轮机的企业有美国通用公司(GE)、英国通用公司(GEC)、日本的东芝(TOSHIBA)和日立、俄罗斯的列宁格勒金属工厂等。制造反动式汽轮机的企业有美国西屋公司(WH)、日本三菱、英国帕森斯公司、法国电器机械公司(CMR)、德国西门子(SIEMENS)等。

冲动式汽轮机为隔板型，如国产的 300 MW 高中压合缸汽轮机；反动式汽轮机为转鼓型(或筒型)，如上海汽轮机厂引进的 300 MW、600 MW 汽轮机。

(5)汽轮机按照蒸汽参数(压力和温度)分为：

低压汽轮机：主蒸汽压力小于 1.47 MPa；

中压汽轮机：主蒸汽压力在 1.96 ~3.92 MPa；

高压汽轮机：主蒸汽压力在 5.88 ~9.8 MPa；

超高压汽轮机：主蒸汽压力在 11.77 ~13.93 MPa；

亚临界压力汽轮机：主蒸汽压力在 15.69 ~17.65 MPa；

超临界压力汽轮机：主蒸汽压力大于 22.15 MPa；

超超临界压力汽轮机：主蒸汽压力大于 32 MPa。

由于冶金技术的不断发展，汽轮机结构也有了很大改进。目前的大机组普遍采用了高中压合缸的双层结构，高中压转子采用一根转子结构，高、中、低压转子全部采用整锻结构，轴承较多地采用了可倾瓦结构。目前各国都在进行大容量、高参数机组的开发和设计,如俄罗斯正在开发的2 000 MW汽轮机。日本正在开发一种新的合金材料,将使高、中、低压转子一体化成为可能。

3.9.2 我国汽轮机发展状况

(1)我国汽轮机发展起步比较晚。1955年上海汽轮机厂制造出第一台6 MW汽轮机;1964年哈尔滨汽轮机厂第一台100 MW机组在高井电厂投入运行;1972年第一台200 MW汽轮机在朝阳电厂投入运行;1974年第一台300 MW机组在望亭电厂投入运行。20世纪70年代进口了10台200~320 MW机组,分别安装在了陡河、元宝山、大港、清河电厂。20世纪70年代末国产机组占到总容量70%。

(2)1987年采用引进技术生产的300 MW机组在石横电厂投入运行;1989年引进技术生产的600 MW机组在平圩电厂投入运行;2000年从俄罗斯引进的两台超临界800 MW机组在绥中电厂投入运行。

(3)上海汽轮机厂是中国第一家汽轮机厂,在1995年开始与美国西屋电气公司合作成立了现在的STC,1999年德国西门子公司收购了西屋电气公司发电部,STC相应股份转移给西门子。哈尔滨汽轮机厂1956年建厂,先后设计制造了我国第一台25 MW、50 MW、100 MW和200 MW汽轮机,20世纪80年代从美国西屋公司引进了300 MW和600 MW亚临界汽轮机的全套设计和制造技术,于1986年成功制造了我国第一台600 MW汽轮机,目前自主研制的三缸超临界600 MW汽轮机已经投入生产。东方汽轮机厂于1965年开始兴建,1971年制造出第一台汽轮机,目前的主力机型为600 MW汽轮机。北京北重汽轮电机有限责任公司作为后起之秀,以300 MW机组为主导产品,它是由始建于1958年的北京重型电机厂通过资产转型在2000年10月成立的又一大动力厂,目前2台600 MW汽轮机也已经投入生产。

(4)目前中国四大动力厂以300 MW和600 MW机组为主导产品。

3.9.3 汽轮机工作原理

汽轮机是能将蒸汽热能转化为机械功的外燃回转式机械,来自锅炉的蒸汽进入汽轮机后,依次经过一系列环形配置的喷嘴和动叶,将蒸汽的热能转化为汽轮机转子旋转的机械能。蒸汽在汽轮机中,以不同方式进行能量转换,便构成了不同工作原理的汽轮机。

3.9.4 汽轮机结构主要部件

汽轮机由转动部分和静止部分组成。转子包括主轴、叶轮、动叶片和联轴器等。静子包括进气部分、汽缸、隔板和静叶栅、汽封及轴承等。图3-52是汽轮机的结构图。

3.9.4.1 汽缸

汽缸是汽轮机的外壳,其作用是将汽轮机的通流部分与大气隔开,形成封闭的汽室,保证蒸汽在汽轮机内部完成能量的转换过程,汽缸内安装着喷嘴室、隔板、隔板套等零部件,汽缸外连接着进气、排气、抽气等管道。

汽缸的高中压段一般采用合金钢或碳钢铸造结构,低压段可根据容量和结构要求,采用铸造结构或由简单铸件、型钢及钢板焊接的焊接结构。

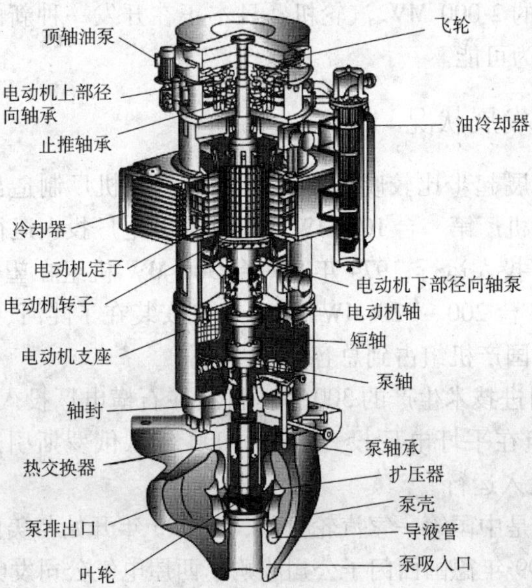

图 3-52　汽轮机的结构图

高压缸有单层缸和双层缸两种形式。单层缸多用于中低参数的汽轮机。双层缸适用于参数相对较高的汽轮机,分为高压内缸和高压外缸。高压内缸由水平中分面分开,形成上下缸,内缸支承在外缸的水平中分面上。高压外缸由前后共四个猫爪支承在前轴承箱上。猫爪由下缸一起铸出,位于下缸的上部,这样使支承点保持在水平中心线上。

中压缸由中压内缸和中压外缸组成。中压内缸在水平中分面上分开,形成上下汽缸,内缸支承在外缸的水平中分面上,采用在外缸上加工出来的一外凸台和在内缸上的一个环形槽相互配合,保持内缸在轴向的位置。中压外缸由水平中分面分开,形成上下汽缸。中压外缸也以前后两对猫爪分别支承在中轴承箱和 1 号低压缸的前轴承箱上。

低压缸为反向分流式,每个低压缸由一个外缸和两个内缸组成,全部由板件焊接而成。汽缸的上半和下半均在垂直方向被分为三部分,但在安装时,上缸垂直结合面已用螺栓连成一体,因此汽缸上半可作为一个零件起吊。低压外缸由裙式台板支承,此台板与汽缸下半制成一体,并沿汽缸下半向两端延伸。低压内缸支承在外缸上。每块裙式台板分别安装在被灌浆固定的基础台板上。低压缸的位置由裙式台板和基础台板之间的滑销固定。

3.9.4.2　转子

转子是由合金钢锻件整体加工出来的。在高压转子调速器端用刚性联轴器与一根长轴连接,此节上轴上装有主油泵和超速跳闸机构。

所有转子都经过精加工,并且在装配上所有的叶片后,进行全速转动试验和精确动平衡测定。

套装转子:叶轮、轴封套、联轴节等部件都是分别加工后,热套在阶梯型主轴上的。各部件与主轴之间采用过盈配合,以防止叶轮等因离心力及温差作用引起松动,并用键传递力矩。中低压汽轮机的转子和高压汽轮机的低压转子常采用套装结构。套装转子在高温下,叶轮与主轴易发生松动,所以不宜作为高温汽轮机的高压转子。

整锻转子:叶轮、轴封套、联轴节等部件与主轴是由一整锻件切削而成,无热套部分,这解决了高温下叶轮与轴连接容易松动的问题。这种转子常用于大型汽轮机的高中压转子。结构紧凑,对启动和变工况适应性强,宜于高温下运行,转子刚性好,但是锻件大,加工工艺要求高,加工周期长,大锻件质量难以保证。

焊接转子:汽轮机低压转子质量大,承受的离心力大,采用套装转子时叶轮内孔在运行时将发生较大的弹性形变,因而需要设计较大的装配过盈量,但这会引起很大的装配应力;若采用整锻转子,质量难以保证,所以采用分段锻造、焊接组合的焊接转子。它主要由若干个叶轮与端轴拼合焊接而成。焊接转子质量轻、锻件小、结构紧凑、承载能力高,与尺寸相同、有中心孔的整锻转子相比,焊接转子强度高、刚性好,质量轻,但对焊接性能要求高,这种转子的应用受焊接工艺及检验方法和材料种类的限制。

组合转子:由整锻结构套装结构组合而成,兼有两种转子的优点。

3.9.4.3 联轴器

联轴器用来连接汽轮机各个转子以及发电机转子,并将汽轮机的扭矩传给发电机。现代汽轮机常用的联轴器有三种形式:刚性联轴器、半挠性联轴器和挠性联轴器。

刚性联轴器:这种联轴器结构简单,尺寸小,工作不需要润滑,没有噪声,但是传递振动和轴向位移,对中性要求高。

半挠性联轴器:右侧联轴器与主轴锻成一体,而左侧联轴器用热套加双键套装在相对的轴端上。两对轮之间用波形半挠性套筒连接起来,并以配合两螺栓坚固。波形套筒在扭转方向上是刚性的,在变曲方向上是挠性的。这种联轴器主要用于汽轮机与发电机之间,补偿轴承之间抽真空、温差、充氢引起的标高差,可减少振动的相互干扰,对中性要求低,常用于中等容量机组。

挠性联轴器:通常有两种形式,齿轮式和蛇形弹簧式。这种联轴器,可以减弱或消除振动的传递。对中性要求不高,但是运行过程中需要润滑,并且制作复杂,成本较高。

3.9.4.4 静叶片

隔板用于固定静叶片,并将汽缸分成若干个汽室。

3.9.4.5 动叶片

动叶片安装在转子叶轮或转鼓上,接收喷嘴叶栅射出的高速汽流,把蒸汽的动能转换成机械能,使转子旋转。

叶片一般由叶型、叶根和叶顶三部分组成。

叶型是叶片的工作部分,相邻叶片的叶型部分之间构成汽流通道,蒸汽流过时将动能转换成机械能。按叶型部分横截面的变化规律,叶片可以分为等截面直叶片、变截面直叶片、扭叶片、弯扭叶片。

等截面直叶片:断面型线和面积沿叶高是相同的,加工方便,制造成本较低,有利于在部分级实现叶型通用等优点。但是气动性能差,主要用于短叶片。

弯扭叶片:截面型心的连线连续发生扭转,可很好地减小长叶片的叶型损失,具有良好的波动特性及强度,但制造工艺复杂,主要用于长叶片。

叶根是将叶片固定在叶轮或转鼓上的连接部分。它应保证在任何运行条件下的连接牢固,同时力求制造简单、装配方便。

T形叶根:加工装配方便,多用于中长叶片。

菌形叶根:强度高,在大型机上得到广泛应用。

叉形叶根:加工简单,装配方便,强度高,适应性好。

枞树型叶根:叶根承载能力大,强度适应性好,拆装方便,但加工复杂,精度要求高,主要用于载荷较大的叶片。

汽轮机的短叶片和中长叶片通常在叶顶用围带连在一起,构成叶片组。长叶片刚在叶身中部用拉筋连接成组,或者成自由叶片。

围带的作用是增加叶片刚性,改变叶片的自振频率,以避开共振,从而提高叶片的振动安全性,减小汽流产生的弯应力,可使叶片构成封闭通道,并可装置围带汽封,减小叶片顶部的漏气损失。

拉筋的作用是增加叶片的刚性,以改善其振动特性。但是拉筋增加了蒸汽流动损失,同时拉筋还会削弱叶片的强度,因此在满足了叶片振动要求的情况下,应尽量避免采用拉筋,有的长叶片就设计成自由叶片。

3.9.4.6 **汽封**

转子和静子之间的间隙会导致漏气,这不仅会降低机组效率,还会影响机组安全运行。为了防止蒸汽泄漏和空气漏入,需要有密封装置,通常称为汽封。

汽轮机汽封按安装位置的不同,分为通流部分汽封、隔板汽封、轴端汽封。

3.9.4.7 **轴承**

轴承是汽轮机一个重要的组成部分,分为径向支持轴承和推力轴承两种类型,它们用来承受转子的全部重量。

第 4 章　实习思考题

4.1　材料热处理专题一

1. 简述活塞销工作条件和失效形式。

2. 活塞销用什么材料制成？热处理后质量检查项目有哪几项？

3. 简述活塞销渗碳淬火工艺？

4. 活塞、活塞环各用什么材料制成？为什么选不同的材料？

5. 汽缸套是用什么材料制成的？你认为应发展什么样的材料更适合高性能汽车的需要？

6. 曲轴预先热处理是什么？其目的是什么？

7. 试分析曲轴受力状态，为什么不能采用整体淬火，而选用表面淬火？其材料选择应有何要求？

8. 曲轴轴颈中频或高频淬火后如何实现自回火？

9. 曲轴中频或高频淬火时为什么要用低碳钢制成的垫圈和塞子保护注孔，并常注意感应器与零件间的距离？

10. 试比较曲轴和凸轮轴的热处理工艺的异同点。

11. 曲轴除了用中频或高频淬火强化，还可以用怎样的热处理和其他手段进行强化？试比较它们的优缺点。

12. 试述本厂曲轴和凸轮轴加工流程？

13. 连杆螺栓的受力如何？其热处理工艺及质量检验是什么？

14. 为什么连杆螺栓装配时要求预紧？

15. 试述齿轮渗碳淬火和回火后喷丸的作用。

16. 试述本厂气体发生炉的构造，制备气氛的控制参数。

17. 试述调节连续气体渗碳炉气氛碳势的方法。

18. 本厂齿轮渗碳淬火后检查项目有哪些？

19. 如何控制渗碳淬火齿轮内在质量？

20. 试比较连续气体渗碳炉的前室和后室的作用和构造；说明前后室火帘的作用。

21. 齿轮在脉冲淬火压床上淬火的目的是什么？脉冲淬火压床比恒压淬火压床有哪些优点？

22. 试述圆柱齿轮渗碳淬火后变形（花键孔、齿形、齿面、公法线）的变化趋势，并分析其原因和减少变形的途径。

23. 连续气体渗碳炉在运行一段时间后为什么要进行“烧碳”？

24. 试述针阀体的加工过程。

25. 简述针阀体和针阀的工作条件、失效方式和性能要求。

26. 试述针阀体采用气体渗碳所必须克服的困难。

27. 试述针阀体固体渗碳工艺。

28. 针阀体渗碳空冷后为什么要进行冷处理？

29. 高速钢刀具在淬火加热中为什么要经过两次预热？第一、二次预热温度分别为(　　)和(　　)；最后加热温度为(　　)。淬火后为什么要进行三次回火？

30. 大型热锻模通常采用什么钢材制造？热处理的工序包括哪些？为什么多采用中温回火？

31. 热锻模淬火回火后，其燕尾部分为什么需要再次高温回火？

32. 为节约高速钢大尺寸钻头材料，其柄部多为45钢，刃部用18－4－1，并用闪光对焊方法将两者焊接在一起。请叙述对焊时应注意事项，及焊后热处理目的和焊缝处金相组织特征。

33. 为了减少拉刀在以空气为介质的炉中加热时氧化和脱碳，可采取哪些措施？

34. 请简述对焊拉刀的淬火工艺。

35. 试比较拉刀热校直和冷校直，并根据热处理原理说明。

36. 某一拉刀经热处理后发现硬度值低于HRC58，请问能否进行二次淬火？为什么？

37. 某拉刀在热处理后出现脆断，请分析可能原因和判定方法。

38. 试述中温和高温盐浴的脱氧制度和脱氧剂及捞渣方法。

4.2　材料热处理专题二

1. 简述井式渗碳炉渗碳的基本工艺。试分析工艺中排气期、强渗期和扩散期各起什么作用。

2. 渗碳加热温度为什么选在930 ℃？温度过高、过低有何利弊？

3. 渗碳零件一般选用何种钢材？为什么？

4. 渗碳零件渗后可采用何种方法冷却？各种冷却方法适用于何种钢材？

5. 渗碳件如何检查渗层深度？渗层质量主要检查哪些项目？

6. 球关节渗碳之后发现渗层中出现网状碳化物，应如何消除？

7. 渗碳件不需要渗碳部分应如何防渗？

8. 齿轮的基本性能要求是什么？试问用T10制造是否可以？为什么？

9. 何谓调质处理？调质后得到的是何种组织？此种处理适用于何种零件？

10. 气体渗碳主要的化学反应有哪些？炉内碳黑是如何形成的？

11. 试述气体碳氮共渗的工艺原理。与气体渗碳工艺相比，气体碳氮共渗工艺有何特点？经碳氮共渗后零件性能有何特点？

12. 吸热式气氛的监测仪表有哪几种？主要工作原理是什么？

13. 振底炉基本动作原理是什么？推动底板振动的方式有哪几种？

14. 吸热式气体发生器装置主要由哪几部分构成？主要工作原理是什么？

15. 简述W18Cr4V高速钢刀柄一般淬火加热和冷却的工艺规范。加热温度和加热时间如何选择？

16. 对于高速钢 W18Cr4V 车刀和多刀盘铣刀，加热温度有何区别？为什么？

17. 如何控制高速钢刀具在热处理过程中的变形和开裂？

18. 高速钢刀具淬火后为什么必须在 560 ℃进行多次回火？车间中是如何操作的？应选用何种设备？盐浴成分如何？

19. 热锻模和冷冲压模具服役条件有何区别？性能要求有何区别？应选用何种钢材？如何进行热处理？

20. T10 钢淬火加热温度是多少？能否采用完全奥氏体化温度的淬火加热规范？为什么？

21. 工件为何要进行喷砂和防锈处理？在本车间采取哪些措施防锈？

22. 曲轴的冷热加工工艺流程如何？轴颈是如何进行加热淬火的？是否进入加热炉内回火？

23. 镗杆要经过哪些热处理工艺过程？其表面为什么要进行氮化处理？氮化工艺如何？

24. 大型热锻模（材料 5CrNiMo）淬火回火后表面和芯部各是什么组织？为什么？回火工艺有何特点？

25. 量具的基本性能要求是什么？热处理有何特点？

26. 什么叫双液淬火？什么情况下使用双液淬火？

27. 对于形状复杂的 T10 钢制冷冲模（有孔和尖角，模具大小为 50 mm×50 mm×10 mm 左右），如何保证淬火？对零件的使用性能有何意义？

28. 等温淬火可以得到什么组织？等温淬火对于零件的使用性能上有何意义？

29. 在本车间合金工具钢常用的淬火介质有哪些？为什么不能用水淬？

30. 细长的刃具加热过程中如何减少加热变形？如何减少淬火冷却中的变形？如何进行校直？

31. 高频淬火加热设备主要由哪几部分组成？高频淬火加热的特点是什么？

32. 高温、中温箱式炉结构和使用性能有何区别？

33. 高温、中温淬火加热盐浴炉，等温淬火和回火盐炉所用的盐类有何不同？

34. 盐浴炉加热时防止氧化脱碳，生产上采用什么方法？

35. 井式渗碳炉由哪几部分组成？各部分的基本功能是什么？

36. 渗碳中炉内碳势是如何控制的？

37. 根据实习和参观，叙述周期性渗碳与贯通式炉连续渗碳方法在工艺上有何不同的特点。

4.3 粉末冶金专题

总体认识

跟踪调查了哪几种粉末冶金产品？各自的生产工艺流程包括哪些工艺环节？其中主要工艺环节的具体工艺参量是如何确定的？产品的质量检测是如何进行的？所用生产设

备有哪些？现场所用生产设备的优缺点各表现在哪些方面？

1. 粉末冶金压坯成形前需做哪些准备工作？其作用如何？

2. 压制过程中可能产生的主要废品类型是什么？如何避免？

3. 为什么沿压坯高度其密度分布不均匀？

4. 为什么松散粉末经压制成形后，具有一定强度？

5. 铁基材料的烧结过程一般分为几个阶段？在各个阶段都发生哪些物理化学变化及组织转变？

6. 烧结过程中主要发生哪些现象？烧结的推动力是什么？烧结的主要机构是什么？多元系粉末的烧结有何特点？

7. 烧结前粉末压坯的检查包括哪些项目？

8. 烧结工序的主要工艺参数有哪些？如何确定？

9. 铁基制品的金相组织缺陷有哪些？根据实际情况分析其产生原因并提出解决措施。

10. 铜基制品烧结工艺与铁基制品有哪些不同？

11. 粉末冶金工艺对烧结炉的构造有哪些要求？

12. 试述烧结炉的基本结构？在使用维护时应注意哪些问题？

13. 简述烧结炉气氛的种类及应用。

14. 烧结制品物理性能的检测主要包括哪些方面？它们如何测定？

15. 烧结制品机械性能的检测主要包括哪些方面？

16. 烧结铁基制品一般进行哪些热处理？其目的是什么？大致工艺如何？

17. 粉末冶金制品的水蒸气处理、硫化处理的目的、工艺过程是什么？它们对制品的性能有些什么影响？

18. 粉末冶金制品的电镀与其他材料电镀有哪些区别？电镀前应进行什么预处理？

19. 试谈熔渗的工艺流程，并说明先烧结后熔渗工艺流程的优缺点。为什么不用纯铜而用铜铁（铜铁比为95:5）合金作溶渗剂？

4.4 陶瓷材料专题

1. 普通陶瓷有哪些原料组成？各起什么作用？

2. 黏土有几种？硬质土和软质土是如何加工的？有何不同？

3. 长石和石英有几种？是如何加工的？石英为何要煅烧？

4. 原料初、中、细碎分别采用什么设备？了解其原理。

5. 泥浆如何脱水？压滤机的原理是什么？

6. 可塑泥为何要陈腐？如何陈腐？

7. 为什么要真空练泥？

8. 注浆料与可塑料的制备工艺有何不同？

9. 压制料如何造粒？记录喷雾干燥塔的原理、结构、工艺参数。

10. 哪些产品是可塑成形的？哪些产品是注浆成形的？

11. 可塑成形、注浆成形、压制成形容易出现哪些缺陷？如何解决？

12. 石膏模如何循环使用？损坏的原因是什么？

13. 釉料与坯料的制备工艺有何不同？

14. 生料釉与熔块釉制备工艺、性质有何不同？

15. 釉的性质与坯的性质有何关系？

16. 坯体入窑前为什么要进行干燥？

17. 坯体烧成采用什么窑炉？采用哪种加热方式？

18. 窑炉采用何种燃料？如何控温？该窑炉采用的是氧化焰，还是还原焰？

19. 哪些产品使用匣钵？匣钵的作用是什么？材质是什么？

20. 烧成缺陷有哪些？产生原因是什么？如何避免？

21. 辊底窑的棍棒有何要求？是什么材质？是如何传动的？

22. 什么是釉上彩、釉中彩、釉下彩？

23. 陶瓷贴花纸是什么材质？如何贴花？

24. 日用陶瓷与建筑陶瓷的装饰有哪些相同和不同之处？

4.5 材料成形专题

1. 铸造生产有哪些优缺点？试述砂型铸造的工艺过程。

2. 在设计工艺图时，要考虑哪些问题？

3. 什么叫作分型面？选择分型面时必须注意什么问题？

4. 零件图的形状和尺寸与铸件模样的形状和尺寸是否完全一样？为什么？

5. 型砂主要由哪些材料组成？它应具备哪些性能？

6. 造型的基本方法有哪几种？各种造型方法的特点及其应用范围如何？

7. 浇注系统由哪些部分组成？开设内浇道时要注意什么问题？

8. 冲天炉的大小用什么来表示？炉料包括哪些材料？这些材料有何作用？

9. 液态金属浇注时，型腔中的气体从哪里来？应采取哪些措施防止铸件产生气孔？

10. 说明气孔、缩孔、砂眼等三种缺陷的特征及其产生的主要原因。

11. 铝合金铸造有何特点？熔炼铝合金时应注意什么问题？

12. 何谓压力铸造？压铸型的结构由哪几部分组成？

13. 结合“创新设计与制造”活动，请设计一件有创意的铸件，并用实型铸造方法制造出来。

14. 比较砂型铸造、熔模铸造、金属型铸造、压力铸造在模型、铸型、冲型方式、适用合金、尺寸精度、表面质量、适用批量、试用铸件类型等方面的差别。(列表)

15. 简述砂型铸造的基本过程。

16. 比较自由锻造、胎模锻和模锻的特点。

17. 铸件的凝固方式有哪些？各有什么特点？

18. 下面哪些零部件适合模锻？为什么？

(1)10000 件弯曲连杆；

(2)2 件曲轴锻件；

(3)20000 件的螺钉毛坯。

19. 简述实心焊丝的生产过程。

20. 拉拔后的铁丝为什么会变硬？在生产过程中如何解决？

21. 焊接材料主要有哪几类？主要的用途是什么？

22. 手工电弧焊的特点是什么？

23. 名词解释：热影响区、可焊性、碳当量。

24. 优质焊条的药皮有何作用？

25. 焊接方法主要分哪三类？各有什么特点？

26. 焊接的缺陷主要有哪些？主要是什么原因造成的？

27. 简述埋弧自动焊的工艺过程。

28. “材料的硬度愈高，耐磨性愈好”，这种说法对吗？为什么？

29. 何为铸造生产？何为铸件？

30. 铸型包括哪两部分？指出其主要作用。

31. 铸造生产可以分为哪几个生产阶段？各阶段的主要任务是什么？

32. 什么是型砂、芯砂？以德国为例，发达国家的型砂、芯砂分别主要用什么砂？

33. 目前型砂、芯砂用的原砂主要为石英砂。对于铸钢、铸铁、铸造有色金属，适宜用什么等级的石英砂？

34. 炉前测温常用什么仪器？简述其操作方法。

35. 常用的球化处理的包底冲入法与凹坑法有什么不同？各有什么优缺点？

36. 常用的球化剂叫什么名？指出其主要元素含量范围。

37. 75 硅铁中的含硅量大致在什么范围？

38. 叙述判断球化处理效果的方法。

39. 铬铁可分为几种？划分的依据是什么？

40. 常见的铸造缺陷可分为哪几类？各有哪些主要缺陷？

41. 怎样区分机械黏砂与化学黏砂？

42. 怎样区分铸件的孔洞类缺陷？指出它们的成因。

43. 怎样测量铸件的铸造收缩率？

44. 怎样测量铸件的成品率？该指标在铸造工艺设计中有什么重要作用？

45. 金相试样在取样时应当注意什么问题？

46. 对于灰铸铁，其力学性能主要有哪些指标？

47. 球墨铸铁的力学性能主要有哪些指标？与灰铸铁的力学性能有什么区别？

48. 简述模锻工艺过程。

49. 锻造成形件质量检验的内容是什么？

4.6 轴承材料及其热处理专题

1. 滚动轴承由几部分组成？通常各用什么材料制造？

2. 滚动轴承常用的滚动体有哪些形式？

3. 与滑动轴承相比，滚动轴承具有哪些优缺点？

4. 轴承在服役时常承受什么样的载荷？其失效形式表现为什么？

5. 为什么轴承钢的碳含量一般为高碳？轴承钢中常见的合金化元素有哪些？各起什么作用？为什么其含铬量要限制在一定范围？

6. 轴承钢有哪些种类？常用的轴承钢是什么？最主要的合金元素是什么？为何该元素不可缺少？

7. 轴承钢的化学成分是什么？在冶炼时通常会有什么夹杂？

8. 轴承钢的预先热处理与最终热处理是什么？为何要采取预先热处理？预先热处理后对其组织性能的要求是什么？

9. 滚动轴承热处理后的组织是什么？热处理后要达到什么样的力学性能？为什么？

10. 滚动轴承常见热处理缺陷有哪些？产生的原因是什么？怎样预防和消除？

11. 轴承热处理脱碳对其性能产生什么危害？如何预防轴承在热处理淬火时的脱碳？

12. GCr15 轴承钢硬度只要达到 HRC32～38，该怎么热处理？

13. 轴承钢的检验包括哪些事项？轴承的检验又包括哪些事项？

14. 含油轴承与普通轴承有什么不同？前者用什么方法制造？

15. 轴承钢通常是否进行表面热处理？为什么？

4.7 钢铁材料专题

1. 简述钢与铁的区别。

2. 钢按照工程应用分为哪几类？分别举出几个具体的实例。

3. 钢中常加的合金元素有哪些？分别起什么作用？

4. 分析碳在不锈钢中对组织性能影响的两重性，并讨论解决这一矛盾时采取哪些技术措施？

5. 分析不锈钢中 13% Cr、18% Cr 和钝化膜、电极电位与耐腐蚀性能的关系？

6. 说明 18－8 不锈钢被工业上广泛采用的原因。

7. 总结铁素体不锈钢的成分及热处理方法。

8. 总结马氏体不锈钢的成分与热处理方法。

9. 总结奥氏体不锈钢的成分与热处理方法。

10. 双相不锈钢有几种？成分特点是什么？有什么具体应用？

11. 试分析结构钢、工具钢、不锈钢在使用中的主要矛盾，讨论它们的冶金质量要求、合金化方向和热处理工艺的异同。

12. 讨论常用不锈钢使用中失效的原因和防止办法。

13. 请解释不锈钢生产中的 AOD、VOD 等精炼技术？

14. 由 1Cr18Ni9Ti 钢锻制成毛坯，送车床加工时发现，车削加工极为困难，而且能被磁铁吸住，试分析这一锻坯的金相组织，锻造后的工序存在什么问题？应当采取何种措施来解决？为什么？

15. 不锈钢型材多用轧制、冲压、拉拔等工序来实现，为什么？试讨论其工艺过程和要求。

16. 微量元素在钢中的作用主要表现在哪些方面？讨论钢的微合金化技术的狭义和广义的涵义。

17. 试分析钢的组织遗传性？合金元素在钢的加热和结晶过程中有什么作用？

18. 简述钢中的碳化物、氮化物、金属间化合物、非金属夹杂物都有哪些，各自有什么特点？

19. 试分析不锈钢中合金元素对成形性、焊接性、加工性能的影响。

20. 讨论面板用不锈钢的选择、加工工艺路线和注意事项。

附　录

1　实习计划

某高校暑期生产实习计划如下。

日期 (月·日)	6.18	6.25～ 6.27	6.27	6.28	6.29～6.30	7.1～7.2	7.3	7.4
上午	实习动员	赶赴 实习地	休息	入厂教 育全厂 参观	分两组 1.热处理厂 2.粉末冶金厂	分两组 1.热处理厂 2.粉末冶金厂	技术讲座(1) 技术讲座(2)	技术讲座(3) 技术讲座(4)
下午			与部分 校友 见面	参观 铸造厂	分两组 1.热处理厂 2.粉末冶金厂	分两组 1.热处理厂 2.粉末冶金厂	校友座谈会 当地校友、秘 书等答学生问 等	答疑、学习校友 提供的资料
晚	自修、总结当天的资料							

日期 (月·日)	7.5	7.6	7.7	7.8	7.9	7.10	7.11～7.14	7.15～7.16	7.17
上午	某客车 厂参观、 实习	参观 大众 生产线	分两组 1.热处理厂 2.粉末冶金厂	模具 公司 实习	参观变速 箱厂、发 动机厂	一汽原 副总经 理报告	返校并 指导学生 撰写实习 报告、 答疑	学生 准备 答辩	答辩
下午		电镀厂 实习	分两组 1.热处理厂 2.粉末冶金厂	电镀厂 实习	参观锻压 厂、第二 铸造厂	相关 厂长 报告		教师 评阅 报告	总结

2　典型零件工艺分析之一——齿轮的热处理

2.1　零件的几何图(主动锥齿轮)

驱动桥主动锥齿轮见图1。

技术要求:表面硬度 HRC 58～63,未注表面粗糙度3.2,齿数17,*da* 是180,分度圆锥角31.16°,齿宽60,材料20CrMoH。

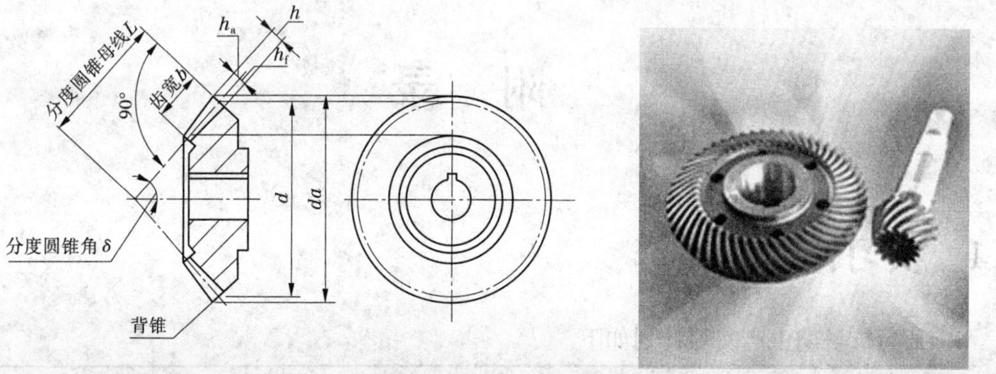

图1　驱动桥主动锥齿轮

2.2　主动锥齿轮的服役条件分析

主动锥齿轮是汽车驱动桥的主要零件，承受的是交变载荷，齿根部受到弯曲应力作用。同时，接触啮合的齿相之间有接触疲劳、磨损作用和较大的冲击作用，要求具有高的接触疲劳强度、高的硬度和耐磨性，同时，还应兼顾韧性（芯部屈服强度）的要求，即主动锥齿轮的性能要求：

（1）耐磨性要好（齿面）；

（2）耐疲劳强度高（齿根）；

（3）耐点蚀性（齿面接触部分）；

（4）抗弯曲和扭转能力强（轴部）；

（5）高的表面硬度和耐磨性（轴颈部位）。

常见的失效形式有：

（1）磨损（要求表面硬度 HRC58 ~63）；

（2）表面点蚀；

（3）表面皮下点蚀；

（4）剥落；

（5）齿轮弯曲疲劳折断；

（6）冲击载荷造成断齿。

2.3　主动锥齿轮的选材及加工流程

选材：常见的锥齿轮材料是 20CrMnTi，价格低廉，但热后芯部金相组织达不到要求，零件机械性能差。而 20CrNi3 热后芯部组织和零件机械性能满足要求，但该材料机械切削加工性能差，价格昂贵，同时热后变形大，影响传动啮合。22CrMoH 恰恰能满足上述工艺性能要求，市场价格合适，适合企业大批生产要求，故采用 22CrMoH。

加工流程如下：

2.3.1 下料

采用ϕ120 热轧圆锥钢，使用油压锯床，两端截头，下料长 243 ± 1 mm，重 $22.1^{\ 0}_{-0.22}$ kg。

2.3.2 锻造

主动锥齿轮锻造工序如下：

(1)加热。设备:普通箱式电阻炉;加热温度:1 150 ℃。

钢件的预加热温度(始锻温度)通常为铁 - 碳平衡相图固相线(NJE)以下 150 ~250 ℃。20CrMoH 作用合金结构钢的始锻温度 1 150 ~1 200 ℃,原因有二：

①保证金属有良好的可锻性和较长的成形工作时间,既节约能源又有利于提高生产效率;②要保证获得合格的锻后组织,防止出现过烧和魏氏组织的出现,对于 20CrMoH,之所以在 1 150 ~1 200 ℃时有良好的可锻性是由于处于单相 γ 区(fcc)容易发生塑性变形。

(2)制坯。设备:1 t 自由锻;始锻温度:1 150 ℃,终锻温度:800 ℃。始锻温度即(1)中加热温度,原因同(1);对于 20CrMoH 合金结构钢,查锻造手册可知终锻温度为 800 ~850 ℃,(可知锻造区间 350 ℃,有足够制坯时间)。终锻温度过高,会使锻造晶粒粗大,冷却后出现过烧而产生魏氏组织;终锻温度过低,则导致锻造后期加工硬化严重,甚至引起开裂。

(3)再加热。设备:普通箱式电阻炉;加热温度:1 150 ℃。原因同(1)。

(4)模锻。设备:1 100 t 摩擦压力机;始锻温度:1 150 ℃,终锻温度:800 ℃。加热温度区间选择原因同(1)、(2)。

(5)热切边。设备:500 t 压力机。

(6)清理。设备:砂轮机;清磨裂纹、毛刺。

(7)检查。目视和量具;按图 2 锻件外形尺寸进行检查。

综上所述,锥齿轮锻造的毛坯图如图 2 所示。

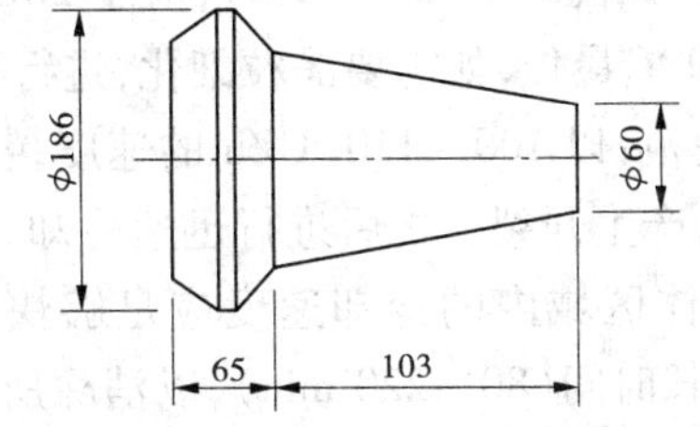

图 2 主动锥齿轮锻造件

由以上可得锻造流程中的加工热处理曲线,如图 3 所示。

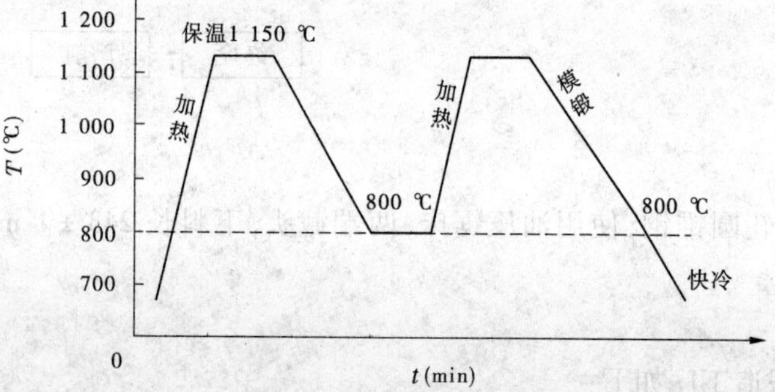

图 3　锻造过程热处理曲线

在锻造后,锻件可能出现的缺陷有:①裂纹;②白点;③网状碳化物,使力学性能降低,甚至报废。采取预防措施:严格遵守加热和冷却规范,提高加热速度,减少保温时间,防止过热、过烧;终锻温度不宜过高,在 800 ℃附近,同样不可太低,防止冷相变加工硬化严重,产生开裂,通常 ±10 ℃;提高锻后冷却速度。

2.3.3　预先热处理

对热模锻后的毛坯采用等温退火热处理,这种热处理工艺加工后的毛坯、组织均匀稳定,热处理变形小,硬度 HB168 ~ 173,比较适中,为随后的切削加工打下良好的基础。此时采取等温退火还可以减少退火时间,提高生产效率。

技术要求:

(1)等温退火,HB163 ~ 187;

(2)金相组织 F + P,晶粒度 6 ~ 8 级;

(3)抛丸处理。

热处理工序:

(1)等温退火。首尾盘各放置一件样品,其余每十二盘放置一件样品;设备:高温炉;加热温度:Ⅰ区 860 ℃,Ⅱ区 940 ℃,Ⅲ区 940 ℃;速冷(空气鼓风)至 650 ℃,保温 180 ~ 220 min,再空冷。其中Ⅰ区加热温度 860 ℃,保温 1 ~ 2 h,起预热和使工间温度均匀作用(830 ~ 890 ℃均可)。Ⅱ区、Ⅲ区采用加热温度 940 ℃,为了使工件处于完全 γ 化状态,(在 A_{c3}或 A_{ccm}以上 30 ~ 50 ℃,保温时间 0.5 ~ 2 h),对于 20CrMoH 查阅资料推荐加热温度为 920 ~ 940 ℃,925 ℃、940 ℃最佳,如需要晶粒细化,进行再结晶。为能满足加工和处理以后的性能,应遵循以下规范:以 100 ~ 110 ℃/h 的速度缓慢加热以防止零件(特别是具有厚的或薄的截面的零件)产生开裂。之后进行迅速冷却,防止出现带状组织,保温之后,一般在 925 ~ 650 ℃铁素体区域内的冷却速度应足够快(采取空气鼓风)。冷却至 620 ~ 640 ℃后必须保温足够长时间(80 ~ 220 min),以消除所有应力,最终可获得理想的片状铁素体 - 珠光体组织。

等温退火后可能出现的缺陷:出现带状组织。这是由于在 940 ~ 650 ℃F 范围内冷速缓慢造成的。带来的危害:带状组织具有“横后效应”,会影响延伸率、断面伸缩率及冲击韧性等性能。采取措施:进一步提高 940 ℃保温后的冷却速度,防止带状组织的出现。

采取的加热规范见图 4。

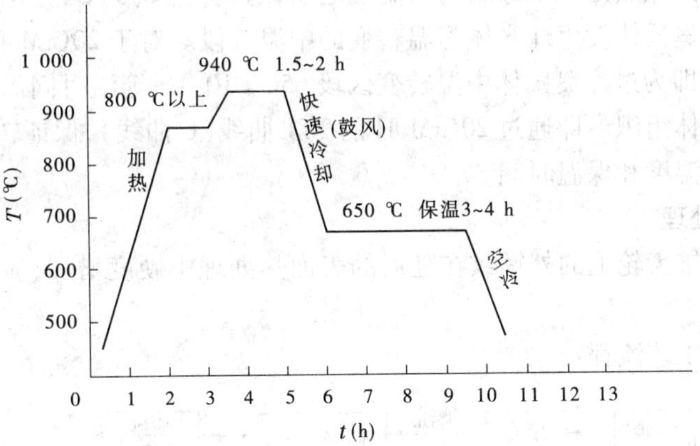

图 4　预先热处理规范

(2)检验。设备:HB－3000 硬度计,按指定部位磨掉脱碳层,检验硬度,首尾检各三件,中检每十盘抽两件,4×A 显微镜检验样品的金相组织及晶粒度。

(3)抛丸。设备:转台式清理喷丸机,清除氧化皮。参数:120 件/箱,8 min/次。或采用 28GN－4A 抛丸机。

(4)清磨。打磨折叠、裂纹等。设备:砂轮机。

2.3.4　机械加工

主动锥齿轮的机加工采用中心孔作为定位基准,以实现基准的统一。主动锥齿轮机加工流程如下:

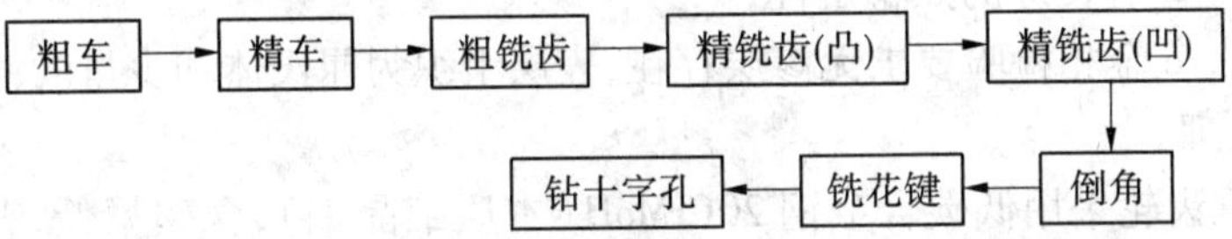

(1)粗车。钻中心孔:在单位小批量生产中,钻中心孔工序常在普通车床上进行;大批量生产中,常在铣端面钻中心孔专用机床上进行车端面,钻中心孔。

粗车各表面:在普通车床上车削各表面。

(2)精车:选用 FCL－300 数控卧式车床精加工齿坯,一次装夹完成所有的外圆面、端面、外螺纹、锥面等的加工。

(3)粗铣齿:用格里森(GLEASON)六轴联动数控铣齿机加工,齿轮 M 值变动量 0.20,齿轮精度达到国标 GB 1365—89 的 7 级要求。

(4)精铣齿(凸)。精铣齿的凸面后,要求在检查机上检查啮合时的接触斑点。

(5)精铣齿(凹)。精铣齿的凹面后,要求在检查机上检查与大轮啮合时的接触斑点。采用新型六轴联动数控机床以增加机床刚性,提高铣齿精度和效率。

(6)倒角。在模棱倒角机上用风动砂轮对齿轮进行倒角加工。

(7)铣花键。在花键轴铣床上用花键滚刀加工。

(8)钻十字孔。

注:2.3.3　预先热处理中等温退火温度之所以选择在650 ℃,是由于等温退火温度通常选择在过冷奥氏体发生珠光体等温转变的中温区段。对于20CrMoH合金结构钢A_{c1}以上20~30 ℃,即为过冷奥氏体中温转变区段650±10 ℃;等温时间需保证奥氏体完全分解转变为珠光体组织。即通过20CrMoH的TTT曲线(C曲线),保证转变温度和转变时间确定等温退火温度和保温时间。

2.3.5　表面热处理

为防止主动锥齿轮上的外螺纹在随后的表面热处理中硬度增加,应先在此涂上防渗涂料。

表面热处理工艺流程:

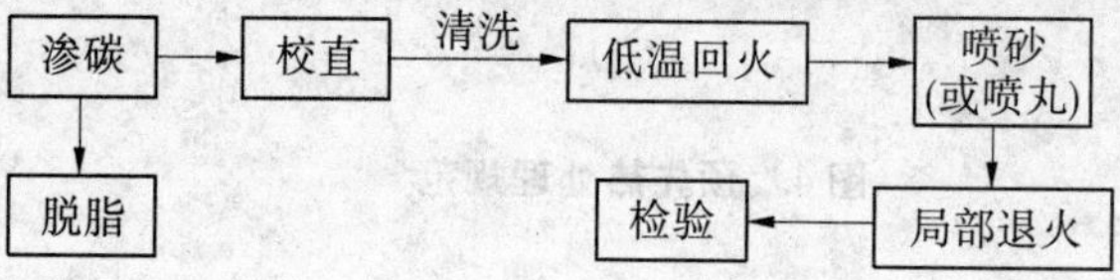

(1)脱脂。设备:脱脂炉;Ⅰ区420 ℃,Ⅱ区450 ℃。

脱脂炉作用:①脱油降脂。②形成一层薄膜氧化膜,为下一齿渗碳做准备,即可以促进渗碳。③可作为渗碳过程中分级加热的一步,即可起到预热作用。④消除因机加工产生的内应力。保温时间:50~60 min。

有关防渗涂料:

①主要成分:聚苯乙烯、甲苯、硼酸粉、氧化铜粉、钛白粉。

②性能要求:a 淬火后易脱落;

b 有良好的热稳定性;

c 金相检验要求无渗层存在,表层组织为屈氏体和少量的铁素体。

(2)渗碳处理。

由于主动锥齿轮采用低碳合金钢20CrMoH(本质细晶钢),含碳量低,普通热处理后表面硬度较低,作为驱动桥主要零件,主动锥齿轮要求齿轮部分和轴颈部分应具有高的硬度和表面耐磨性,同时芯部要有足够韧性,具有良好的综合机械性能。为了获得高的表面硬度和耐磨性,对于20CrMoH常采用渗碳处理,使表面碳浓度上升,以满足性能要求。

渗碳设备:单/双排可控气氛渗碳炉。

渗碳工艺可分为预热区、透烧区、强渗区、扩散区和预冷区五个部分。

渗碳过程的工艺参数包括渗碳工艺不同区的加热温度、碳势和处理时间三大要素。

①渗碳工艺:(见表1)

②炉内气氛:由于天然气(CH_4含量≥90%)在高温下分解为CO、H_2、CO_2等,高温下可以防止工件的氧化。

③渗碳工艺参数的选择。

表 1　渗碳工艺参数

区段	Ⅰ区	Ⅱ区	Ⅲ区	Ⅳ区	Ⅴ区	允许波动范围
温度(℃)	900	930	940	930	850	±20
保护气(m^3/h)	8	10	14	14	19	±1
碳势(CP)	—	—	1.15	0.85	0.8	±0.1
装载数	4	3	5	5	2	—
推料周期(min)	38					
装载量(件/盘)	90					

Ⅰ区:加热温度选用900 ℃。在脱脂炉对工件进行脱脂和微氧化后,加热速度不宜过快,否则由于外部和芯部温度不均匀,而产生较大的热应力,甚至引起工件开裂。故采用在Ⅰ区先将工件加热至900 ℃,并对工件进行保温,使工件温度均匀,减小热应力。(保温时间38×4=152 min)。

Ⅱ区:加热温度930 ℃。将工件加热至完全奥氏体化温度,并使工件温度均匀。由于奥氏体是面心立方结构,较体心立方面八面体间隙大,碳作为间隙原子,更容易渗碳,提高渗速和渗层碳浓度,为后续强渗阶段做准备。

Ⅲ区(强渗区):加热温度为940 ℃,CP值为1.15。20CrMoH在940 ℃处于完全奥氏体化,在碳气氛下进行渗碳过程。其中强渗区温度不宜过高,防止奥氏体晶粒粗大,并增加生产成本。渗碳时间根据钢材特性、渗层要求深度、炉型等因素决定,对于20CrMoH渗碳时间38×5=190 min。此外,一个重要的参数,即强渗区的CP值控制,一般情况下,在不出现碳黑和工件表面碳化物级别允许的前提下,在强渗区应具有高碳势,以获得较快的渗速。要求CP的最大值控制在1.15+0.1 C %范围内,同时CP值不可太低,以免影响渗层深度以及表面渗层的碳浓度。

Ⅳ区(扩散区):加热温度930 ℃,CP值0.85。加热温度930 ℃,与Ⅱ区加热温度的选择一致,都是在防止奥氏体晶粒粗大前提下,提高加热温度,使工件处于单奥氏体状态,利用渗碳和扩散进一步进行。提高加热温度另一主要原因是可以提高其扩散速度,提高生产效率和产值。扩散期CP值达到0.85,由于此阶段的主要目的是减小渗碳梯度,防止渗碳梯度过陡。该阶段碳势选择的原则是:以工件表层达到设计所需要的碳浓度0.8%~1.0%为原则,进而确定炉内最佳CP值。相比Ⅲ区(强渗区),该区CP值有所降低,原因是该阶段的主要目的是扩散以减小碳势梯度,而非强渗阶段,故碳势值和加热温度均稍稍降低。

Ⅴ区(预冷却):20CrMoH渗碳后采用直接淬火。在渗碳温度下直接淬火,可使芯部和表面同时淬火,所引起的淬火应力最小,从而产生变形也最小。为进一步减小淬火变形,在渗碳之后需降低淬火温度,这也是进行扩散的原因之一。对于20CrMoH的A_{c3}点825~830 ℃附近,故渗碳后预冷温度选择860±20 ℃,保温时间76 min。

④渗碳处理后可能的缺陷及处理方法。

a.齿轮在渗碳处理后有效硬化层深不足的主要原因是其检测方法不合理。原来一直使用苏联采用的金相法标准定渗层深度值，此方法只能在渗碳后的退火组织状态下进行，仅是产品质量的中间检验标准，反映的是零件渗碳的深度，而通过硬度法检测所得到的有效硬化层测定值，是零件强渗碳、淬火、回火的最终检验指标，综合反映钢材、设备、工艺方面的情况。引起有效硬化深度不足的另一主要原因是技术要求不合理，即碳势值偏低，渗碳时间偏短。

处理方法：为更能反映齿轮的最终质量情况，直接采用硬度法测量主动锥齿轮有效硬化层深，代替原采用金相法检测深层深度，即最终热处理完毕后采用硬度法作为最终质量检验标准。

b. 过渡区硬度梯度过陡。过渡区硬度梯度过陡，是由碳浓度梯度变化太大，也就是过渡区深度过小，是由渗碳时强渗时间过长而扩散时间太短造成的。处理方法：为增加有效硬化层深，减缓过渡层硬度变化和提高芯部硬度，对渗碳工艺进行更改，延长强渗时间、扩散时间，合理匹配强渗时间和扩散时间比例。此外，后续淬火介质和回火规范对过渡区硬度梯度也有显著影响。

c. 表面渗碳层含碳量过高/过低。表面含碳量和冲击值的关系可用图 5 表示。由图可知，表面含碳量越低，冲击值越大。然而含碳量过低，表面硬度降低，使用寿命和耐磨性均降低。齿轮类零件的表面含碳量≥0.6%。当然，为使表面冲击值适中，含碳量也不可过高，对于主动锥齿轮表面含碳量控制在 0.8% ~1.0%。当出现渗碳层含碳量超标或不足时应对 CP 值进行调节。仪表精度不足也是出现此类现象的主要原因，此外对碳势控制仪表进行校正，防止指示碳势值和实际炉内碳势值之间存在较大误差，必须时可更换氧探头和显示仪表。

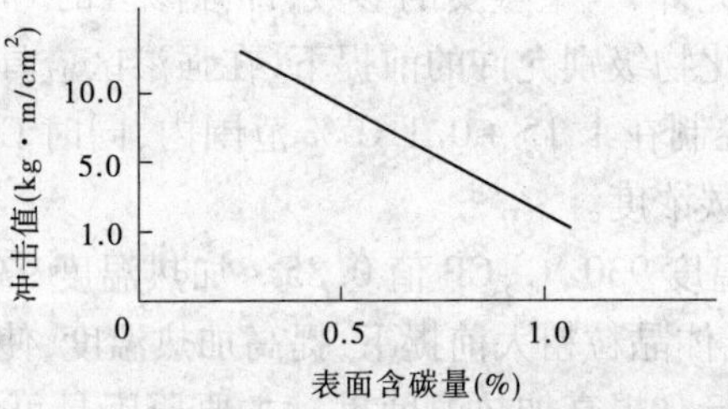

图 5　表面含碳量与冲击值的关系

d. 渗碳层厚度过大。当表面含碳量一定时，渗碳层厚度与冲击值关系如图 6 所示。可知有效渗碳层厚度愈小，冲击值愈高；渗碳层厚度愈大，冲击值愈低。但渗碳层厚度偏低时，使用寿命会明显减小。故工件渗碳层厚度一般为 1.1 ~1.4 mm(HB515)。当渗碳层厚度过大时，可以通过降低加热温度、CP 值以及缩短强渗和扩散时间来控制。

e. 深层深度不均匀。由渗碳炉内渗碳气体不均匀，气体流动性变差，或者由于零件堆放过于密集引起。可增加路内渗碳气体的流动性，减小工件堆放密度予以解决。

(3)淬火。淬火介质：贝多菲亚快速油/高温油；淬火设备：GLEASON No. 537 型压淬炉；淬火油温：90 ℃。保温时间 20 ~30 min。采用压床淬火，此工序由于压床设备较高，对于温度和碳势控制较准确时，可以略去用压床淬火，而直接进行油淬。淬火目的：将工件加热至 A_{c3} 温度以上(850 ℃)后用淬火油进行冷却，已获得 M(或 B)。结合后续回火处

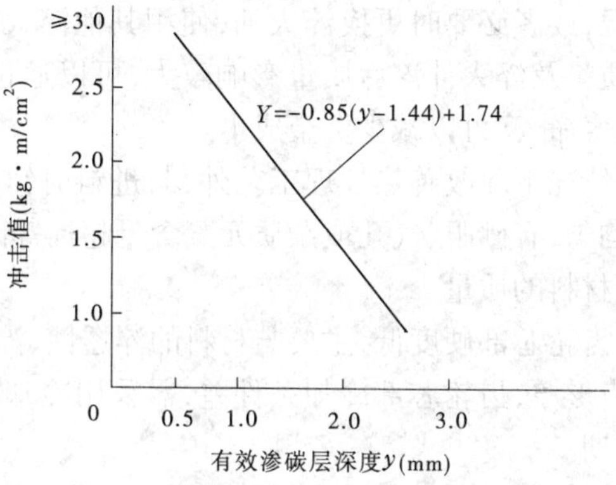

图6 渗碳层厚度与冲击值关系

理提高工件强度、硬度和耐磨性。淬火质量好坏直接影响回火后工件的力学性能。淬火温度取 A_{c3} 温度以上 30 ~ 50 ℃，对于 20CrMoH 取 850 ℃最佳。此外，20CrMoH 采用油淬，是由于 20CrMoH 中含有 Mo、Cr，可强烈稳定过冷奥氏体；油的沸点比水高，故其进入淬火第三阶段的温度亦相对较高，可使马氏体相变完全在此阶段进行。这有利于保证马氏体相变在较缓慢的冷却速度条件下完成，对淬火特性的改善是有利的。特别适合于奥氏体稳定性较高的材料淬火使用。此外油淬较水淬，冷却速度较慢，可以有效减小淬火变形和淬火应力，淬火开裂倾向也大大减小。淬火油温的选择：淬火剂的淬火能量随温度而改变，从而对淬火变形产生很大的影响。淬火油温过低，芯部的组织转变比较缓慢，因而后来芯部发生转变时，便在表面层产生拉应力；在热油淬火情况下刚相变，表面层便受到压应力。当在 20 ℃温度下淬火时，淬火变形大大减小，50 ℃淬火变形次之。在 90 ℃淬火时，对变形的改变则很小，故采用最佳淬火油温 90 ℃。在淬火油中需停留 20 ~ 30 min 的目的是使淬火件充分淬火。

淬后可能出现的缺陷和处理方法如下。

①淬火变形量过大：可以通过适当降低预冷温度和提高淬火油温度减小温差，进而减小淬火变形量。此外，可以通过其他方式减小淬火变形，下面作详细介绍。残余变形：锻造和机械加工将造成的残余应力，不经过完全消除就进行热处理，与淬火变形两相加，会出现很大的变形量，因此要求锻造后的预先热处理——等温退火要进行充分，在渗碳前的预热过程是很有必要的。热变形：对齿轮进行加热和冷却时，由于齿顶和齿圈部分温度变化快慢不一，膨胀和收缩的时间及数量不同而产生应力，当该应力超过弹性极限时，产生塑性变形。相变变形：在淬火过程中由 A—M 转变，由于晶体结构变化，体积膨胀进而产生相变变形，可采用的措施有：(i)渗碳的前处理在粗加工后进行调质处理，达到预期的细化和均匀化，同时防止带状铁素体的出现；(ii)改善淬火规范：为了避免加热速度过快、温度不均匀采用多级加热，此外降低淬火温度对减小淬火变形有很好的效果，采用 850 ℃保温 1 h 左右；(iii)为了防止淬火花键变形，可装入与花键匹配的齿套，在淬火过程有效减小淬火变形。

②淬火不足：可能是由于实际淬火温度偏低，淬火油温度太高或淬火油特性变差，以

及淬火时间不足引起的。可通过调节温度控制仪表或对温度仪表进行校核,使温度显示准确;检测淬火油的油温,或者必要时更换淬火油,使用其他淬火特性更好的淬火油。此外,防渗涂料对淬火油质量及淬火件淬后质量影响较大,可以通过减少防渗涂料使用,提高淬火油的质量和使用寿命,又可以减少资金成本。

③淬后开裂。这种情况下除改善热处理工艺外,与进料时铸钢件的产品质量有很大关系,比如铸件组织不均匀,有砂眼、气孔或杂质元素含量超标等因素,可以通过与钢厂反馈,更换铸钢件,提高原材料的质量。

④芯部硬度偏低。齿轮芯部硬度低,主要与材料的淬透性、淬火冷却不足有关。由于主动锥齿轮的模数大,齿形厚,齿轮芯部冷却条件差,需采用冷却能力更强的淬火油或及时减小淬火油的使用周期。

(4)校直。用百分表检验,并用200 t校直机(压力机)进行校直。若工件在校直范围内则进行校直,否则作为废件处理。

(5)清洗。去除表面淬火油和附着的杂质,对后续进行低温回火做准备。

(6)低温回火。对于20CrMoH的碳合金渗碳钢件,采取淬火后低温回火。目的是获得回火M(马氏体),降低淬火应力,使工件具有高的硬度和耐磨性,使工件的韧性和稳定性得到改善。回火温度采用190 ℃;设备为箱式低温回火炉。

回火过后,可能产生的缺陷和处理方法:

①回火时间不足。工件表面仍存在未回火的马氏体。主动锥齿轮后表面组织应为回火马氏体+少量碳化物+残余奥氏体。若回火后工件表层仍存在未回火的马氏体,往往引起零件寿命缩短和金属剥落。主要原因是在淬火过程中形成的残余奥氏体在随后的回火工序转变成淬火马氏体,因回火时间不足,这部分马氏体未能充分的回火。可采取的措施:在工件淬火后进行充分的回火,延长回火时间。

②表面黑色组织严重超标。产生的主要原因是在气体渗碳过程中产生了氧化,形成了淬火屈氏体、淬火贝氏体组织,该组织的出现导致齿轮过早出现疲劳裂纹而引起点蚀和表面剥落等缺陷。可采取的措施有:(i)提高淬火冷却能力。使用淬火冷却能力更强的淬火油,另外在淬火油槽中装有螺旋状搅拌设备,对提高淬件淬后力学性能有很好的作用。(ii)提高炉内的碳势控制精度。(iii)适当改善渗碳工艺,采用碳势(CD)值更容易控制的渗碳气体。此外,提高渗碳气体的纯度,对防止黑色组织出现有很好的作用。

③部分碳化物、残余奥氏体、马氏体超过标准要求。对于主动锥齿轮金相检验后应达到:碳化物≤5级,残余奥氏体≤5级,其具体的预防措施同②中出现黑色组织所采取措施相一致。

对于渗碳处理、淬火及回火处理,可得其热处理工艺曲线如图7所示。

(7)喷丸强化。全部淬火回火工件在相同工艺条件下进行强化喷丸,具体强化喷丸工艺参数如下:丸粒种类为铸钢丸;喷丸强度为0.5A;覆盖率为200%~300%;喷丸设备为强化喷丸机;作用为清除表面氧化皮和杂质,并且使工件表面产生残余压应力,提高硬度和耐磨性。

(8)局部退火:在渗碳过程中,螺纹处即使涂了防渗涂料,但螺纹处仍会受影响而硬度增加,为此应对螺纹进行局部退火以降低硬度和脆性。设备:电磁感应炉;工艺:加热温

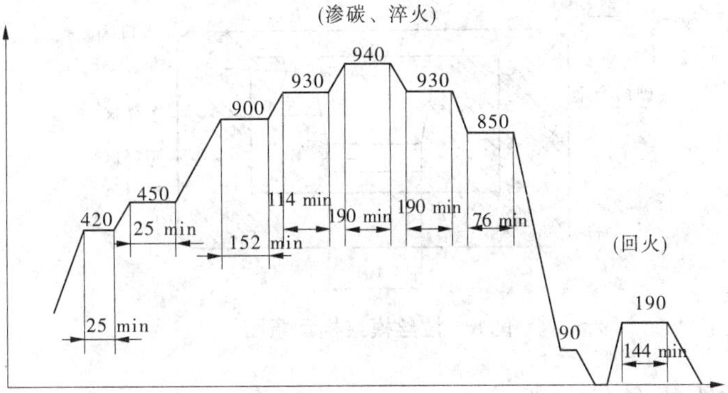

图 7　渗碳淬火及回火工艺

度 880 ℃,空冷。使螺纹部加热至 880 ℃完全奥氏体化,使碳原子固熔,同时空冷可以使组织均匀、晶粒细化、硬度和脆性降低。

(9)检验。用磁力探伤仪检验是否有裂纹、夹层等缺陷。对于无法补救的缺陷,作废品处理。

2.3.6　磨削

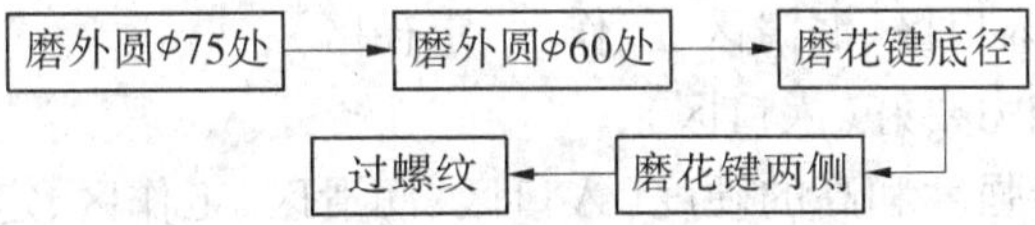

技术要求:

①外圆ϕ75 mm 处表面粗糙度 0.8;

②外圆ϕ60 mm 处表面粗糙度 0.8;

③花键底径处表面粗糙度 1.2;

④花键两侧处表面粗糙度 0.8。

2.3.7　终检

在检查机上与配偶齿轮有隙啮合时,观察接触斑点,以保证侧隙 0.20 ~ 0.40 范围内。

选用数据啮合检验机,由啮合检验机自动测得齿轮最终啮合状态下安装距修正量 ΔA,保证装配质量。

3　典型零件工艺分析之二——粉体成形与烧结

3.1　零件几何图(拉丝模)(见图 8)

技术要求:表面硬度为 HRA89.5,抗弯强度为 1 424 MPa,材料成分为 94% 的 WC(碳化钨)和 6% 的 Co,其中零件图中的尺寸为 $D=6$ mm,$H=4$ mm,$d=0.8$ mm,$h=1.2$ mm,$2\alpha=40°$,$2\gamma=60°$。

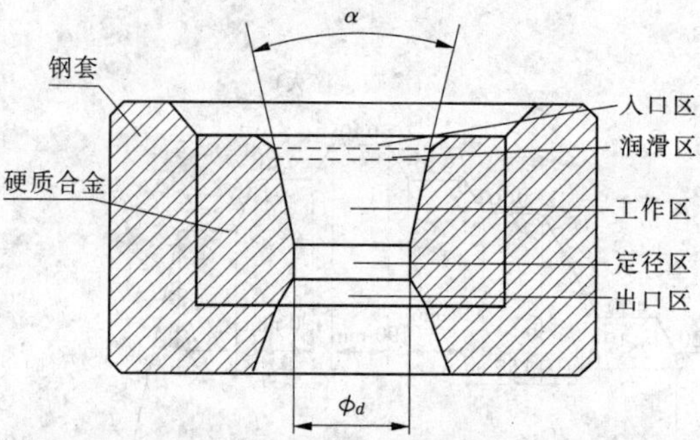

图8　拉丝模结构示意图

3.2　拉丝模的服役条件分析

拉丝模是生产钢丝钢材或者有色金属合金的棒材线材和管材的主要零件。主要承受的是冲击载荷和孔径处与金属的磨损，同时承受使用前后的冷热疲劳。要求拉丝模的入口区和润滑区、工作区具有高的抗冲击载荷能力，以防止崩刃。该区域同时应具有高的接触疲劳强度、高的耐磨性和高的硬度以防止剧烈磨损。拉丝模整体也应具有强的抗冷热疲劳强度。即拉丝模的性能要求为：

(1)耐磨性要好(入口区、润滑区、工作区、定径区)；

(2)抗冲击载荷能力要好(入口区)；

(3)高的接触疲劳强度和高的硬度(入口区、润滑区、工作区、定径区)；

(4)高的抗冷热疲劳强度(模具整体)；

(5)具有强的抗咬合性、抗热黏附性、抗腐蚀性(入口区、润滑区、工作区、定径区、出口区)。

常见的实效形式有：

(1)磨损(要求工作区硬度达到 HRA89.5)；

(2)崩刃(要求模具抗弯强度达到 1 670 MPa)；

(3)断裂；

(4)过量形变，冷热疲劳；

(5)表面损伤，黏附；

(6)氧化磨损。

3.3　拉丝模的加工路线及选材

目前，拉丝模的材料可以分为合金钢拉丝模、硬质合金拉丝模、天然金刚石拉丝模等。但合金钢是通常用的工具钢，其硬度和耐磨性是几种材料中最低的，只适合粗加工过程，天然金刚石拉丝模脆性大，加工比较困难，且价格昂贵。硬质合金则是由钨类合金组成，具有以下特征：①耐磨性高；②抛光性好：③黏附性好；④摩擦系数小，降低能量消耗；⑤抗蚀性能高。故该拉丝模采用硬质合金材料。该牌号拉丝模采用 YG－6，用碳化钨构成整个骨架，起坚硬耐磨作用。钴是黏结金属，是合金韧性来源。YG－6 含有 WC 94%、Co 6%，该成分有较高的耐磨性，使用强度及冲击韧性较好，适用于应力较大条件下拉拔直径小于 20 mm 的钢、有色金属合金线材及棒材。故采用硬质合金 YG－6。

加工流程图如下：

混合料配制 → 压制 → 半成品加工 → 烧结 → 喷砂 → 成品检测 → 包装

3.3.1　混合料配制

混合料制备时硬质合金拉丝模生产的第一道工序，也是最重要的生产工序之一。混合料的好坏直接关系到拉丝模产品的内部材质和外观质量。

混合料的配制是将各种难熔金属的碳化物和黏结金属及少量的抑制剂粉末通过配料计算、球磨、干燥等工序过程制备成成分准确、配料均匀、粒度一定的粒状混合物的生产工艺过程。整个流程如下：

配料计算 → 装入球磨机湿磨 → 干燥 → 过筛 → 混合 → 干燥 → 混合料质量检测

a. 配料的计算：拿到生产指令卡，严格按照指令卡数据计算，配料计算时要精确各种成分的值，力求准确无误。按照一般规则是各元素的量精确到克。

正常配料计算公式：

$$Q_3 = XQ$$
$$Q = Q_1 + Q_2 + Q_3 + A_2$$
$$QA = Q_1A_0 + Q_2A_1 + A_2$$

式中　X——合金钴含量或配钴系数(%)；

Q——混合料质量，kg；

Q_1——WC 配入质量，kg；

Q_2——配添加剂的质量，kg；

Q_3——钴粉配入质量，kg；

A——混合料定碳点的碳含量(%)；

A_0——WC 的碳含量(%)；

A_1——添加剂的碳含量(%)；

A_2——需补充 W 粉或碳黑的质量，kg。

当所加 WC 和添加剂的碳含量之和小于定碳点的碳含量时，A_2 表示需加碳黑量，反之表示 W 粉加量，此时 A_2 为 0。

改配料计算：

$$QX = Q_0B_0 + Q_1;$$
$$QA_1 = Q_0A_0 + Q_2A_2 + A_3;$$
$$Q = Q_0 + Q_1 + Q_2 + A_3 + A_4$$

式中　Q——改配后混合料总质量，kg；

Q_0——待改配混合料质量，kg；

Q_1——需补 Co 质量，kg；

Q_2——需补 WC 质量，kg；

B——待改配混合料 Co 含量(%);

A_0——待改配混合料碳含量(%);

A_1——改配后混合料碳含量(%);

A_2——补加的 WC 粉的碳含量(%);

A_3——需补加碳黑质量,kg;

A_4——需补加 W 粉质量,kg。

当待改配料与所补 WC 的碳含量之和小于改配后的混合料的碳含量时,A_3 表示加碳黑量,反之补加 W 粉,此时 A_3 为 0。

对于补钨和补碳的遵循:

(1)补碳量小于 0.07%,如果大于 0.07% 应选用总碳含量高一些的 WC;

(2)补钨量小于 1.2%,如果超过 1.2%,应选用总碳含量较低的 WC。

b. 装入球磨机湿磨:湿磨在硬质合金中生产体现以下几点:

混合作用:硬质合金混合料通常由两种以上组分组成,为使合金性能均一和优良,各种组分必须达到均匀混合,这是湿磨的首要作用。一般情况下,WC - Co 混合料 8 ~ 16 h 都可以达到均匀混合。但要达到每个碳化钨颗粒表面都被钴包覆,则需要更长的时间,可参考经验公式:

$$h = 14 + [(H_{c标} - H_{cp})/H_{c因}]$$

注:$H_{c因}$ 的影响因素:

(1)WC 粉粒度越粗(H_{cp} 值越低),$H_{c因}$ 越大;反之越小;

(2)Co 含量越低,$H_{c因}$ 越大;反之越小;

(3)球料比越大,$H_{c因}$ 越大;反之越小。

破碎作用:硬质合金原料粉末通常是经物理化学方法生产,再通过球磨进一步磨碎的,在球磨过程中,大颗粒被磨碎为许多小颗粒,使粉末体的表面积增大。这时,球磨过程中球对粉末所作的磨碎功转变为粉末体的表面能,使粉末体的能量大大提高,从而有利于烧结过程中液相溶解 - 析出。

活化作用:在球磨过程中,球的冲击、摩擦作用还使粉末颗粒产生晶格扭歪、畸变、加工硬化、内应力增加。这些变化都使粉末的能量增加。从而使粉末颗粒活化,对烧结过程有促进作用。

混合料的氧化:球磨氧化是有害的,其主要原因是金属物料的电化学腐蚀。混合料在湿磨过程中遭受强烈变形,使其物理状态极不均匀,在含氧介质中因而产生氧去极化作用,从而造成金属组分的腐蚀 - 氧化。在湿磨的酒精中含水,是水的来源。如果湿磨介质中不含水,在湿磨过程中是不会氧化的。此外,湿磨过程使物料能量增加,在随后的工艺过程中,增加了氧化的倾向。

球料比:通常用球料比,即球与料的质量比,来表示装料量。球料比越大,研磨效率越高。

酒精加量:酒精的主要作用是使粉末团粒分散,这样有利于混合均匀。另外,它可能被吸附在粉末颗粒的缺陷处,使粉末颗粒的强度降低,从而有利于破碎。酒精的加量对湿磨效率影响非常大。当酒精加量少时,料浆黏性太小,球不易滚动,并与筒壁发生黏滞作用，大大降低研磨效率；酒精加量太多，使粉末过于分散，减少它们受研磨作用，也会使研磨效率太低。因此，要有合适的液固比，即每公斤混合料所加酒精的数量。

湿磨时间：随着湿磨时间的延长，粉末粒度会变细，但与此同时粉末粒度组成范围会变宽，这就增加了粉末的不均匀性，会导致在烧结过程中晶粒长大的倾向，因此要根据合金的使用性能和测定粉末性能来确定球磨的合理时间。

c. 干燥：将球磨好的料浆卸入料浆桶，用搅拌机械混合均匀，装入干燥圆筒内，盖好盖子，拧紧螺丝，接好酒精回收管道，一切准备完毕，开送蒸汽。具体的料浆干燥的工艺条件见表2。

表2　料浆干燥的工艺条件

混合料类别	装料量容积（%）	蒸汽预热		蒸汽干燥		冷却时间（h）
		时间（min）	压力（kPa）	时间（h）	压力（kPa）	
细颗粒	85～90	50±10	78.45	2～4	196.13	≥2
中颗粒	85～90	50±10	78.45	2～4	196.13	0.5～1
粗颗粒	85～90	50±10	78.45	2～4	196.13	0.5～1

d. 过筛：过筛前必须将筛网、筛框、过筛机、混合料桶清理干净，避免脏化。经干燥的混合料在震动筛过80～120目筛。

e. 混合：混合是在按照一定比例配比的经过球磨的粉末料中加入一定量的成形剂（石蜡或者橡胶溶液），经过混合，并干燥制粒的过程。严格控制混合、制粒工艺，获得优质料粒，不仅便于压制成形，减少压制废品，还有利于控制合金的最终组织。

物料在混合时主要是添加成形剂，然后制备成大小均匀、易于压制的小球状颗粒。YG－6牌号物料所添加成形剂为2C（顺丁橡胶溶液）。将物料加入搅拌器后，分次添加一定量成形剂2C，一般一容器成形剂分三次缓慢加入。加入成形剂后要搅拌45 s左右，以保证混合均匀，然后打开卸料口，进行喷雾干燥。

f. 干燥：干燥方式采用喷雾干燥，其最大的特点是在封闭的循环系统中用氮气进行保护。喷雾干燥制得的粒状混合料性能稳定；流动性极好。此外，湿磨介质——酒精有一个独立的回收系统，回收酒精质量高，回收率高。

符合料浆黏度标准的料浆经充分搅拌后，经料浆泵输送到喷嘴，雾化后形成小圆料浆液滴；在干燥塔内由下而上的喷射运动与由上而下的热氮气逆向相遇；酒精激烈挥发，使液－固分离；料粒自由下降到塔底部，经螺旋冷却器冷却、过筛、包装；热氮与酒精混合气体与部分混合料粉尘形成尾气经旋风收尘器后进入回收系统。其工作示意图大致如图9所示。

g. 混合料质量检查：整个混合料生产过程中，要时刻避免原料脏化的可能。干燥好的混合料在投入下道生产工序生产之前，必须对混合料质量进行检查。

混合料的检查主要包括粉体性能的检测和混合粉烧结体性能的鉴定。其中，混合料特性值的检测主要项目有：用30倍放大镜观察粉末形貌、空心球比例、粒径；用标准化筛

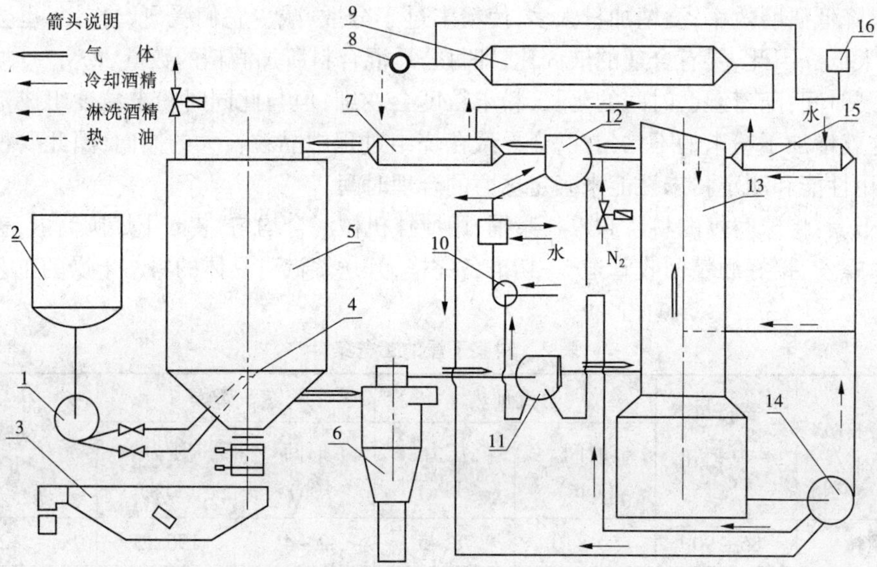

1—料浆泵；2—物料搅拌装置；3—板式冷却器；4—喷嘴；5—塔体；6—旋风收尘器；
7—油－气换热器；8—油泵；9—离心风机；10—酒精冷却泵；11—离心风机；12—电－油加热器；
13—淋洗塔；14—酒精泵；15—酒精－水换热器；16—膨胀箱

图 9　喷雾干燥工作示意图

检查粒度分布；用霍尔流量计测定流动性；用斯科特仪测定松装密度和测定 PS21 试验条的压制压力。

混合料烧结体试样为 PS21 条，检测主要包括：失重系数和二维收缩系数的测定；磁力、钴磁、硬度、横向断裂强度和密度等物理力学性能检测；金相组织检查。根据检查结果的综合评价对混合料的质量做出判断。

符合上述标准的混合料，即可转下道工序进行生产，可按规定的程序进行下料。

3.3.2　压制成形

成形是硬质合金拉丝模生产中操作性最强的工艺过程，是保证硬质合金毛坯精度和表观质量的关键工序。其基本要求是要具有一定的强度和规定的尺寸，将粉末压实成具有所需形状的坯块。

硬质合金有模压成形、挤压成形、等静压—割形、浇铸成形、轧制成形等多种成形方法。但常用的是模压成形、挤压成形、等静压—割形三种方法，其中又以模压成形应用最多、最广。此次拉丝模成形方式采用模压成形，故对模压成形进行一定的简单介绍。

3.3.2.1　模压成形的基本概念

(1)模压成形的压制方式可分为单向压制和双向压制。

单向压制：单向压制是从一个方向对粉末体施加压力使之成形的压制方式。由于加压方向的不同又可分为底压和顶压两种方式。单向压制由于压制设备和模具都比较简单，所以操作比较容易。但其压制的产品密度分布不均匀，密度差大；烧结后，容易造成产品刀尖等局部位置的密度不好、产品锥度和弯曲变形大，只能生产一些质量和精度要求不高的产品。

双向压制:双向压制是从两个相反方向对粉末体施加压力使之成形的压制方式。由于加压时间的不同又可分为同步双向、分步双向和差动式双向三种方式。双向压制的压制设备和模具比较复杂,操作和维护都需要较高的技术水平。但其压制的产品密度分布比较均匀,密度差小,中性区可调节控制;烧结后,刀尖等部位的密度能得到保证、产品的锥度和弯曲变形小,适于质量和精度要求比较高的产品生产。

(2)脱模方式分类及特点。

顶出脱模:是压坯脱出时,阴模不动,靠下冲头的向上运动将压坯顶出阴模的脱模方式。顶出脱模是靠下冲头的向上运动带动压坯向上运动而使压坯脱出的。由于下冲头的向上运动大多都是靠杠杆作用产生的,加上下冲头的导向面很短,压坯的顶出很难做到垂直上升,整个过程也不会太平稳,所以易产生压坯的脱出裂纹。

下拉脱模:是压坯脱出时,下冲头和压坯不动,靠阴模的下拉将压坯脱出阴模的脱模方式。下拉脱模方式脱模时,下冲头和压坯不动,阴模继续向下运动到压坯脱出位置而使压坯脱出。由于下冲头和压坯保持不动,只是阴模对其作相对垂直下拉运动,压坯脱出比较平稳,所以不易产生压坯的脱出裂纹。

预载脱模:是压坯脱出时,上冲头仍以一定的压力压在压坯上,待压坯脱出阴模后,上冲头才迅速离开压坯的脱模方式。预载脱模方式大多都是在下拉脱模的基础上增加了预载功能;预载脱模方式是在即将开始脱模时,上冲头仍以一定的压力压在压坯上,直到产品脱出时,上冲头才迅速脱离压坯。预载脱模能较好地克服压坯的弹性后效作用,有效地防止因弹性后效作用而产生的脱出裂纹。

此次拉丝模的生产采用 TPA 自动压纸机的预载脱模方式。

(3)几个"时间"概念。

中间停留时间:是指压制完成后,阴模不能马上进入下拉,需要一个动作转换的时间。这个时间是由机械来实现的,而且是随下拉行程的改变而改变,下拉行程缩短,停留时间加长。

下拉停留时间:是指下拉完成后,阴模不能马上返回到装料位置,需要一个时间让压坯拣出,即为下拉停留时间。这个时间是由机械来实现的,而且是不变的。

保压时间:是指根据压坯质量要求,在压制位置上自行设定的工艺延时时间。它是由时间继电器控制离合器来实现的,保压时间是可调可变的。

(4)影响压块强度的因素。

对于一般粉末冶金模压成形的压块来说,压块强度是由颗粒间的机械啮合以及原子间力的相互联结共同作用的结果。对于硬质合金来说,除这个因素外,成形剂的黏结作用也很重要。在一定的范围之内,压块强度随成形剂用量的提高而提高。

(5)压块弹性后效。

弹性后效是在去除压制压力和把压块脱模以后,由于弹性内应力的松弛作用而引起压块体积膨胀的现象。压制废品中的裂纹和分层都是由弹性应力引起的。影响弹性后效主要有以下四个原因:

①粉末混合料成分的影响。弹性后效值随粉末硬度的提高而提高。这是由于硬度高

的粉末在压制时所产生的弹性变形较大。

②粉末性质的影响。粉末粒度细、颗粒粗糙程度降低、颗粒间结合强度降低,以及氧化物和杂质含量增加等,都会增加压块的弹性后效。制粒料因料粒干燥过度而变硬时,也会增加弹性后效。

③压制压力影响。压制压力越大,弹性后效值越大。

④成形剂的种类及用量的影响。橡胶作成形剂的压块强度比石蜡的压块强度大,因此弹性后效值较低。成形剂不足,会使弹性后效值变大。

3.3.2.2 压制原理

(1)压制阶段:压制的微观过程可分三个阶段。

第一阶段:压块密度随压力增加而迅速增大,这是因为粉末的拱桥效应在不大的压力作用下迅速消除,粉末颗粒移动较大的距离,使孔隙急剧减少。(注:拱桥效应是因为实际粉料不是球形,加上表面粗糙,以及附着和凝聚作用,结果颗粒互相交错咬合,形成拱桥形空间,增大孔隙率。)

第二阶段:压块密度增加缓慢,这是由于大量的孔隙已经在第一阶段消除,继续增加压力的结果主要是使颗粒发生弹性变形。

第三阶段:压力的增大有可能达到粉末材料的屈服极限和强度极限,粉末颗粒在此压力下产生塑性变形或脆性断裂,颗粒塑性变形方向指向压块中的空隙,因此材料填入孔隙,结果使压块密度增大。

从理论上讲,当粉末的压力达到第三阶段时,压块的密度最大。但是,考虑到模具和后来硬质合金的液相烧结过程,综合整体的经济效益,生产过程中一般采用压制到第一阶段末的状态。

(2)压制过程:

①充料,阴模在装料位置充填粉料;

②封口,(一次顶压)上冲头对阴模做相互运动,进入阴模封口予压,此时阴模不运动;

③底部压制,上冲头和阴模同步对下冲头做相互运动,下行 *PV* 距离至压制位置(*L*);

④顶部压制,阴模在压制位置不动,上冲头继续下行 *OB* 距离,(二次顶压)完成顶压;

⑤下拉脱模,上冲头回升,阴模下行 *AB* 距离,完成压制品的脱出(可施加气动预载脱模);

⑥充料,阴模回升,重新进入装料位置充填粉料。

具体的压制过程如图 10 所示。

(3)压力不均匀分布引起密度不均匀分布。

压力分布:在模压成形时,由于粉末颗粒之间的相互摩擦和粉末颗粒与模壁间的摩擦,使施加于冲头上的压力并不按照帕斯卡原理进行传递,因此压块各点上所受到的压力是不同的。一般离加压冲头越远,受到的压力越小。粉末颗粒越细、形状越复杂,压块中引起压力的损耗越大。因此,降低压制品高度,实行双向压制或增大压块直径等,都能减少压制压力分布的不均匀性。

密度分布:因为压力分布的不均匀而造成密度分布的不均匀。且装粉方式的不正确,

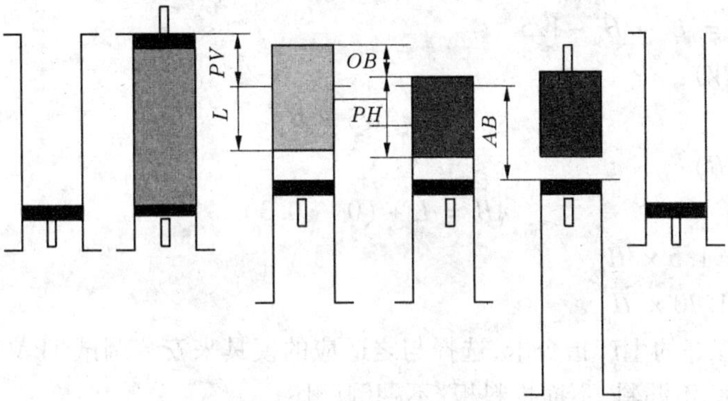

图10　压制过程示意图

致使压块不同部位压缩程度不一致,也会造成压块密度不均匀。因此,尽可能地使模具中各部分粉末的装填系数相同,以保证各部分压缩比相同。并且,应该尽可能地提高模具表面的光洁度,减小摩擦阻力;提高料粒的流动性;改进模具设计,以及采用合适的加压方式等方法来减少压块密度分布的不均匀性。

3.3.2.3　压制工艺流程及工艺参数计算

(1)线收缩率:压坯尺寸与其对应的毛坯尺寸之比,其值大于1,一般为1.20左右。精密压制中线收缩率的概念是压坯尺寸和其对应的毛坯尺寸之差与毛坯尺寸之比,其值小于1,一般为17%~18%。从概念上来说,精密压制的线收缩率概念比较清晰,它确切地表明了压坯收缩的比例。

$$K = \frac{H_p - H_s}{H_p} \times 100\% \tag{1}$$

式中　H_p——压坯尺寸;

H_s——毛坯尺寸。

(2)压制单重和压制高度:压制单重和压制高度是压制工艺中最基本的参数,也是影响毛坯尺寸精度最主要的参数。压制单重和压制高度分别用 M_p 和 H_p 表示。

$$M_p = \frac{V_s \cdot \rho_s}{1 - C_1} \times 100\% \tag{2}$$

$$H_p = \frac{H_s}{1 - (K + C_2)} \times 100\% \tag{3}$$

式中　V_s——毛坯体积;

ρ_s——毛坯密度;

C_1——压制单重修正系数;

C_2——压制尺寸修正系数。

(3)三大行程值和顶压位置值:三大行程值是指顶压行程、压制行程、下拉行程,分别用 OB、PV 和 AB 表示。压制位置值是指压坯压制成形时,阴模平面到下冲头平面的深度值,用 L 表示。

顶压行程(OB):

负刀片：$OB = 0.10 \times H_p$

正刀片：$OB = L - H_p - 1.5$

压制行程（PV）：

$$PV \approx 0.5 \times H_p$$

下拉行程（AB）：

$$AB = L + (0 \sim 0.3)$$

负刀片：$L = 1.5 \times H_p$

正刀片：$L = 1.70 \times H_p$

（4）根据计算好的生产指令卡，选择与之适应的模具来安装调试 TPA 自动压制机，基本要求是：不卡模、不漏料、不撞推料板、不翻倒压坯。

调模合格后，根据产品的技术参数，确定产品的单重和高度，不合格者要调整下面的底座和上冲头，来满足技术要求的单重和高度。每一种产品的单重和高度有一个允许的范围，压制单重应按照试压选定的单重控制，偏差不大于 1.0%；尺寸根据产品大小不同而不同。压制尺寸允许偏差如表 3 所示。

表 3　压制尺寸允许偏差

压制尺寸	压制尺寸允许偏差	机夹产品允许偏差
≤6.0	±0.07	±0.06
6.0～12.0	±0.09	
12.0～25.0	±0.12	
25.0～35.0	±0.15	

在单重和尺寸允许的范围内，如果密度不好，可以适当增加单重和减小尺寸，但是必须在单重和尺寸允许的范围内进行调整。如果单重在允许的范围内放在最大的值，尺寸在允许的范围内最小，密度还不好，最简单的方法是将同牌号的混合料粗细按合适的比例来混合，具体比例要根据实际压制情况来判断。

3.3.2.4　压制废品

压制废品有很多种，如裂纹、分层、未压好、掉边、掉角、毛刺、麻面等。

（1）裂纹：裂纹是压块中出现的不规则的局部断裂，没有整齐的断裂面，要借助显微镜才能发现。它使压制过程中出现废品最多，对产品的性能影响较大。在弹性后效力的作用下，在应力集中的部位，当应力大于压块的抵抗能力时，就会出现裂纹。在压块断面尺寸发生明显变化的部位或尖角处极易出现裂纹。圆柱形的拉丝模可能出现横向裂纹，裂纹一般出现在与正加压方向垂直的方向。一切降低弹性应力的方法都可以减少裂纹的出现。避免裂纹的方法主要有：延长保压时间，适当减小压制压力或单重，加快脱模速度和改善成形剂。

（2）分层：分层是沿压块的棱出现，与受压面呈一定角度，形成整齐的分界面。也是弹性应力的结果，一般从棱上首先出现，随着严重程度不同，向压块内部发展。其产生过程是当压制压力除去时，压块的横向膨胀受模套限制而受阻碍，纵向膨胀比较自由，这样就形成压块内部的剪切应力，当剪切应力大于压块内部的抗剪切应力时，就会产生分层。一切提高压块强度和降低压块内部弹性应力的方法都可以降低分层的出现。混合料含钴量越低，碳化物的硬度越高，料粒越细，成形剂量少或者不均匀、混合料过干、压制压力过大以及压块的形状越复杂都会加剧分层的出现。

(3)未压好：正常的压块密度与合金密度可相差50%，但是如果压块内部的孔隙过大，即便是经过液相烧结也不能完全弥合孔隙，从而使合金残留较多的局面孔隙，这种情况叫作未压好。产生的原因也比较简单，主要是这些部位没有受到足够的压力，料粒没有充分的变形。如果料粒过硬、过粗，料粒在模腔中分布不均匀，单重偏低，压制压力过低都会出现未压好。

(4)毛刺、麻面、掉边、掉角：这四种出现的情况也较多，但都是由于机械原因造成的。毛刺是由于模具过于磨损，阴模有部分的残缺，或者是冲头与模套之间的间隙过大造成的。麻面是由于黏模出现的结果，料粒过湿或者钴含量偏高，连续压制时间过长就会出现黏模，因此师傅们总是经常擦上下冲头来避免黏模出现。掉边、掉角是属于操作不当或者不小心出现的结果(擦冲头必须打开光栅)。

3.3.3 半成品加工

因为TPA自动压制机不可以压制形状过于复杂的零件，所以零件在压成之后，还需要进行半成品加工。在半成品加工区中，其主要工序是用夹角磨床倒出零件底面的倒角和用钻铣床进一步加工拉丝模的入口区(加工至其所需要的角度)，以达到使用要求。并且加工后，用高压气枪清洗零件，防止残余粉料黏附于零件表面，在烧结过程产生缺陷。

加工后的产品，即可进行下道工序烧结。

3.3.4 舟皿的选择与装舟

不同的牌号由于其碳量控制的差异，应选择不同接触材料的舟皿。所谓接触材料就是在舟皿表面涂覆或加上的使压坯不直接与舟皿接触的一层材料，其主要作用就是便于牌号碳量的控制和避免产品与舟皿的黏结。现实际生产中，受条件限制，除一些碳量要求饱和的牌号使用加普通碳纸的A舟皿外，其余的大多数是使用刷碳黑涂料的T舟皿。

装舟时要根据产品型号来选择恰当的装舟方法。本次产品为YG6牌号的拉丝模，所以拉丝模要立装，大孔朝下；中小拉丝模舟皿四周用衬板将制品与舟皿壁隔开，每层制品间撒上Al_2O_3白纸隔开。每舟的装舟量是：YG6拉丝模6～7 kg/舟。装完制品必须严密盖好，盖子不得超过舟皿高度。

装舟工作的质量可以对氢气烧结成品质量产生较大的影响。填料和装舟方法的选择对产品的内部质量和外形有较大的影响。

3.3.5 烧结

烧结是硬质合金生产过程中的最后一道主要工序，其目的是使多孔的粉末压坯变为具有一定结构和性能的合金。在此过程中，松散联结的粉末团块(压坯)通过原子位置的变化而变得更致密。所以，烧结是使空隙完全填充的一系列重要物理过程的总和。

3.3.5.1 烧结的四个阶段

(1)脱蜡预烧阶段(<800 ℃)。在此阶段的主要作用：

①成形剂的脱除。烧结初期随着温度的升高，成形剂逐渐热裂(如橡胶)或汽化(如

石蜡)，并排除出烧结体，与此同时，成形剂或多或少会使烧结体增碳。

②粉末表面氧化物还原。当在 800 ℃以下的氢气中烧结时，氢气可以还原钴和钨的氧化物。真空烧结时，碳在这个温度下的还原作用还不强烈。

③粉末颗粒相互之间的状态发生变化。在这个温度下，粉末颗粒间的接触应力逐渐消除，黏结金属粉末开始产生回复和再结晶，颗粒开始表面扩散，压块强度有所提高。

烧结体在此温度下的线收缩为 0.8% 左右，强度增加不大，仅可满足机械加工的需要。

(2)固相烧结阶段(800 ℃ ~ 共晶温度)。共晶温度是指缓慢升温时，烧结体中开始出现共晶液相的温度。在此过程中，烧结体中的某些固相反应加剧，扩散速度增加，颗粒塑性流动加强，使烧结出现明显的收缩。

(3)液相烧结阶段(共晶温度 ~ 烧结温度)。该阶段烧结体出现液相，烧结体收缩很快完成，碳化钨晶粒长大并形成骨架，从而奠定了合金的基本组织结构。以 WC - Co 合金为例讲。

WC - Co 合金的平衡烧结过程，是混合料纯度极高，并达到理想的均匀程度，而且烧结升温极其缓慢，就可以认为烧结体处于平衡烧结状态。随着碳化钨向固相钴中扩散，以及钴相颗粒间焊接作用的加强，烧结体在此阶段发生激烈的收缩，并在液相出现后由于黏性流动的加强，收缩过程迅速完成。

但是，混合料很难达到理想的均匀程度，而且烧结过程的升温速度较快，实际的烧结过程为不平衡烧结过程。其主要特点有：①由于热滞后现象，只有在共晶温度以上才会出现液相。②在烧结体内各小区域里出现液相的时间是不同的。③未经足够长的保温时间，烧结体各部位液相的成分是不同的。

(4)冷却阶段(烧结温度 ~ 室温)。在这一阶段，合金的组织和黏结相成分随冷却条件的不同而产生某些变化。冷却后，得到最终组织结构的合金。实际合金的组织总是 WC + γ，而与冷却速度无关。然而冷却速度可能影响到合金 γ 相的成分(与烧结体的最终含碳量有关)，从而影响到合金的性能。

合金的组织和性质主要取决于前两个阶段(固相烧结和液相烧结)，而与冷却速度的影响较小。

3.3.5.2 烧结体的致密化

烧结体的致密化机理可以分为固相烧结和液相烧结来讨论。

(1)固相烧结的扩散与塑性流动。烧结体出现液相之前，由于 WC 在 Co 中的最大溶解度约为 20%，所以随着温度的升高，扩散过程显然是相当活跃的。其动力是粉末颗粒表面能的降低，以及烧结体内各组元的浓度差。当温度达到 800 ~ 900 ℃时，碳化钨颗粒的接触处便开始表面自扩散，使其本身接触逐渐加强。但是，烧结体在 1 000 ℃左右的收缩只占总收缩量的 4% 左右。只有继续升高温度，提高扩散系数，塑性流动越来越显著，才使烧结体的收缩速度越来越高。黏结相的熔点比碳化钨低得多，所以最先产生塑性流动。黏结金属的流动(变形)便会改变粉末颗粒之间的接触状况，使碳化钨颗粒产生移动而靠拢；同时，由于黏结金属表面张力的作用，所以烧结体在 1 200 ℃以上固相烧结时便发生相当大的收缩。

(2)液相烧结时的重排、溶解—析出与界面结构的形成,在烧结过程中,这三个过程是互相重叠的。

①重排:各个碳化钨颗粒表面都有薄薄的一层液相,它像润滑剂一样,使碳化钨间的摩擦阻力急剧下降。由于表面张力的作用,液体力图降低气-液表面的自由能,使孔隙的大小和数量逐渐减少,从而引起碳化钨颗粒向更加紧密的方向移动,重新做致密的排列。

②溶解—析出:碳化钨颗粒之间的接触点由于有液体表面张力所引起的压力存在,化学位较高,所以优先溶解,并在其他部位析出。接触点溶解之后,两个碳化钨颗粒中心的距离便缩短,于是烧结体发生收缩。

③界面结构的形成:少数碳化钨晶粒在溶解—析出过程中长大时,由于其生成方向必须符合结晶学的取向,因而使相邻的碳化钨聚合,或者形成或增加晶间接触;重排过程中形成的晶间接触点在继续烧结时也会互相黏着。可见,这三个阶段是不能截然分开的。

3.3.5.3　影响致密化过程因素

(1)液-固相间的润湿角。液体的毛细管压力随其对碳化钨颗粒的润湿角的降低而提高,因而液相填充小孔的能力提高,加快致密化。

(2)液相的数量。当液相数量不超过50%时,毛细管压力随液相数量的增加而提高,加快致密化。

(3)烧结体的含碳量。主要影响液相出现的温度。含碳量较高的烧结体钴相熔点较低,在出现液相之前的同一温度下塑性较好,从而具有较大的流动速度,加快致密化。

(4)原始碳化钨颗粒的大小。碳化钨颗粒越细,液体的毛细管压力越大,碳化钨颗粒的中心距随其颗粒的减小而缩短,易于靠拢,加快致密化。

(5)烧结时间。烧结体的致密程度随烧结时间的延长而提高,但其致密化速度却随烧结时间的延长而降低。

(6)烧结过程的活化。在烧结过程中加入镍、锌、磷等低熔点元素使烧结时的致密化过程活化。

3.3.5.4　碳化钨晶粒长大及其控制

(1)碳化钨晶粒长大的动力。在碳化钨于液相中的溶解度达到饱和以后的整个保温时间内,碳化钨总是等速地溶解和析出,该过程叫碳化钨的重结晶。重结晶的结果使碳化钨晶粒长大。不同碳化钨晶粒表面能和晶格能的差异,便是碳化钨晶粒长大的动力。

(2)影响碳化钨晶粒长大的因素:

①重结晶速度。液相越多,重结晶速度越快,其晶粒长大速度越高。

②重结晶时间。保温(重结晶)时间越长,碳化钨晶粒长大越严重。

③重结晶阻力。在合金中加入难熔金属钒、铌、钽的碳化物,可以阻止碳化钨晶粒不均匀长大。

3.3.5.5　碳化钨粒度对合金性能的影响

(1)硬度。随着钴含量的增加或碳化钨晶粒增大,硬度下降。

(2)抗弯强度。同钴含量,粗晶粒合金比细晶粒高,在钴含量大于15%时,细晶合金强度高些。

(3)断裂韧性。粗晶粒合金比同钴含量的细晶粒高。

3.3.5.6 烧结过程中对碳化钨粒度的控制

(1)烧结温度。温度越高,溶解和扩散速率就越快,被一定量的 Co 溶解的 WC 就越多,即细 WC 向粗 WC 迁移的速度加快。过高的烧结温度易产生过分的晶粒长大。

(2)烧结时间。在较低温度下延长烧结时间,同样可以使晶粒长大。可见烧结温度和时间可以互补。通过调整温度或时间可以获得相同的 WC 晶粒度。

(3)混合料的粒度。混合料的 WC 粒度及其分布,控制着烧结合金的结构。混合料粒度越细,烧结中晶粒长大的倾向就越大。平均粒度增大时,晶粒长大迅速下降。

(4)钴含量。合金中液相数量随 Co 含量增加而增加,因此在同样的烧结温度和时间下,合金中 WC 平均晶粒度随 Co 含量增加而增加。

(5)碳含量。烧结时,过量的碳使合金中的液相出现较早和较多。相当于提高烧结温度和延长烧结时间,使 WC 晶粒长大。缺碳时,相当于在较低的温度和较短的时间下烧结,同时 γ 相 W 含量增多,烧结中抑制 WC 溶解—析出,抑制 WC 长大。

(6)晶粒抑制剂。在烧结初期,晶粒长大抑制剂优先在钴液中溶解,使碳化钨在钴中溶解度减小,从而阻碍碳化钨的重结晶。

3.3.5.7 真空烧结和高氩烧结(压力烧结炉)

固相烧结主要以真空烧结为主。在真空烧结中,由于气体密度减小,分子运动的平均自由能增加,扩散系数也增大,因而使气体之间、气固之间的扩散能力都大大增大,这对于合金压块除气过程非常有利。真空烧结也可以防止烧结过程中对压块的污染。

液相烧结中主要以高氩烧结为主,即在烧结炉中通入大量氩气产生高压,提高炉内压力,提高钴的沸点,降低钴的挥发,保证合金性能。高氩烧结也可以促进压块的成形、使压块成形能力提高。

烧结过程中会发生脱碳和增碳的反应,如下:

· WC 的脱碳反应:$WC + H_2O = W + H_2 + CO$

该反应在 800 ℃以上才能发生,950 ℃以上反应激烈。生产中,控制氢气中水含量的目的就是尽量避免该反应发生。

· WC 的增碳反应:$C + H_2O = CO + H_2$

$CH_4 = C + 2H_2$

$2CO = CO_2 + C$

反应式中的甲烷来自成形剂裂解,碳来自石墨舟皿及烧结体中的游离碳。甲烷在钴和填料的催化作用下,在 400 ℃左右发生分解,产生的 CO 气体进入烧结体中的孔隙,给烧结体造成增碳。

3.3.5.8 具体烧结工艺曲线

本次烧结采用的设备为压力烧结炉,具体曲线如图 11 所示。

(1)脱蜡阶段(升温到 310 ℃,保温 2 h)。随着烧结炉升温,成形剂逐渐热裂或汽化,同时给烧结炉中通入大量氢气,通过氢气将成形剂排除烧结体外,该阶段主要是成形剂的脱除。

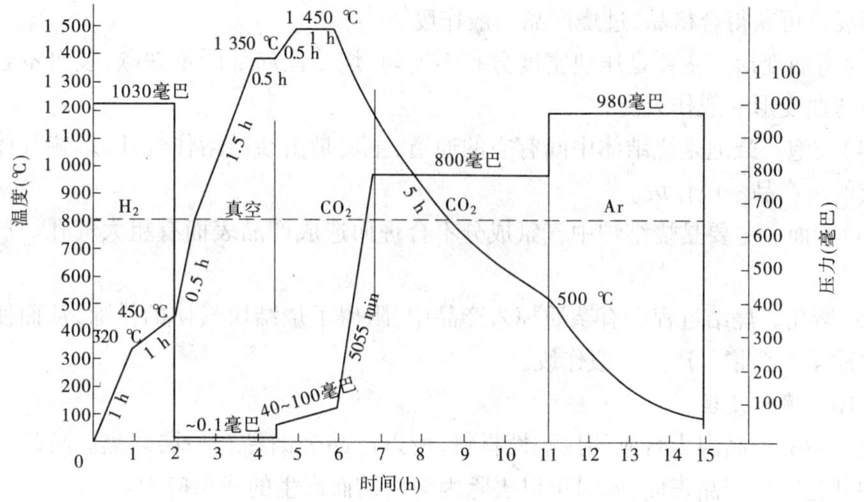

图11 烧结工艺曲线

(2)托瓦克阶段(升温到450 ℃,保温1 h)。将烧结炉温度继续升高,然后不断地将氢气冲入烧结炉,然后用泵抽出,重复操作。平均频率6 min/次。其主要作用是:①使各部位特别是"死角"处烧结体中残留的成形剂都能干净地排掉,以利于碳量控制;②利用氢气的反复充填、抽出,将碳毡、炉壁上残留的PEG(聚乙二醇)冲刷干净(遇冷凝结的PEG残液会黏附在碳毡上和炉壁及管道上);③由于温度为450 ℃左右,H_2 还可将压块中存在的W和Co的氧化物(主要是Co的氧化物)进一步还原成金属。

(3)固相烧结(升温到1 350 ℃,持续加热3 h)。此阶段为真空烧结,是液相烧结得过度,其主要是为了气孔的排除,有少量的收缩。

(4)液相烧结(升温到1 450 ℃,保温3 h)。该阶段为压块主要致密化过程,同时给烧结炉中通入大量的氩气,产生高压,促使压块的成形和防止钴的蒸发。同时氩为惰性气体,起到保护作用。

(5)冷却,液相烧结后,随炉冷却即可。

工艺曲线中,液相烧结最为重要,它决定着产品的性质和质量,所以要严格控制液相烧结温度和保温时间,还有通入氩产生的压力。

3.3.5.9 烧结废品分析

烧结过程中产生的废品主要有:渗碳、脱碳、过烧、欠烧、弯曲变形、鼓泡、麻面、堵孔等。

(1)渗碳、脱碳。其主要原因是烧结体的碳含量或氧含量不合格,例如,原料的碳氧不合格、脱蜡不完全导致的增碳,制品在空气中存放过久导致的增氧,填料选择错误导致的烧结气氛不好等都有可能使产品出现渗碳、脱碳。成形剂分解和舟皿接触性材料的碳进入烧结体也可导致渗碳。其中脱碳产品用高碳填料装舟,在低于正常温度下进行反烧可重新获得合格品。渗碳产品一般作废。

(2)过烧、欠烧。主要是对炉温的控制不合理而导致的。其中欠烧产品用原烧结温度进行反烧可获得合格品，过烧产品一般作废。

(3)弯曲变形。主要是压块密度分布不均匀，烧结体局部严重缺碳，装舟不合理等造成的。弯曲变形一般作废。

(4)鼓泡。鼓泡是烧结体中间有空的通道，主要是由杂质堵住气孔，影响气体的排除而造成的。产品一般作废。

(5)麻面。主要是烧结炉中气氛成分不合理而造成产品表面有粗大气孔。产品一般作废。

(6)堵孔。烧结过程中有杂质掉入产品中，阻碍了烧结块气体的排除，从而使烧结体整体收缩量不合格。产品一般作废。

3.3.5.10 喷砂处理

烧结后的产品因为舟皿的接触性材料，所以产品表面黏有一层碳黑。喷砂处理的主要作用就是清理产品表面，同时可以去除因为烧结而产生的残余应力。

3.3.5.11 深冷处理

深冷处理又称超低温处理(SSZ)，是指以液氮为制冷剂，在 -130 ℃以下对材料进行处理的方法而达到给材料改性的目的。它可以有效地提高硬质合金的力学性能和使用寿命，稳定产品尺寸，改善均匀性，减少变形，而且操作简便，不破坏产品，无污染。

硬质合金深冷处理后性能改变的主要原因是硬质合金表面残余应力的变化和钴黏结相发生马氏体相变。深冷处理有效地提高了产品的耐磨性、强度、硬度和韧性，提高抗腐蚀性、抗冲击性和抗疲劳强度，并且消除内应力，提高产品的稳定性。

烧结后的产品经过喷砂和深冷处理即可进入下道工序，即成品检测。

3.3.6 成品检测

生产的成品需要经过成品检测后，符合所需要求才可以进行包装出厂。检测项目主要包括密度、硬度、抗弯强度、矫顽磁力、钴磁、孔隙度、非化合碳量、η 相、302 缺陷、WC 平均晶粒度等，其主要性能指标如表 4 所示。

表 4 烧成品的性能指标

牌号	矫顽磁力 (kA/m^2)	硬度 (HRA)	钴磁 (%)	密度 (g/cm^3)	抗弯强度 (MPa)	非化合碳量不大于	η 相不大于
YG6	11.0 ~ 16.0	≥89.5	4.8 ~ 6.0	14.85 ~ 15.05	≥1 670	CO_2	E00

3.3.7 包装

在检测合格之后即可对产品进行包装，在进行包装时，先保证通风良好、包装台面干净整洁。纸盒包装先用白纸包裹，再用海绵塞紧，无动摇现象，以防止运输过程中掉边、掉角。包装的原则是包装产品，海绵软包装，纸盒、泡沫填塞空间、木箱，不能偷工减料。

最后合格证放入纸盒，纸盒上贴标签、商标。

4　典型零件铸造工艺方案分析——某零件的铸型

以 C6140 车床进给箱体为例分析毛坯的铸造工艺方案。

C6140 车床进给箱体，该件质量约 35 kg，如图 12 所示，该零件没有特殊质量要求的表面，仅要求尽量保证基准面 D 不得有明显铸造缺陷，以便进行定位。它的材料为铸造性能优良的灰铸铁（HT150），勿须考虑补缩。在制订铸造工艺方案时，主要应着眼于工艺上的简化。

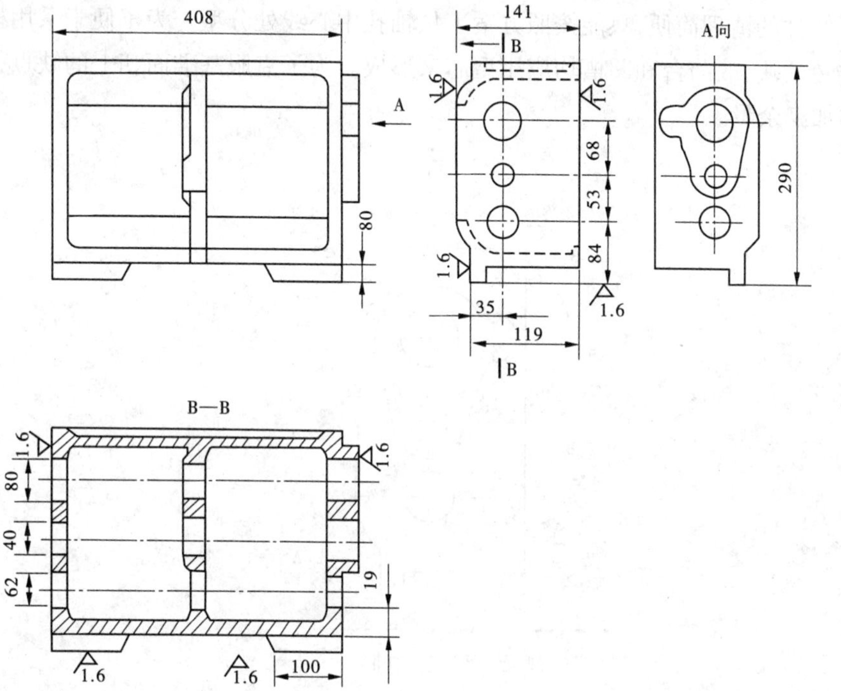

图 12　C6140 车床进给箱体零件图

4.1　分型面

进给箱体的分型面有如图 13 所示的三个方案供选择。

方案Ⅰ：分型面在轴孔的中心线上。此时，凸台 A 因距分型面较近，又处于上型，若采用活块，型砂易脱落，故只能用型芯来形成，槽 C 可用型芯或活块制出。本方案的主要优点是适于铸出轴孔，铸后轴孔的飞边少，便于清理。同时，下芯头尺寸较大，型芯稳定性好，不容易产生偏芯。其主要缺点是基准面 D 朝上，使该面较易产生气孔和夹渣等缺陷，且型芯的数量较多。

方案Ⅱ：从基准面 D 分型，铸件绝大部分位于下型。此时，凸台 A 不妨碍起模，但凸台 E 和槽 C 妨碍起模，也需采用活块或型芯来克服。它的缺点除基准面朝上外，其轴孔难以直接铸出。轴孔若拟铸出,因无法制出型芯头,必须加大型芯与型壁的间隙,致使飞边清理困难。

方案Ⅲ:从 B 面分型,铸件全部置于下型。其优点是铸件不会产生错型缺陷;基准面朝下,其质量容易保证;同时,铸件最薄处在铸型下部,金属液易于充满铸型。缺点是凸台 E、A 和槽 C 都需采用活块或型芯,而内腔型芯上大下小,稳定性差;若拟铸出轴孔,其缺点与方案Ⅱ相同。

上述诸方案各有其优缺点,需结合具体生产条件,找出最佳方案。

大批量生产条件下,为减小切削加工工作量,九个轴孔需要铸出。此时,为了使下芯、合箱及铸件的清理简便,只能按照方案Ⅰ从轴孔中心线处分型。为了便于采用机器造型、尽量避免活块,故凸台和凹槽均应用型芯来形成。为了克服基准面朝上的缺点,必须加大 D 面的加工余量。

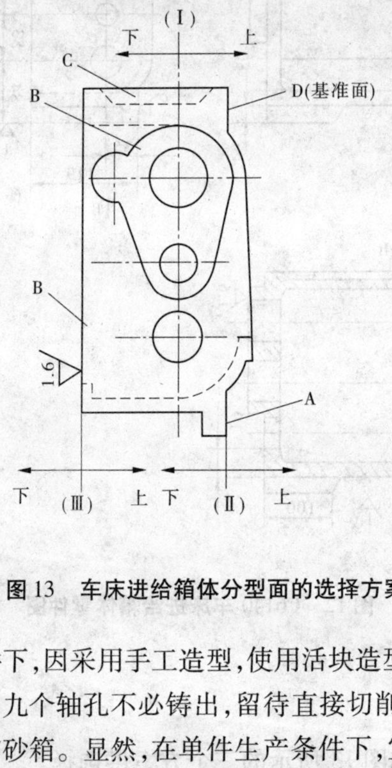

图 13 车床进给箱体分型面的选择方案

单件、小批量生产条件下,因采用手工造型,使用活块造型较型芯更为方便。同时,因铸件的尺寸允许偏差较大,九个轴孔不必铸出,留待直接切削加工而成。此外,应尽量降低上型高度,以便利用现有砂箱。显然,在单件生产条件下,宜采用方案Ⅱ或方案Ⅲ。车床进给箱体铸造工艺图如图 14 所示。

4.2 铸件常见缺陷分析

铸造工艺过程复杂,影响铸件质量的因素很多,往往由于原材料控制不严,工艺方案不合理,生产操作不当,管理制度不完善等原因,会使铸件产生各种铸造缺陷。常见的铸件缺陷名称、特征及产生的原因见表 5。

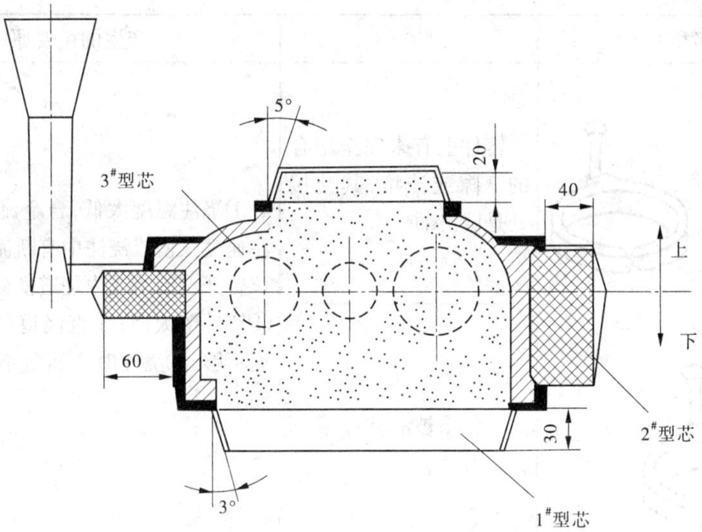

图 14　车床进给箱体铸造工艺图

表 5　常见的铸件缺陷名称、特征及产生原因

缺陷名称	特征	产生的主要原因
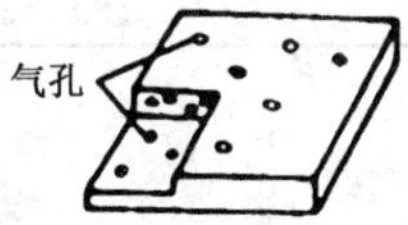	在铸件内部或表面有大小不等的光滑孔洞	①炉料不干或含氧化物、杂质多；②浇注工具或炉前添加剂未烘干；③型砂含水过多或起模和修型时刷水过多；④型芯烘干不充分或型芯通气孔被堵塞；⑤舂砂过紧，型砂透气性差；⑥浇注温度过低或浇注速度太快等
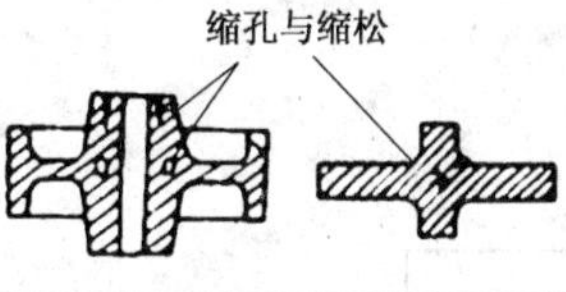	缩孔多分布在铸件厚断面处，形状不规则，孔内粗糙	①铸件结构设计不合理，如壁厚相差过大，厚壁处未放冒口或冷铁；②浇注系统和冒口的位置不对；③浇注温度太高；④合金化学成分不合格，收缩率过大，冒口太小或太少
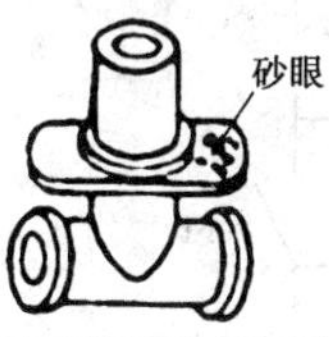	在铸件内部或表面有型砂充塞的孔眼	①型砂强度太低或砂型和型芯的紧实度不够，故型砂被金属液冲入型腔；②合箱时砂型局部损坏；③浇注系统不合理，内浇口方向不对，金属液冲坏了砂型；④合箱时型腔或浇口内散砂未清理干净
	铸件表面粗糙，粘有一层砂粒	①原砂耐火度低或颗粒度太大；②型砂含泥量过高，耐火度下降；③浇注温度太高；④湿型铸造时型砂中煤粉含量太少；⑤干型铸造时铸型未刷涂料或涂料太薄
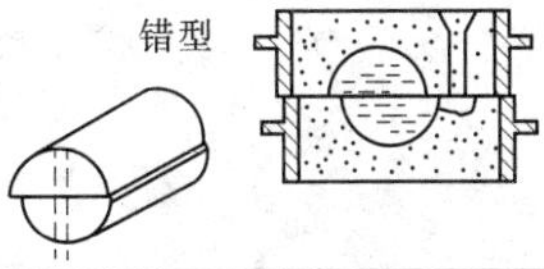	铸件沿分型面有相对位置错移	①模样的上半模和下半模未对准；②合箱时，上下砂箱错位；③上下砂箱未夹紧或上箱未加足够压铁，浇注时产生错箱

续表 5

<table>
<tr><th>缺陷名称</th><th>特征</th><th>产生的主要原因</th></tr>
<tr><td>冷隔
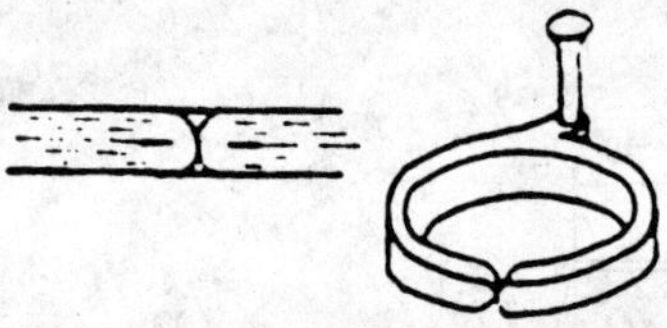</td><td>铸件上有未完全融合的缝隙或洼坑，其交接处是圆滑的</td><td rowspan="2">①浇注温度太低，合金流动性差；②浇注速度太慢或浇注中有断流；③浇注系统位置开设不当或内浇道横截面面积太小；④铸件壁太薄；⑤直浇道（含浇口杯）高度不够；⑥浇注时金属量不够，型腔未充满</td></tr>
<tr><td>浇不足
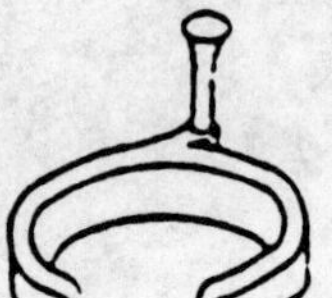</td><td>铸件未被浇满</td></tr>
<tr><td>裂纹
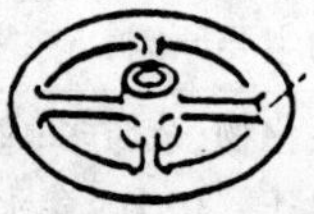</td><td>铸件开裂，开裂处金属表面有氧化膜</td><td>①铸件结构设计不合理，壁厚相差太大，冷却不均匀；②砂型和型芯的退让性差，或舂砂过紧；③落砂过早；④浇口位置不当，致使铸件各部分收缩不均匀</td></tr>
</table>

5 车间平面布置图

图 15 和图 16 分别是不同车间的平面布置图。

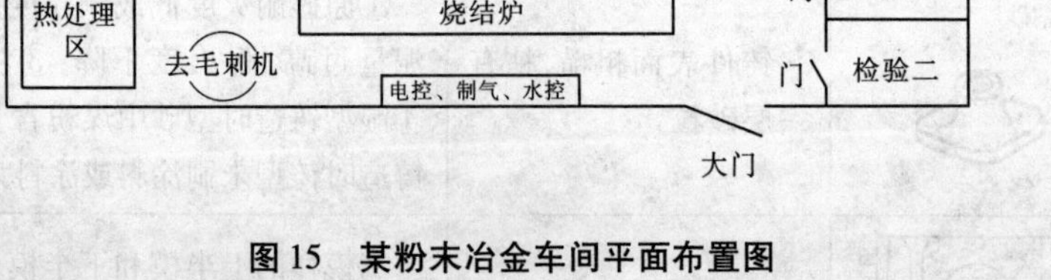

图 15 某粉末冶金车间平面布置图

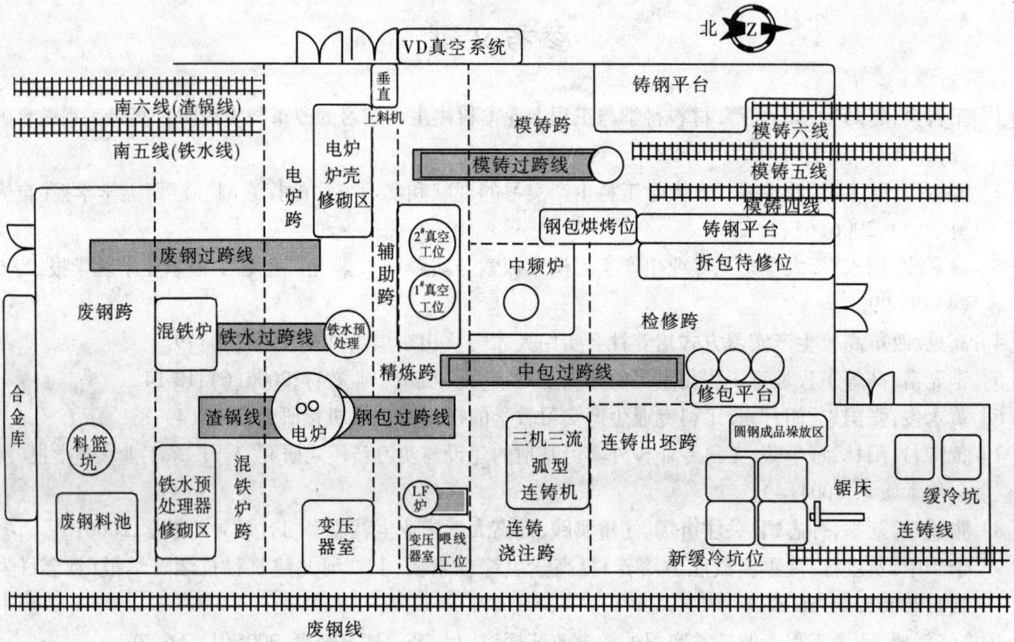

图 16　某炼钢厂车间平面布置图

参考文献

[1] 王吉会,赵乃勤,郑冀,等.材料科学与工程专业本科生生产实习的改革与实践[J].高等工程教育研究,2005年增刊,61-63.

[2] 邱树恒,陆宇兰,叶少峰,等.大学工科生产实习的现状和实习方法的探索[J].广西大学学报(自然科学版),2006(6):22-28.

[3] 姚嘉凌,闵永军.大学理工专业生产实习模式探索与实践[J].黑龙江生态工程职业学院学报,2006(4):98-99.

[4] 高见.改革高校生产实习方式培养社会实用人才[J].山东煤炭科技,2004(4):79.

[5] 李先富.高等工程教育工程化不足的原因与对策[J].机械职业教育,2006(6):12-14.

[6] 黄永俊,张国忠,胡月来.工科专业生产实习教学的探讨[J].农机化研究,2005(4).

[7] 黄诗君,阳林,章争荣.工科专业校外实习基地的建设与实习新模式研究[J].广东工业大学学报(社会科学版), 2004(4).

[8] 张鸽飞,刘举,孙志娟.关注市场、注重实践,提高大学毕业生就业率[J].领导与科学,2006:20.

[9] 李华中,贺洪江.注重实践能力培养 提高学生综合素质[J]. 河北建筑科技学院学报(社会科学版),2006(3): 86-87.

[10] 郭新超.环境工程专业三类实习的教学改革探讨[J].高等建筑教育,2005(4):66-70.

[11] 陈徐丽.机械工程本科精英人才培养的教学管理思考[J] .高等工科教育, 2006(3):69-71.

[12] 张明,赵波.机械制造专业生产实习改革的探讨[J] .高教论坛, 2006(3): 124-125.

[13] 彭琼芬.建立校内测量实习基地 提高教学质量[J].地矿测绘, 2006(3): 49-50.

[14] 韩相春,李雷鹏.教学实习:提高本科教学质量的重要环节[J].黑龙江高等教育研究, 2005(11): 90-92.

[15] 张炳力, 刘峰, 郑学慧.论高校车辆工程专业学生毕业实习工作[J]. 合肥工业大学学报(社会科学版),2006(6): 42-45.

[16] 熊明川.论教育实习中的"人和"[J].教书育人, 2006(11): 48-50.

[17] 张广贤.漫谈大学生的预就业实习[J].职业教育研究,2006(4):44.

[18] 李秋庭,杨洋,韦保耀,等.深化生产实习教学 提高大学生综合素质[J].广西大学学报(自然科学版),2004(9): 13-15.

[19] 容元平,容宇.实习教学中多媒体实景辅助教材的制作和应用[J].广西教育学院学报,2006(1): 70-72.

[20] 史雪莉. 探索实践教学模式 加强实习基地建设[J].北京教育,2005(11): 44-45.

[21] 朱天云.校内外实习基地建设的研究与实践[J].实验室研究与探索,2006(7):853-855.

[22] 叶文柱.在新形势下改革实习趋势的探究[J].卫生职业教育,2005(24):90-91.

[23] 谷臣清.材料工程基础[M].北京:机械工业出版社,2004.

[24] 胡光立,谢希文.钢的热处理[M].西安:西北工业大学出版社,1993.

[25] 许淑珍,杜晓东,等.水机搅拌与底盘驱动桥主动锥齿轮加工工艺设计[J].机械设计与制造,2008(4):1-3.

[26]《齿轮热处理》编译组.齿轮热处理译文集[M].北京:国防工业出版社,1980.

[27] 邹志强,黄伯云,杨兵.粉末冶金在国民经济和国防建设中的作用[J].粉末冶金材料科学与工程,1997(2):107-113.

[28] 王笑天.金属材料学[M].北京:机械工业出版社,1984.